前 言

百年大计,教育为本;教育大计,教师为本;教师大计,师德为本。师德是教师的灵魂、立业之基和从教之本,师德师风建设水平直接决定着立德树人的质量。

党的十八大以来,习近平总书记在关于教育工作的系列重要讲话中,把师德师风建设作为提升新时代教师素质、办好人民满意教育的首要任务,先后用"大先生""筑梦人""系扣人""引路人"等表达对广大教师的殷切期望,并提出"三个牢固树立""'四有'好老师""四个引路人""四个相统一""六要"等师德建设标准和要求。

为深入贯彻落实习近平总书记关于教育的重要论述和全国教育大会精神,落实《新时代公民道德建设实施纲要》和《中共中央 国务院关于全面深化新时代教师队伍建设改革的意见》,加强和改进新时代师德师风建设,倡导全社会尊师重教,全面提升教师思想政治素质和职业道德水平,教育部等七部门于2019年11月印发《关于加强和改进新时代师德师风建设的意见》(以下简称《意见》),这些关于师德建设的重要讲话及系列文件是新时代师德建设的基本遵循。

《意见》进一步明确师德师风建设的方向目标、工作重点、任务举措,建立健全师德师风建设长效机制,构建多层面、多环节、多主体参与的师德师风建设格局,引导教师把教书育人和自我修养相结合,以德立身、以德立学、以德施教,建设政治素质过硬、业务能力精湛、育人水平高超的高素质教师队伍。《意见》还指出:"将师德师风教育贯穿师范生培养及教师生涯全过程,师范生必须修学师德教育课程,在职教师培训中要确保每学年有师德师风专题教育。"一方面,教师面对学生要以身作则,师德是教师开展教育教学工作的重要手段和工具,是教师专业化的核心内容和重要标志;另一方面,师德对教师发展与提升其他专业素养起着动力、导向和保证作用,是教师专业成长的基础。

《幼儿园教师专业标准(试行)》中指出:师德是幼儿园教师最基本、

最重要的职业准则和规范。师德即教师职业道德,是教师在从事教育劳动过程中形成的,用以调节教师与他人、教师与社会、教师与集体等相互关系时所必须遵守的基本道德规范和行为准则,以及在此基础上所表现出来的道德观念、情操和品质。从学科理论体系结构来看,教师职业道德体系是由教师道德基本原则、教师道德规范和教师道德范畴等基本要素构成的。

幼儿园教师职业的对象是学龄前儿童,是处于身心、智力、情感和社会性发展关键时期的幼儿,他们可塑性大、模仿性强,会把教师作为自己亲近与模仿的对象,因此教师的素养和师德培养就尤其重要。

教师职业道德规范是在教师职业活动中调整人们之间的利益关系、判断教师教育行为是非善恶的具体标准,它是教师职业道德原则的具体化展开。它既增强了教师职业道德原则的可操作性,又便于对教师行为作出更直接、更具体的指导和评价。根据《教师教育课程标准(试行)》要求,遵循学习者身心发展与学习规律,考虑在有限的课时条件下,有效地提升学习者的师德素养,在本书中编者选取师德理论体系中的规范内容进行实践指导,让学习者易于掌握并能及时检验学习效果,提升持续学习的动力与信心。

一、本书体例及主要内容

"教师职业道德规范与践行指导"课程,是教师教育的核心课程,旨在帮助学习者认识、理解师德的原则与规范要求,引导学习者实践师德规范方法,促进学习者加强师德修养、提升师德水平,为学习者成长为优秀教师奠定基础。

幼儿教师的职业道德是其专业素养的核心。在《幼儿园教师专业标准(试行)》第一个维度"教育信念与责任"中,包括对职业的理解与认识、对幼儿的态度与行为、幼儿保育和教育的态度与行为、个人修养与行为四个方面。以此为依据,参照教育部2008年颁布的《中小学教师职业道德规范》、2018年颁布的《新时代幼儿园教师职业行为十项准则》和天津市教委2014年9月颁布的《天津市幼儿园教职工职业道德规范》,结合学前教师的岗位特点,本书将教学内容解构为"爱国守法""热爱事业""为人师表""关爱幼儿""科学保教""尊重家长""廉洁从教""终身学习",形成师德规范的"四梁八柱"。为了使学习者能够了解师德规范基本知识,本书将传统"绪论"知识设计成"教师职业与职业道德""师德规范与践行"两个内容前置,全书形成"五个单元"共计"十个模块"。

模块一"教师职业与职业道德"在了解教师职业特点与价值的基础上,引导学习者掌握职业道德和教师职业道德的含义。通过参与"我的好老师"——讲述师德故事的活动,加深对教师职业的认识及价值认同。

模块二"师德规范与践行"在引导学习者领会师德规范内容与具体要求的基础上,明确践行师德规范的有效途径与方法。通过实施体验"千里之行始于足下"——良好行为养成活动和理解与表达——《新时代幼儿园教师职业行为十项准则》宣传画活动,熟悉并掌握师德规范践行的做法,从而增强规范践行的自信心与自觉性。

模块三"爱国守法的意识与行为"在学习者深入理解爱国守法概念与职业表现的基础上,清晰爱国守法师德规范的具体要求,通过参与体验"爱祖国,爱家乡"——主题践行活动和"学党史 讲微课"——师德

高等职业教育学前教育专业系列教材

幼儿教师职业道德规范与践行指导

主　编　苏爱洁

编　委　苏爱洁　徐　瑾　王　晨
　　　　冯　颖　许丽丽　石　青
　　　　孙　璐

复旦大学出版社

内容提要

本书在"立德树人""学生为本""能力为重"新理念引领下，紧密围绕《幼儿园教师专业标准（试行）》中"专业理念与师德"内容，借鉴职业教育教材开发与建设经验，参照教育部 2008 年颁布《中小学教师职业道德规范》、2018 年颁布的《新时代幼儿园教师职业行为十项准则》和天津市教委 2014 年 9 月颁布的《天津市幼儿园教职工职业道德规范》，将教学内容解构为"爱国守法""热爱事业""为人师表""关爱幼儿""科学保教""尊重家长""廉洁从教""终身学习"形成师德规范的"四梁八柱"，与"职业与道德""师德规范与践行"两个内容形成全书"五个单元"共计"十个模块"。力求体现"基于学前、落实规范""理实一体、知行合一"的教材特色，以便提高师德课程的专业性、实效性与趣味性，凸显教材的职业特点和专业要求。

本书配有课件、教学大纲和教案，可以在复旦学前云平台（www.fudanxueqian.com）搜索本书资源下载。相关拓展资料可以扫描书上二维码阅读。

本书已纳入 2019 天津市教学成果奖重点培育项目"园校结合、协同育人"构建新时代幼儿教师"师德养成教育模式"的实践研究（项目编号：PYZJ-037）的成果之一。本书适合于中、高等院校师范学生、在职教师学习和运用。

总　序

教育部职业技术教育中心研究所研究员　姜大源

新时代　新改革　新突破

　　学前教育是传统师范教育中的一级学科,而其对应的人才培养又极具职业特色,这意味着,幼儿教师的培养,本质上是在立德树人的前提下,在师范教育核心内容的支撑下,以幼儿教师教学的基本技能为主导的职业教育。为此,在社会主义建设新时代,如何顺应时代发展的要求,把握新时代的新思想,将学前教育的理论与幼儿园的教学实践紧密结合起来,将学校教育教学内容与幼儿园对教师的职业要求和职业能力紧密结合起来,就需要对传统的学前教育进行深刻的反思,以期在凸显现代职业教育的规律与特色方面,努力探索一条新时代幼儿教师培养的新途径。

　　既然大多数以培养幼儿园教师为目的的学前教育专业,属于职业教育的范畴,就应该准确把握职业教育的规律,凸显职业教育的特点。与传统的只有学校这样一个学习地点的普通教育不同,作为与经济和社会发展结合最为紧密的职业教育,还有一个不可替代的学习地点,就是企业。对培养幼儿园教师的学前教育来说,这里的企业主要就是幼儿园。这意味着,职业教育的一个重要特征就是要从传统的基于学校的定界思考,走向基于"学校＋企业"的跨界思考:在办学主体层面,要跨越企业与学校的疆域;在教学实施层面,要跨越工作与学习的疆域;在社会功能层面,要跨越职业与教育的疆域。

　　为此,作为国民教育体系和人力资源开发重要组成部分的职业教育,其整个教学过程,就既要考虑认知学习规律,又要考虑职业成长规律,要贯彻产教融合、校企合作、工学结合、知行合一的跨界的教育教学思想。

　　由于课程始终都是人才培养的核心,鉴于职业教育的跨界性,职业教育的课程就要将经济社会需求与人本个性需求进行有机整合,就要求以理论知识的职业应用为导向,把知识在职业中的应用而非存储放在教学的首位。传统学科体系的仓储式堆栈结构,是一种基于知识存储的量化结构,而职业教育行动体系的工作过程结构,是一种基于知识应用的质性结构。在这里,应用知识的结构——工作过程是客观存在的,但若只是照搬客观存在的工作过程,有可能使人成为一种工具。基于此,近年来,将企业需求与个性需求有机整合在一起的工作系统化课程,以工作过程作为积分路径,从应用性、人本性和操作性三个维度,将学习内容、先有知识与教学过程,在系统化设计的工作过程中予以集成。传统的学科知识结构并未被摒弃,而是通过解构与重构,在比较、迁移和内化的学习过程中得以生成,从而使得职业教育的课程、教材和教学做到了"工作过程"与"知识存储"的有机整合。

近年来,复旦大学出版社在学前教育专业的课程与教材以及教学层面,紧密结合职业教育的规律和特征,展开了主动积极的改革,做出了极富成效的探索,获得了令人耳目一新的突破。

针对学前教育的课程、教材和教学进行改革与创新,复旦大学出版社是有着清晰的顶层设计的。出版社睿智地指出,培养幼儿教师的学前教育专业,必须关注几个本质的特征:一是幼儿教师具有明确的职业特点和职业要求,具有针对性;二是幼儿教师是在特定的社会场所、环境中从事一种与其他社会成员相互关联、相互服务的社会活动,具有社会性;三是幼儿教师必须符合国家对涉及教师的相关法律和社会道德规范的要求,具有规范性;四是幼儿教师必须满足国家的职业标准和准入门槛,具有标准性。

为此,在学前师范教育的理论指导和顶层设计的框架下,复旦大学出版社组织相关院校的专业教师,把幼儿教师的一日生活劳动,进行了工作过程化和任务的分解,使得教师的工作过程或者工作任务都有其背后的理论学养的支撑,并使实际的工作手段和操作落到实处。改革的实践表明,学前教育的课程教学完全可以采纳职业教育在课程教学方面的新的方法论,即将教学内容、手段与幼儿园实际的工作过程结合,在教学中创设或者模拟幼儿园环境或者校园环境,让学生置身于工作情境之中,在学习的过程中扮演幼儿教师的角色,从而能大大提升学生解决工作中实际问题的能力,达到以就业为导向、以能力为本位的职业教育目的。

当然,要将幼儿教师的工作过程化和任务分解化是有难度的。在项目启动之初,复旦大学出版社就组织所有的教材主编进行了认真的专业培训,有针对性地对改革中遇到的具体问题进行具体分析,就如何将幼儿教师的工作过程进行分解,与此同时又如何将对应的知识融入其中,如何使知识体系的解构在重构之后依然能保证其完整性,进行了多次深入科学的研讨,并在此基础上,经过精心设计,才成就了这套教材。

教材中所体现的幼儿教师的工作过程,都是作者实际操作过、经历过的。所以,教材的编写过程既是"编"的过程,也是"做"的过程。显然,对教材编写者的要求,远远超过了传统师范教材。可以说,这是本套教材的第一个特色。

本套教材区别于传统师范教材的第二个特色,体现为在强调理论知识适度够用的原则下,注重教师职业技能和职业能力的培养。过去师范教育的最大短板就在于实践的缺乏。当前各师范院校实训室的普及建立,就是纠正这种理论脱离实践的明证。

综上所述,这套学前教育工作过程系统化教材的基本出发点,是牢牢把握教育自身发展规律、教师职业发展规律和学生的身心发展规律,强调技能、知识与价值观的一体化学习。特别是对学前教育这样的师范教育,其系统化、教学化设计的工作过程,始终把立德树人放在首位,坚持德技并修,旨在培养能真正满足社会需求的、富有工匠精神的幼儿教师。

学前教育的职业化是历史的选择,也是顺应国家幼教事业整体发展方向的,因而是完全必要的。

欣喜的是,复旦大学出版社将职业教育在课程教学上行之有效的改革,迁移到学前教育专业幼儿教师的培养中来,使得幼儿教师的职业应用与教师的培养完美地结合在一起,体现了现代职业教育发展的新理念。

长风破浪会有时,直挂云帆济沧海。

期待着,复旦大学出版社在课程、教材和教学方面,其业已开始并卓有成效的改革与创新,不仅能在学前教育领域继续前行,而且能在其他专业领域有所突破。

践行活动,加深爱国情怀,提升守法自觉性,从而提高践行爱国守法规范的自觉性。

模块四"热爱事业的意识与行为"在学习者深入理解热爱事业概念与职业表现的基础上,清晰热爱事业师德规范的具体要求,通过参与体验"寻找职业偶像,体验见证成长"——敬业践行活动和"遇见十年后的自己"——敬业践行活动,加深对学前教育事业的了解、认同与喜爱,增强终身从教的责任感、使命感与自豪感。

模块五"为人师表的意识与行为"在学习者深入理解为人师表概念与职业表现的基础上,清晰为人师表师德规范的具体要求,通过参与体验"幼师礼仪形象塑造"——师表践行活动,掌握教师礼仪形象塑造的技能,强化幼儿教师形象塑造的自觉意识,增强教师角色的归属感与自豪感,从而提升"为人师表"的责任感与使命感。

模块六"关爱幼儿的意识与行为"在学习者深入理解关爱幼儿概念与职业表现的基础上,清晰关爱幼儿师德规范的具体要求,通过参与体验"小儿难教,我来体验"——关爱践行活动,初步掌握爱心、耐心、细心、责任心在工作岗位中的应用,增强学习者对幼儿的情感,坚定矢志从教的信心与决心。

模块七"科学保教的意识与行为"在学习者深入理解科学保教概念与职业表现的基础上,清晰科学保教师德规范的具体要求,通过参与体验"我眼中的保教结合"——案例分享会,加深对科学保教在幼儿园工作中具体要求的理解,增强科学保教的意识,初步掌握践行该规范的技能,从而提升对学前教育工作的认同感和使命感。

模块八"尊重家长的意识与行为"在学习者深入理解尊重家长概念与职业表现的基础上,清晰尊重家长师德规范的具体要求,通过参与体验"我与家长面对面"——访谈活动,能够了解、接受家长差异,初步掌握与家长平等沟通的技能,提高尊重家长的师德意识,增强开展家长工作的勇气和信心。

模块九"廉洁从教的意识与行为"在学习者深入理解廉洁从教概念与职业表现的基础上,清晰廉洁从教师德规范的具体要求,通过参与体验"坚守底线,抵制诱惑"——主题论坛,加深对廉洁从教规范的理解,提高廉洁从教的师德意识,初步掌握该师德规范践行技能,增强教师职业的责任感与使命感。

模块十"终身学习的意识与行为"在学习者深入理解终身学习概念与职业表现的基础上,清晰终身学习师德规范的具体要求,通过参与体验"成长故事:自主学习"——成果展示活动,加深理解终身学习的意义,认同终身学习的理念,从而强化终身学习的意识,努力成为终身学习者和学习型社会的促进者。

二、设计思路及编写特色

师德规范重在践行。本书把握教育发展规律和学生身心发展规律,在每一个模块学习过程中设计相同的步骤,以学习者为主体,以体验活动为主线,以学习者师德素养提升为目标,在师德"知、情、意、行、信"的相互作用中,逐渐实现师德规范的内外转化。在师德课程的实践教学中探索教师职业发展的规律,通过设立学习任务,开发与建立各个任务间的逻辑关系,最终形成基于工作过程的知识应用性教材体例与框架。

"学习目标"使学习者了解每个单元在知识、技能、情感与价值观方面需达到的目标,强化知识、技能与价值观的一体化学习;"重点与难点"给学习者提供重、难点的提醒,以便掌握重点,突破难点,提高学习效率,检验学习效果;"案例导入"为学习者提供与该专题内容相匹配的师德典型案例,通过问题思考激发学习兴趣,实现问题导向;"知识呈现"为学习者提供重要理论知识,解释核心概念、原理、职业表现以及践行要求,回应典型案例问题并阐释原因,力求答疑解惑,解决认知上的问题;"研修活动"通过设计学习情境,以"学习共同体"方式开展体验式探究学习,每个"学习共同体"需要经过计划、实施、检查、评价四个步骤完成"做"中学",深化感知理论知识与要求,生成基于实践的新知识、新技能、新认同,产生真情实感,学习者能够自然而主动地完成师德规范内化与外化的转化;"教学总结"将重点专题知识,特别是研修活动的效果进行总结,教师可以充分肯定学习者在践行师德规范过程中所体现的品质和优势,并通过强化职业意识并反复践行的方法实现持续改进;"反思探究"通过知识和实践两个维度向学习者布置课后任务,进一步巩固学习成果,深化学习目标;"拓展延伸"为学习者提供与本单元主题相匹配的课后学习和实践的课程资源,通过古今中外的师德典范树立学习榜样。

本书编写特色集中体现在:第一,"以生为本"理念贯穿教材的体例设计及内容呈现之中,学生的大量活动是在教学实践中生成的,具有原创性。第二,立足于教师职业及幼儿园岗位工作,有利于强化学习者的职业角色意识,实现师德的"理实一体化",并且以师德规范的践行为重点,突出知识的应用性,实操性较强。第三,注重师德知识、技能与价值观一体化学习目标的实现,促进学习者师德素养的提升,并且注重选取中国古代思想家与现代优秀教师的教育思想作为案例或拓展资源,彰显课程思政特色。第四,在教学内容的选择上力求古今中外、兼容并蓄,教学方式与教学评价方式灵活多样,体现了融合性。

三、 适用范围与使用建议

本书主要依据《幼儿园教师专业标准(试行)》《中小学教师职业道德规范(2008 年修订)》《新时代幼儿园教师职业行为十项准则》和《教师教育课程标准(试行)》的理念和要求进行编写,适合于中、高等院校师范学生、在职教师学习和运用。在职教师可以将本教材作为阅读书目和实践手册进行使用。教材建议采用体验式教学与案例教学相结合的方式。

体验式教学的实施集中体现于各专题的"研修活动"部分,具体操作步骤如下:第一,学习者自愿组建学习团队形成"学习共同体"并以此为单位开展探究性学习,完成"研修活动"的各项任务。第二,"学习共同体"依照教师给定的各专题情境及要求,拟定专题活动方案,即"研修活动"中的"计划"环节。第三,"学习共同体"依照教师修改后的活动方案进行具体实施,积累过程资料,即"研修活动"中的"实施"环节。第四,"学习共同体"将整理后的活动纪实成果制作成 PPT 演示文稿,进行展示,分享活动感受,即"研修活动"中的"检查"环节。第五,"学习共同体"相互交流和评价,包括个人自评、小组评价及教师评价,作为继续学习和持续改进的依据,即"研修活动"中的"评价"环节。

案例教学的实施集中体现于各专题的"案例导入"及"知识呈现"中关于个别知识点的阐释,具体操作步骤如下:第一,学习者独立阅读相关案例,按照要求思考相关问题,做好学习准备。第二,学习者交流对相关案例的认识和理解。第三,教师梳理和提炼学习者对案例学习和讨论的问题,讲解核心内容。第四,学习者完成"反思探究"任务时,结合自己的学习感受与体会,生成新的案例,丰富案例资源。第五,学习者认真阅读"拓展延伸"中的案例,作为持续学习与践行的课程资源。

体验式探究性学习方式建议:第一,结合"幼儿园教师岗位职责""幼儿一日生活""幼儿园教师人际关系"等领域,提炼工作过程中体现典型师德规范的实践活动并命名。第二,在工作过程中践行师德规范并完成反思报告。第三,利用教研活动交流并分享师德践行经验。

案例式学习方式建议:第一,学习案例并回答问题,用以检验师德规范知识的掌握情况。第二,将自己的师德业绩总结并形成"师德案例",结合师德规范类型进行分类并设计思考问题。第三,寻找身边的榜样并以"讲述身边的师德故事"为题,将身边教师师德故事形成典型师德案例,结合师德规范类型进行分类并设计思考问题。

四、 编写说明

本书主要由天津师大学前教育学院、天津市幼儿师范学校"教师职业道德"课程建设团队合作编写。主编苏爱洁负责教材的整体设计、统稿以及前言、单元简介及附录的编写工作。教材内容分工如下:第一、二、四、五模块由苏爱洁编写,第三模块由王晨、苏爱洁编写,第六模块由冯颖编写,第七模块由许丽丽编写,第八模块由孙璐编写,第九模块由石青编写,第十模块由徐瑾编写。

师德问题是教师专业成长的核心问题,国家、社会、学生及家长都广泛关注。本书是主编在"院级精品课"建设、天津师范大学教改项目、天津市教学成果奖等长期教学实践研究基础上完成的,并将其作为2019年天津市教学成果奖重点培育项目"园校结合、协同育人"——构建新时代幼儿教师"师德养成教育模式"的实践研究(项目编号:PYZJ-037)的成果之一。

感谢天津师大学前教育学院、天津市幼儿师范学校的历届学生,他们参与了课程的实践研究,在征得学生同意的前提下,将他们的作业酌情删改形成教材案例。在教材编写过程中,编者学习参考了有关文献和资料,在此向这些文献和资料的原创者表示敬意和感谢。最后,感谢复旦大学出版社学前教育分社对职业教育应用型教材的重视、指导与大力推广。

限于作者水平有限,不免存在错漏及不当之处,感谢您的批评指正。

苏爱洁

2021 年 8 月

目 录

学习单元一
幼儿教师职业道德规范概述

百年大计,教育为本;教育大计,教师为本。教师承担着传播知识、传播思想、传播真理的历史使命,肩负着塑造灵魂、塑造生命、塑造人的时代重任,是教育发展的第一资源,是国家富强、民族振兴、人民幸福的重要基石。《中共中央　国务院关于全面深化新时代教师队伍建设改革的意见》中"把提高教师思想政治素质和职业道德水平摆在首要位置"作为加强师德师风建设、培养高素质教师队伍的基本原则和重要举措。

学习单元一由"教师职业与职业道德"和"师德规范与践行"两个模块组成。在介绍教师职业特点与价值的基础上,深入阐释教师职业道德的含义和师德体系构成,提升学生对幼儿教师工作的认同并加强对师德建设重要意义的认识。通过阐释《中小学教师职业道德规范》《幼儿园教师专业标准(试行)》(以下简称《专业标准》)及《新时代幼儿园教师职业行为十项准则》等师德规范具体内容和要求,介绍师德规范践行的途径与方式,组织学生亲身参与研修活动,深入体验"知情意行信"转化发展过程,提升学生践行师德规范的意识与能力,为后续内容的深入学习夯实基础。

模块一　教师职业与职业道德

教师是太阳底下最光辉的职业。正确把握教师职业的特点,认同教师职业的价值是做好教师工作的前提。按照新时代党和国家对建设高素质专业化师资队伍的要求,遵循《专业标准》"师德为先、幼儿为本、能力为重、终身学习"的原则,学前教育学生对教师职业道德的内涵、本质、重要意义以及主要内容应有较全面深入的了解,为师德规范的践行打下坚实的理论基础。

学习目标

1. 知识点:了解教师职业的特点与价值;理解道德与教师职业道德的内涵;领会教师职业道德规范在幼儿园教师工作岗位上的具体要求。

2. 能力点:能够分析判断高尚师德的职业表现,掌握师德践行的要求。

3. 态度情感:培养对教师职业的了解、价值认同与喜爱的情感,增强接受师德规范规约的自觉性,从而提升终身从教的责任感、使命感与自豪感。

重点与难点

重点:教师职业的特点与价值,师德规范内涵的解读、要求的践行。

难点:教师职业价值的认同,师德规范知行合一与相互转化。

案例导入

没有爱就没有教育——著名教育家霍懋征

霍懋征是一名普通的小学教师,更是曾被周恩来总理称为"国宝"的著名教育家。

她在北京师范大学第二附属小学(现为北京第二实验小学)担任语文、数学教学工作和班主任,后来担任副校长,一干就是六十多年。不管什么样的孩子,在她的眼里都是平等的,她执着地相信:爱是阳光,可以把坚冰融化;爱是春雨,能让枯萎的小草发芽;爱是神奇,可以点石成金。学生病了,她带着学生去看病求医,不辞劳苦地买药、送饭;学生家庭有困难,她就自己掏钱为学生买午餐;学生踢足球没有球鞋,她就在学生比赛前带去短裤和球鞋;学生的父母调往外地工作,她就将学生接到自己的家里食宿……然而,1962年6月,她的二女儿因病住进了医院。一天正在上课的霍懋征接到女儿病危的通知,她没有立即离开课堂,而是坚持把课上完后匆匆赶往医院,最终没能见到女儿的最后一面。她悲痛地说:"我爱我的女儿,我也爱我的学生,我不能因女儿一人耽误了40多个孩子的学习。"在场的每一个人都为之动容,班上全体学生流着眼泪安慰她:"霍老师,您不要难过,我们都是您的儿女。"

"没有爱就没有教育",这是霍懋征从教几十年来的真实写照!

思考与讨论

1. 扫码阅读案例并思考,霍老师为什么选择当"孩子王"?
2. 霍老师的案例是否对你有所触动?主要表现在什么地方?
3. 霍老师为什么始终践行"没有爱就没有教育"的教师思想?

著名教育家
霍懋征事迹

知识呈现

在全国教育大会上,习近平总书记指出,要建设一支宏大的高素质专业化教师队伍。党的十八大以来,习近平总书记多次就教师队伍建设发表重要讲话,强调要把加强教师队伍建设作为教育事业发展最重要的基础工作来抓,要加强师德师风建设,加强教师教育体系建设,倡导全社会尊师重教,让教师成为让人羡慕的职业。为深入贯彻落实党的十九大精神,建设党和人民满意的高素质专业化创新型教师队伍,落实立德树人根本任务,培养德智体美劳全面发展的社会主义建设者和接班人,全面提升国民素质和人力资源质量,加快教育现代化,建设教育强国,办好人民满意的教育,为决胜全面建成小康社会、夺取习近平新时代中国特色社会主义伟大胜利、实现中华民族伟大复兴的中国梦奠定坚实基础,2018年国家颁布《中共中央　国务院关于全面深化新时代教师队伍建设改革的意见》(以下简称《意见》),提出加强师德师风建设,突出师德原则,把提高教师思想政治素质和职业道德水平摆在首要位置,把社会主义核心价值观贯穿教书育人全过程,突出全员、全方位、全过程师德养成,推动教师成为先进思想文化的传播者、党执政的坚定支持者、学生健康成长的指导者。

教师承担着传播知识、传播思想、传播真理的历史使命,肩负着塑造灵魂、塑造生命、塑造人的时代重任,是教育发展的第一资源,是国家富强、民族振兴、人民幸福的重要基石。师范生应该认同教师职业的价值,掌握教师职业的特点,自觉加强道德与职业道德的素养,努力践行社会主义核心价值观,争当新时代"四有"好老师,为今后肩负立德树人的神圣使命打好坚实的道德基础。

一、教师职业的特点与价值

教育劳动是教师职业道德赖以产生的实践基础,也是教师职业道德发挥作用的主要领域。只有全面认识教育劳动的价值与特点,才能深刻地领会和掌握教师职业道德的意义。

(一)教师职业的特点

1. 教师职业的示范性

教师职业具有"向师性",教师无论是否意识到,其言行都会对教育对象产生潜移默化的影响,教师劳动对象的这一特点决定了教师劳动具有鲜明的示范性。要完成肩负的历史使命,每一位教师必须努力在学生乃至整个社会面前建立起更高的道德威望和良好的道德形象,成为全社会的道德楷模和典范。

2. 教师职业的复杂性

教师职业具有复杂性,主要表现为教育对象的未完成性、多重因素的影响性、教育对象的个性差异性以及育人工作的复杂性等方面。

成长中的儿童是一个未完成的人、具体的人。人的"未完成性"需要教育来发展人的能力、精神和素质。具体的人是指他有他自己的历史,有他自己的个性,这种个性随着年龄的增长而越来越被一个由许多因素组成的复合体所决定。这个复合体由生物的、地理的、社会的、经济的、文化的和职业的因素组成。

作为具体的人的儿童,个性是千差万别的,需要是各不相同的,教育实践对象的特殊性加深了教育的复杂性。

教师既要教书,又要育人,要把一定的科学知识教给学生,也要培养学生的思想品德和品格,而且要排除多种因素干扰,需要经历一个极其复杂多变的过程。同时,社会在不断发展,知识在不断更新,社会对人的要求在不断地变化,作为受教育者的儿童也在不断地变化,这一切决定了教师工作过程的复杂性。

3. 教师职业的创造性

教师劳动的创造性首先表现在因材施教上。教师不仅要针对集体的特点进行教育,而且还要针对学生的个体特点进行教育。教育有规律可循,有原则可遵,但无框框可套,"教学有法,但无定法,贵在得法",说的就是这个道理。没有一种教育方法是能够包治百"病"的"灵丹妙药"。

教师职业的创造性表现在对教学内容的处理和加工上,教师备课就是在深入钻研教材和了解学生的基础上,对教材的加工,就像导演对剧本再创造一样,教师对教材也需要再创造。创造性还表现在教育机制上,简单地说,教育机制就是要对突发性的教育情境做出迅速、恰当的处理。

4. 教师职业的专门性

《中华人民共和国教师法》第一章第三条对教师概念进行了全面、科学的界定:教师是履行教育教学职责的专业人员,承担教书育人、培养社会主义事业接班人、提高民族素质的使命。

教师专业化是指教师具有自己独特的职业要求和职业条件,有专门的培养制度和管理制度。教师专业化的基本含义包括:第一,教师专业既包括学科专业性,也包括教育专业性,国家对教师任职既有规定的学历标准,也有必要的教育知识、教育能力和职业道德要求。第二,国家有教师教育专门机构,专门教育内容和措施。第三,国家也有对教师资格和教师教育机构的认定制度和管理制度。第四,教师专业发展是一个持续不断的过程,教师专业化是一个发展的概念,既是一种状态,又是一个不断深化的过程。简要概括教师专业化所包含的内容为:学科专业性、教师教育专门机构及措施、教师资格认定制度和管理制度以及专业发展是一个持续过程。

5. 教师职业的长效性

教师的工作过程是学生学习和发展的过程,而学生的学习和发展过程是一个在错综复杂的环境中不断转化、渐进的长期又复杂的过程。常言道:"十年树木,百年树人。"培养人的教育活动是一个比较漫长的过程,一个学生从入校到接受教育,再到走出校门走上工作岗位,要经过十几年的时间。所以教师的工作周期比较长。

另外,教师的工作价值就是学生的发展和对社会的贡献,这不像直接创造物质财富的工作,效果立竿见影。因此,培养人的过程是漫长的,需要有耐心、信心,不能急躁更不能放弃。

（二）教师职业的价值

1. 教师劳动价值的构成

教师的劳动不仅能够满足社会发展的需要,也能满足教师个人生存、发展和自我实现的需要,因此,教师劳动的价值是由社会价值和个人价值构成的。教师劳动的价值是社会价值与个人价值的统一。

教师劳动的社会价值是指教师在教育教学过程中因劳动而产生的满足社会需要的意义。它是教师劳动价值的主要属性,也是体现教师社会地位和教师个人价值的重要标志。

教师劳动的个人价值是作为个体的教师劳动对于教师主体需要的肯定或否定的某种状态,是满足教师自身物质和精神需要的程度。教师劳动除了满足社会需要,具有社会价值外,还能够在许多方面满足教师的个人需要,因而也具有个人价值。

社会价值与个人价值的关系是,教师劳动的价值构成除了有社会价值之外,同时还有个人价值,劳动价值是这两方面价值的统一。

2. 教师社会价值的表现

教师社会价值表现在：第一，教师劳动是精神文明建设的重要推动力。教师是人类文化的传播者，是学生智能的开发者，是学生品德的培养者，是新知识新技术的创造者。第二，教师劳动为物质文明的发展提供精神动力和智力支持。第三，教师劳动对受教育者的成长发展起主导作用。教师在与学生共同进行的教学活动和日常交往中所表现出来的丰富学识、高尚品德、良好的习惯、坚强的意志等个性特征，都对学生人格的形成起着潜移默化的作用。

3. 教师个人价值的表现

教师个人价值表现在：第一，教师劳动风险小，比较稳定，比较有保障。第二，教师劳动的精神消耗，能够在比较有规律和富有弹性的劳动作息时间内得到较好的补充和调剂，一年中两个假期是对教师劳动剩余价值的某种补偿。第三，教师运用自身经历影响学生的劳动过程也是教师发挥创造精神、施展自身才能的过程，满足了教师更高层的精神需要，实现自我价值。第四，教师劳动不仅能在教育过程中获得经验，也有助于自身专业技能提高，而且教师享受的师生情谊，有利于调节心理状态，保持青春活力。

可见，教师职业具有社会价值与个人价值，是社会价值与个人价值的统一。师范生要正确理解教师职业的社会价值与个人价值，并在工作中正确处理好两者之间的辩证关系，在满足自身专业发展的基础上，为社会创造更多的价值，增强对教师职业的理解与价值认同，树立终身从教、乐教的决心与信心。

二、 道德与职业道德的含义

（一）道德的含义

道德是师德概念的基础，也是师德理论的逻辑起点，只有正确地理解和运用道德的概念，才能全面和深入地把握师德的内涵与发展脉络。

道德源于人类的社会实践，它是一种特殊的规范调解方式。马克思主义认为，道德是由一定社会的经济关系所决定的特殊意识形态，是以善恶为评价标准，依靠社会舆论、传统习惯和内心信念所维持的，调整人与人之间以及个人与社会之间关系的行为规范的总和。不同的时代，不同的阶级具有不同的道德观念。依据社会生活和社会活动来划分，道德可分为社会公德、职业道德和家庭美德三个层次。社会公德是指人们在社会交往和公共生活中应该遵守的行为准则，是维护社会成员之间最基本的社会关系秩序、保证社会和谐稳定的最起码的道德要求。社会公德主要包括：文明礼貌、助人为乐、爱护公物、保护环境、遵纪守法等。职业道德是指同人们职业活动紧密联系的符合职业特点所要求的道德准则、道德情操与道德品质的总和，它既是对本职人员在职业活动中的行为标准和要求，同时又是职业对社会所负的道德责任与义务。职业道德主要包括：爱岗敬业、诚实守信、办事公道、服务群众、奉献社会等。家庭美德是指人们在家庭生活中调整家庭成员之间的关系、处理家庭问题时所遵循的高尚的道德规范。家庭美德主要包括：尊老爱幼、男女平等、夫妻和睦、勤俭持家、邻里团结等。

新时代的师范生要自觉履行 2019 年中共中央、国务院印发的《新时代公民道德建设实施纲要》，要以习近平新时代中国特色社会主义思想为指导，紧紧围绕进行伟大斗争、建设伟大工程、推进伟大事业、实现伟大梦想，着眼构筑中国精神、中国价值、中国力量，促进自己在理想信念、价值理念、道德观念上，牢固树立中国特色社会主义共同理想，大力弘扬社会主义核心价值观，积极倡导富强民主文明和谐、自由平等公正法治、爱国敬业诚信友善，促进社会公德、职业道德、家庭美德、个人品德建设，不断提升公民自身道德素质，为促进人的全面发展，培养和造就担当民族复兴大任的时代新人而不断努力。

（二）职业道德

职业道德能够促进职业活动的发展及社会文明的进步，是职业者事业获得成功的重要前提和保证。

职业道德是社会道德的重要组成部分，每一种职业都有与之相适应的道德原则和道德规范。职业道德是与人的职业角色和职业行为相联系的一种高度社会化的角色道德,以责任、权利和利益为基础,是在工作中协调个体、群体与社会之间的关系的职业行为准则和规范系统。它是同人们的职业活动紧密联系的、具有自身职业特征的道德准则和规范,是担任一定社会职业角色的个体和群体所应该自觉遵守的特殊道德。[①] 可见,职业道德是特定职业或行业所具有的软实力。医生以"救死扶伤、治病救人"受人爱戴,军人以"服从命令为天职"受人敬佩,教师以"学而不厌,诲人不倦"受人尊敬。职业道德不仅是从业人员在职业活动中的行为标准和要求,而且反映了本行业对社会所承诺的道德责任和义务。

习近平总书记用"四有"的标准规范了"好"老师的内涵,"有理想信念""有道德情操""有扎实学识""有仁爱之心"各有所指,但核心指向都是对师德提出了明确要求。教师教育只有以"四有"好教师为目标,才能使师范生成为先进思想文化的传播者、中国共产党执政的坚定支持者、学生健康成长的指导者,才能真正履行敬业爱生、立德树人、为人师表的教师职责。

党的十九大报告中提出,要培养高素质教师队伍。2018 年 3 月,教育部、国家发改委、财政部、人力资源社会保障部、中央机构编制委员会办公室等五部门印发《教师教育振兴行动计划(2018—2022)》,明确了今后五年教师教育振兴发展的目标任务和十大行动。其中"师德养成教育全面推进行动"为首要目标任务。

三、 教师职业道德内涵与体系构成

夸美纽斯曾说:"太阳底下再也没有比教师这个职业更高尚的了。"对于教师而言,仅仅拥有娴熟的教育技能、高超的教育智慧还不足以胜任此项工作,还必须具有高尚的道德品质。

(一) 教师职业道德

教师职业道德是职业道德的一种表现形式,它是在教师职业劳动产生之后才逐渐形成的。一般意义上讲,教师职业道德是教师在从事教育劳动过程中形成的,用以调节教师与他人、教师与社会、教师与集体等相互关系时所必须遵守的基本道德规范和行为准则,以及在此基础上所表现出来的道德观念、情操和品质。教师职业道德以具体适用于教师职业活动的形式,体现出全社会对教师行为的基本道德要求。它具体体现为教师职业理想、教师职业责任、教师职业态度、教师职业纪律、教师职业技能、教师职业良心、教师职业作风和教师职业荣誉等方面。一个教师能否成为让人民满意的教师,能否成为让学生尊敬和信赖的人,能否将自己毕生的精力献给培养人才的教育事业,都与他的职业道德水平有着密切的关系。[②]

师德,即教师的职业道德,是教师在教育教学工作中必须遵循的各种行为规范准则和道德规范的总和。《专业标准》中指出:师德是幼儿园教师最基本、最重要的职业准则和规范。每一位教师都必须秉持师德为先的理念。按《专业标准》的要求,幼儿园教师要"热爱学前教育事业,具有职业理想,践行社会主义核心价值体系,履行教师职业道德规范,依法执教。关爱幼儿,尊重幼儿人格,富有爱心、责任心、耐心和细心;为人师表,教书育人,自尊自律,做幼儿健康成长的启蒙者和引路人"。

(二) 教师职业道德体系构成

不同的学者对教师职业道德体系构成存在不同的观点,以下通过介绍"三个基本要素"及"四种基本关系和三个层次"两个观点,从不同角度解释师德体系的构成。

1. "三个基本要素"观点

教师职业道德对教师行为的规范、约束和指导,主要是通过建立道德规范体系来实施的。从学科理论体系结构来看,教师职业道德体系是由教师职业道德基本原则、教师职业道德规范和教师职业道德范畴三个基本要素构成的。

教师职业道德基本原则,是教师在教师教育职业活动中,正确处理各种利益关系所必须遵循的最基本

---

①② 钱焕琦.教师职业道德(第 2 版)[M].上海:华东师范大学出版社,2011:8.

的行为准则,是教师职业道德与其他职业道德相区别的基本特征。在教师职业道德规范体系中,教师职业道德基本原则处于核心和首要地位,是整个教师职业道德规范体系的总纲。因此,教师职业道德基本原则,对教师行为具有普遍约束力,教师遵循教师职业道德的基本原则是第一位的。

规范是一种约定俗成的标准。教师职业道德规范是在教师职业活动中调整人们之间的利益关系,判断教师教育行为是非善恶的具体标准。教师职业道德规范是教师职业道德原则的展开和具体化。它既增强了教师职业道德原则的可操作性,又便于对教师行为作出更直接、更具体的指导和评价。

教师职业道德范畴是指可以纳入教师职业道德规范体系,并需要专门研究的基本概念。它既反映教育劳动中教师与学生、教师与学生家长、教师与同事及教师集体、教师与教育事业、教师与社会之间的最本质、最主要、最普遍的道德关系的基本概念,又概括了教师职业道德的主要本质,体现了一定社会对教师行为根本道德要求的基本概念,如教师义务、教师良心、教师公正等,即通常所归纳的师德范畴。

教师职业道德基本原则是整个师德规范体系的核心和灵魂,教师职业道德规范和范畴应以教师职业道德基本原则为中枢,依据并体现教师职业道德基本原则。教师职业道德规范是教师职业道德基本原则的展开和具体化,教师职业道德基本原则总是要通过一系列具体的教师职业道德规范才能够对教师行为起调节和指导作用,离开了教师职业道德规范的教师职业道德基本原则,是空洞无力的。教师职业道德范畴是整个师德规范体系的“网结”,是对教师职业道德基本原则和教师职业道德规范不同层次和不同侧面的补充与丰富。教师职业道德基本原则、规范和范畴三方面相辅相成,共同构成了教师职业道德体系的有机整体。

2. “四种基本关系和三个层次”观点

认同和遵守师德规范是教师的责任,也是教师应尽的义务。辽宁师范大学傅维利教授[①]对教师职业道德规范体系进行了比较完整的概括,包括四种基本关系和三个层次。四种基本关系是:教师与教育事业的关系,教师与受教育者的关系,教师与其他教师和教师集体的关系,教师与家长及其他相关人员的关系。三个层次是:理想层次、原则层次和规则层次。其中,理想层次着眼于从较高层次的理想状态对教师职业道德定位,它代表教师职业道德的发展方向,是社会对教师职业伦理行为的高要求。原则层次,着眼于从理想主义与现实主义相结合的角度对教师职业道德定位,它既表达了现实社会特别是教育工作对教师职业伦理行为的基本道德要求,同时又考虑到我国教师现有的师德水平以及拉动教师职业道德向更高层次迈进的现实需求。规则层次则体现了对教师职业伦理行为的底线要求,是每一个教师在教育工作中必须遵守的职业伦理要求。这些要求一般直指教师的外显行为特征,有很强的可观察性和可操作性。

四、 教师职业道德的特点

教师职业道德是社会多种职业道德形态的一种,具有职业道德的一般特点,诸如鲜明的行业性、较强的适用性、形式上的多样性、内容上的稳定性和连续性等。但是,教师职业道德与教育劳动紧密相连的特点,决定了教师职业道德有着与其他职业道德不同的特点。

1. 教师职业道德要求更严格、更全面

与其他生产劳动不同,教育劳动是一种以培养人为目的的特殊的职业劳动。教师在向学生传授文化知识的同时,还要对其进行思想道德教育,培养他们树立正确的人生观、世界观、价值观。因此,每一位教师都肩负着双重使命:既要教书,又要育人。教师不仅要用自己丰富的学识去教人,还要用高尚的品格去感染人,从而使学生不仅拥有健全的理性,还要拥有高尚的灵魂。儿童和青少年是决定国家发展前景的主要因素,国家和人民把他们托付给教师,就是把希望和未来托付给教师,这既是一种荣耀,更是一种责任和使命。没有高尚的职业品性,是无法担当此重托的。

2. 教师职业道德影响更具有深广性

所谓“深”是就程度而言的,指教师道德在教育过程中不只是作用于学生的感官,还渗透到学生的心灵,塑造学生的性格和品德;不但会影响学生在校期间的成长,甚至会影响他的一生。这种强大的穿透力

① 傅维利. 教师职业道德教育指南(第 2 版)[M]. 北京:高等教育出版社,2009:12.

是其他类型的职业道德无法比拟的。

所谓"广"是就范围而言的,指教师道德不仅作用于在校的学生,而且会通过学生影响到学生的家庭,甚至整个社会。在现代社会中,随着教育的普及以及教师社会地位的提高,教师与社会的接触越来越多,联系也越来越广泛。学生的思想境界、行为举止也将越来越多地影响到社会的各个阶层和各个行业,进而影响整个社会的道德风尚。

3. 教师职业道德的调节更具有自觉性

就调节方式来说,一切类型的道德实践都强调主体的自觉,职业道德也不例外,但教师职业在这方面更为突出。教师是以个体脑力劳动作为主要的劳动方式的,也就是说他的工作常常处于无人监督的情况。诸如教师是否充分备课、是否认真批改作业、是否耐心教育学生等等,这些都是很难进行监督和考核的,主要依靠教师本人的严格自律。而且,教师对学生的教育和影响并不局限于课堂上、教室内和校园里,在任何时间、任何地方要求学生做到的,教师本人首先必须身体力行。这种劳动时间和劳动空间的灵活性,要求教师在遵守职业道德方面要有更强的自觉性。

4. 教师职业道德行为更具有示范性

教育劳动的对象是可塑性和模仿性强,世界观和人生观以及性格品质正处于形成阶段的青少年学生。教师在他们心目中占有特殊的地位,尤其是对于低年级的学生更为突出。他们对老师有一种神秘且仰慕的感觉,常常会不自觉地效仿老师的言论行为、为人处世的态度,乃至性格、气质和习惯,这就是学生的"向师性"。无论教师本人是否意识到,其一举一动、一言一行都在潜移默化之中感染并影响着学生。教育劳动对象的这一特点,内在地决定了教师职业道德具有鲜明的示范性。要完成肩负的历史使命,每一位教师都必须努力在学生乃至整个社会面前建立起更高的道德威望和良好的道德形象,成为全社会的道德楷模和典范。

研修活动

"我的好老师"——讲述师德故事

一、计划

（一）教师任务布置

1. 目标

结合道德与教师职业道德专题,以3～4名学生为一小组,开展"我的好老师"——讲述师德故事的师德实践活动。

2. 要求

（1）3～4名同学为一小组,一周内完成。

（2）小组设计"我的好老师"——讲述师德故事的实践活动方案,具体内容包括:活动目标、活动内容、时间、地点、步骤与进度、任务分配、物质准备、注意事项等。

（3）物化成果:活动方案、活动过程素材文档、师德故事文本、活动反思与总结等。

（二）践行方案设计

师德践行活动方案

活动主题:

"我的好老师"师德故事

活动目标:

挖掘并分享自己老师的"师德事迹"。

活动内容:

1. 回忆亲身经历的一位老师真实的感人事迹并整理归纳形成故事。

2. 以小组为单位进行故事分享,小组成员将根据故事内容的典型性,推荐1～2位代表小组在班级中分享。

3. 整理个人师德故事文本,并记录推荐意见。

时间与地点:

5月21日—6月1日　幼儿园实习基地

步骤与进度:

1. 活动准备:5月21日前。

(1) 自愿组成小组并进行成员分工;

(2) 小组共同讨论并制定活动方案;

(3) 小组成员自行准备师德故事。

2. 活动实施:5月21日—5月25日。

(1) 小组成员分享师德故事;

(2) 小组对典型内容进行推荐;

(3) 整理文本及推荐意见。

3. 活动小结:5月26日。

(1) 班级分享师德故事;

(2) 每位同学推荐出最感动的师德故事;

(3) 每位同学写出师德故事的感想与成长体会;

(4) 制作:"我的好老师"师德故事集。

主要方法:

反思法、归纳法、讲述法等。

物质准备:

纸笔等学习用具、活动方案、手机影像拍摄。

注意事项:

1. 做好充分的物质及精神准备;

2. 把握实践活动的主题与目标;

3. 注意掌握活动步骤及时间要求;

4. 忌网上下载或编造。

二、实施

(一) 故事分享

故事1

　　刘颖老师,是我高二那一年的班主任。接任我们班主任没多久,我们就听说刘老师怀上小宝宝的消息,但刘老师仍然坚持担任我们的班主任。高二下学期的农训正值刘老师怀孕6个月,老师体态臃肿且行动不便,学校领导曾安排其他老师带我们班,可是刘老师坚持自己带班,因为她想完完整整地带我们一年,不想错过每一次班级活动。农训期间,我们白天训练,晚上会集中在一起上晚自习,有一天晚自习我胃疼请了假在宿舍休息(宿舍在3楼),当我正躺在床上委屈巴巴难受的时候,听到了刘老师的叫门声。打开门,刘老师挺着孕肚,端着一碗热面条给我。因为农训期间学生和老师的伙食不同,刘老师说当天她们教师食堂刚好是热面条,她就想着我胃疼给我端上来了。有孕在身的刘老师,亲自端着热面上到3楼,关切地送到我面前,看着我含泪将热面一口口吃下后,为躺下的我掩好被子缓缓离开……那一幕,永远深深地定格在我的记忆中,令我温暖而感动,并激励着我努力成为像她一样的好老师。

故事2

吴军章,是最令我感动的一个老师,他是我的小学三年级到六年级的班主任兼数学老师。最令我感动的一件事发生在一节数学课上。那是一个冬天,吴老师没有讲课,他让我们全体起立,逐一检查每位同学穿了多少衣服。每当他发现衣服单薄的同学,吴老师就会小声叮嘱多穿些衣服,语重心长地告诉同学们注意身体、遵守纪律、努力学习。那一节课,班里同学都觉得吴老师有些反常,表情中流露出特殊的关切与不舍……从那以后,同学们再也没见过吴老师的身影,到处打听老师的消息,后来才从年级主任那里得知吴老师得了重病,需要长期住院治疗。同学们千方百计想去探望老师,但被吴老师谢绝了,并请家人转告关心他的师生,"吴老师感谢大家对他的关心,请大家记住他最美好的样子"。每每气温骤降、丢三落四、来不及吃早餐、成绩不理想甚至遇到学习和生活中的难题时,我都会情不自禁地想起吴老师,仿佛他还在我身边叮咛与陪伴,给我以无穷的勇气和力量战胜困难!吴老师,您还好吗?我好想您……

"我的好老师"
——讲述师德故事

（二）小组推荐

实践教学小组自荐表

班级：　　　小组名称：　　　填表日期：

课程名称	师德规范与践行	实践教学项目名称	"我的好老师"——讲述师德故事
实践教学任务	挖掘并讲述自己老师的"师德事迹"		
完成任务所需理论依据（知识点）	1. 教师职业的特点与价值 2. 师德的构成、职业表现与特征		
小组作品名称、形式	"我的好老师"——讲述师德故事		
小组作品介绍	（建议:从现实需求、作品特点、创新性、实践运用、价值等方面介绍） 同学A:讲述高中怀有身孕的班主任不顾身体不便,无微不至关心农训中生病的我的故事。 同学B:讲述"5·12"地震时班主任陈老师不顾个人安危,指挥疏散同学安全脱险,自己却被全体学生牵挂、敬重的故事。		
小组作品自评	同学A:故事主人公是我高中班主任,她有孕在身,端着热面,亲自上到3楼探望生病的我的事迹令我记忆犹新,同学们被老师的精神深深感动,但由于自己不善言辞,最终讲述效果不甚理想。 同学B:由于故事是亲身经历且惊心动魄,因此讲述之时情景再现,感人至深,同学们被我的故事打动,有的流下眼泪……时过境迁,留下的不仅是抹不去的记忆,更是对陈老师的思念!		
小组作品他评	某某同学的师德故事真实而典型,情节具体、人物刻画细致入微,有较强的感染力,充分再现出教师的爱岗敬业、热爱学生、无私奉献的精神,令人感动……小组成员一致同意推荐此作品在班级分享。		
参考资料			

三、检查

故事1

2008年5月12日,这个日子令我终生难忘,14时28分,这个时间同样在我的脑海里挥之不去。

这一天,我们正在教室里上语文课,班主任陈老师正在黑板上写课本上的标题,我突然感觉到后面的桌子在挤我,我扭头一看,后桌的同学并没有挤我,紧接着,我又听见窗户在晃动(因为我们的教室窗户是横着的小长方形窗户)。渐渐的,晃动得更厉害了,后面的桌子也在不停地晃着,班主任在这时突然转身对我们说:"地震了,快跑!"那时因为我们都不太懂地震,只是了解过,所以不知道其危害性。但看见老师慌张,我们都慌了。瞬间我们都不知道该怎么办了,所以看见大家都往外跑,也就都往外跑。教学楼的摇晃稍微停止了一会儿,我们班的同学都跑到操场上了,可迟迟不见陈老师,"陈老师去哪了?""陈老师怎么还没下来"……

地震的摇晃停止了,但余震并没有结束,陈老师还不见人影,全班同学都很担心她。楼道在晃晃悠悠,还有一个班的学生在往下跑,等他们都下来了,终于,我们在人群的最角落里看见了陈老师,因为慌乱,她的头发已经披散在肩头,她慢慢地下楼,我们班里的同学都跑过去抱住她。我们大部分同学都哭了,大家很担心她,因为她在地震、余震的时候并没有和我们一样立马跑到空旷的操场上,而是把我们整栋楼的学生都疏散出来,最后再自己出来。陈老师这不顾个人安危、保护学生生命安全的行为,深深地感动着在场的所有学生。她的牺牲精神与爱生品德值得我们敬重与学习。陈老师是我一生中最难忘、最好的老师!

故事2

青春阳光是高中的代名词,幸运的我们在高中遇到了一个善解人意的年级组长——朱老师,他每一天都是板着脸,严肃又可怕,但是这只是不了解他的人的看法,熟悉他的人都认为他是可爱、呆萌的。高三的时候他教我们两个班化学,高强度的复习和巨大的压力使他的身体越来越不好了,他经常上半节课喘不上来气儿,要缓很久。他有咽炎、鼻炎、心脏病、哮喘,并且经常头痛,即使疾病缠身,但他从来没有请过假,高三的三百多天里,每一天都有他的陪伴,而我们也算不负众望,以近五年成绩最好的一届走出了学校。朱老师曾经在上课的时候和我们说过,毕业以后就会把我们忘了,再回来如果他不记得我们了千万不要怪他,那个时候我们都觉得他冷血。但是最后我们举行壮行会的时候,一个严肃了三年的男人在台上落下了眼泪,那个时候他就像一位老父亲送走了自己的儿女一般。我们在朱老师宽厚臂膀的庇护下度过了三年。朱老师是一个用正能量影响着我们的老师,一个忍着病痛坚持给我们传道、授业、解惑的老师。很庆幸在我成长路上有一个这样的引路人,一个如父母一般的引路人,不,他好像就是我们的父亲,为我们操碎了心的父亲。

故事3

每个学生心中都有一个最令他感动的老师,而最让我感动的老师是姜老师。姜老师是我们高三的语文老师,她很严格,因此我们都挺害怕她。姜老师教的班级一直都是第一第二名。有一次,班主任说:"姜老师来的路上发生了一点意外,老师的胳膊摔伤了,可能要少上几节语文课。"我们内心窃喜,yes,终于不用见到她了,到了语文课的时候,刚要拿出语文书自习,出乎我们预料,姜老师进来了,我们都觉得姜老师是个女超人!后来与她聊天的时候,老师告诉我们:"养兵千日用兵一时,我要时刻陪伴着每一位同学,与你们并肩作战!"这朴实的言语,令我们很是感动,每每在课堂上见到打着绷带的超人老师,同学们很是心疼,就连淘气的男生都比平日更自觉,更懂事,唯恐给老师增添负担和麻烦……她就是我的女神,我最喜欢的老师。

四、评价

师德规范践行效果评价

（一）评价标准

主题突出、师德故事内容典型、讲述者富于感染力、教育效果显著。

（二）评价案例

1. 学生自评

收获：通过"我的好老师"——讲述师德故事的活动，我对教师职业有了进一步的了解和深深的体悟，同学们所分享的自己老师的故事，感人至深，虽然他们所教课程不同，性格迥异，但是他们共同的是对教育事业的尽职尽责、勤勤恳恳、甘于奉献、无怨无悔，对于学生们无微不至的关怀、不厌其烦的教诲、超越亲人的厚爱与无限的期待！此次实践体验活动使我们深受教育，作为师范生我要以这些老师为榜样，学习他们的高尚职业精神与品格，勤奋学习，刻苦磨炼专业本领，为祖国的幼儿教育事业奉献青春！

遗憾：自己的老师也曾有过感人事迹，但自己没有一一记录下来，讲述故事的技能需要提升。

困惑：如何将老师点滴的事件写成感人的故事，书面及口头表达能力需要锻炼！

2. 小组互评

欣赏：故事典型，讲述者能充分使用音乐效果，使每一个故事催人泪下、感人至深，达到教育的目的。

建议：老师的细节刻画应更详细，事迹应更丰富，个别同学要训练讲故事的技能。

3. 教师点评

肯定：小组同学分享的实践活动成果主题鲜明，故事中的教师事迹真实感人。小组分享活动认真，充分调动了每位同学的积极性，在分享交流与充分讨论的基础上，对典型故事进行分析点评并推荐到班级分享。被推荐的选手能够在小组成员帮助下对故事进行补充完善，使其更具感染力，突出了师德教育效果。此外，参与故事分享的同学的自信心与口语表达能力有了进一步提升。

希望：同学们要善于将自己经历的事件整理成丰富的师德教育素材，生成师德课程资源，实现自树树人。此外，同学们平日应该注重加强语言表达、书面表达等能力的训练，提高教师专业基本功和素养。

教学总结

本节课介绍了教师职业具有示范性、复杂性、创造性、专门性和长效性五个特点，需要同学们领会每一个特点的内涵和表现，增强对教师职业的理解。同时介绍了教师职业的价值，师范生要正确理解教师职业的社会价值与个人价值，并在工作中正确处理好两者之间的辩证关系，在满足自身专业发展的基础上，为社会创造更多的价值，增强对教师职业价值的认同，树立终身从教、乐教的信心与志向。

此外，本节课重点对道德和职业道德的含义进行了阐释。教师职业道德是教师在从事教育劳动过程中形成的，用以调节教师与他人、教师与社会、教师与集体等相互关系时所必须遵守的基本道德规范和行为准则，以及在此基础上所表现出来的道德观念、情操和品质。

教师职业道德反映出四种基本关系，即：教师与教育事业的关系，教师与受教育者的关系，教师与其他教师和教师集体的关系，教师与家长及其他相关人员的关系。三个基本层次是：理想层次、原则层次和规则层次。

教师职业道德与教育劳动紧密相连的特点，决定了教师职业道德有着与其他职业道德不同的特点。教师职业道德要求更严格、更全面；教师职业道德影响更具有深广性；教师职业道德的调节更具有自觉性；教师职业道德行为更具示范性。

经过本课"我的好老师"——讲述师德故事的研修活动，同学们分享了影响自身成长的好老师的师德故事，感动之余加深了对师德内涵的理解，受到教师职业精神的感召，明确了教师职业所承载的使命与责任，坚定了终身从教的信心和决心，让我们传承师德精神，开启新时代教师师德故事新篇章！

反思探究

一、知识复习

（1）教师职业有哪些特点？
（2）如何看待教师职业的价值？
（3）什么是道德？什么是职业道德？
（4）师德的内涵是什么？
（5）师德具有哪些特点？

二、实训作业

1. 观看视频案例并回答问题

卢乐山，1917年6月15日出生，湖北沔阳（今仙桃）人。1938年毕业于燕京大学教育系。后在天津、成都等地幼儿园和中小学任教。1945年获燕京大学研究生院教育硕士学位。1949年毕业于加拿大多伦多大学。1950年回国。北京师范大学首任学前教育专业教研组主任，首批该专业硕士研究生导师，教授。我国系统介绍蒙台梭利教育思想"第一人"，新中国学前教育学科重要奠基人。代表作有《蒙台梭利的幼儿教育》《卢乐山文集》《卢乐山口述历史：我与幼儿教育》等。

请上网搜寻视频，观看卢乐山先生事迹并分别回答问题。

问题1：哪一句话贯穿于卢乐山先生的一生？

问题2：你知道卢乐山先生为什么更名为"乐山"？在她身上呈现出哪些师德风范？

2. 搜集幼儿园教师师德典型案例并制作视频文件："讲述幼儿教师的故事"

拓展延伸

一、了解古代圣贤

孔子关于教师职业道德的思想

孔子（公元前551年9月28日—公元前479年4月11日），子姓，孔氏，名丘，字仲尼，生于春秋时期鲁国陬邑（今山东省曲阜市）。中国著名的思想家、教育家、政治家，与弟子周游列国十四年，晚年修订六经，即《诗》《书》《礼》《乐》《易》《春秋》。孔子被联合国教科文组织评为"世界十大文化名人"之首。

孔子作为儒家思想的创始人，又是"一代宗师"，《论语》中的诸多观点对教师职业道德的相关思想都有启示作用。孔子可以说是较为全面地总结和概括了我国教育史上首个教师职业道德体系的人。

1. 学而不厌，诲人不倦

孔子以好学著称，对于各种知识都表现出浓厚的兴趣，因此他多才多艺，知识渊博，在当时是出了名的，几乎被当成无所不知的圣人。他提出教师应先有"学而不厌，诲人不倦"的精神，《论语》多有涉及。如："子曰：'若圣与仁，则吾岂敢？抑为之不厌，诲人不倦，则可谓云尔已矣。'"（《论语·述而》）。孔子本身就是"好古敏以求之""发愤忘食，乐以忘忧，不知老之将至""五十以学《易》"，一生勤奋好学的人。教师的根本职责是教人，因此，必须有"诲人不倦"的精神。"诲人不倦"是教师道德的具体体现，"教不倦，仁也"。

2. 以身作则，言传身教

教师事事处处要以身作则，身教重于言教，以自己的模范行动做学生的表率。孔子曾说："其身正，不令而行；其身不正，虽令不从。"（《论语·子路》）又说："苟正其身矣，于从政乎何有？不能正其身，如正人何?"（《论语·子路》）子曰:"吾日三省吾身:为人谋而不忠乎? 与朋友交而不信乎? 传不习乎?"（《论语·学而》）"见贤思齐焉,见不贤而内自省也。"（《论语·里仁》）"三人行,必有我师焉。择其善者而从之,其不善者而改之。"（《论语·述而》）对于教师来说,只有处处以身作则,才能成为好的教师。孔子是这样说的,也是这样做的,成为了"万世师表"。

3. 热爱学生,有教无类

孔子对学生极其热爱,全面关心,从政治思想、品德作风到学业才能以及日常生活无不关怀备至。他关心学生的志愿,多次让学生"言志",加以指导;关心学生的出路,负责推荐学生的专长和特长;关心学生的学业进步,在教育教学中"无私""无隐";学生家长有困难,他设法给予帮助;学生生病,他亲自探望;学生不幸早亡,他悲痛欲绝。他平日经常和学生生活在一起,或讨论学问,或谈笑歌舞,或同到河里沐浴,真正做到了师生打成一片,感情深厚。子曰:"有教无类。"（《论语·卫灵公》）"中人以上,可以语上也;中人以下,不可以语上也。"孔子虽然没有从理论上系统地论述师生关系,但他的行动为热爱学生树立了伟大榜样。

4. 不耻下问,知错即改

孔子还十分重视教师的职业道德修养,子曰:"躬自厚而薄责于人。"（《论语·卫灵公》）孔子认为,多责备自己,少责备别人即责己从严,责人从宽,就会少招怨恨。"过则勿惮改"（《论语·述而》）,有过而不改,才是真正的过错。对于教师来说也是这样,有过而能改的教师,才是真正维护自己的威信,才能受到学生的尊敬和爱戴。"谦虚"也是教师应有的品质,如"三人行,必有我师焉"（《论语·述而》）,孔子认为,几个人走在一起,在其中必定有值得他去学习的人。选择他们的优点来学习,如果看到自己也有和他们一样的缺点,要及时改正。教师理应如此。教师还应该善于"不耻下问"（《论语·公冶长》）,孔子的意思是不以向地位、学问较自己低的人请教为可耻,形容谦虚好学。此外,教师还要真心诚意地关心学生,爱护学生,如"爱之,能勿劳乎? 忠焉,能勿诲乎"（《论语·宪问》）。爱其人,则必勉策其人于勤劳,始是真爱;忠于其人,则必以正道规诲之,始是忠之大。对于教师来说也可以理解为教师要全心全意地为学生的成长服务。

5. 因材施教,循循善诱

孔子可以说是最早实行"因材施教"的教育家,朱熹说:"夫子教人各因其材。"孔子实行因材施教时注意对学生特点的了解,从"德""才"两个方面观察学生,他不单看学生的知识水平和接受能力,会根据学生的不同特点确定不同的教学内容和进度。

子路问:"闻斯行诸?"子曰:"有父兄在,如之何其闻斯行之?"冉有问:"闻斯行诸?"子曰:"闻斯行之。"公西华曰:"由也问'闻斯行诸?'子曰'有父兄在';求也问'闻斯行诸?'子曰'闻斯行之'。赤也惑,敢问。"子曰:"求也退,故进之;由也兼人,故退之。"（《论语·先进篇》）这段的意思是子路问:"听到了就行动起来吗?"孔子说:"有父兄在,怎么能听到了就行动起来呢?"冉有问:"听到了就行动起来吗?"孔子说:"听到了就行动起来。"公西华说:"仲由问'听到了就行动起来吗',你回答说'有父兄健在',冉求问'听到了就行动起来吗',你回答'听到了就行动起来'。我被弄糊涂了,敢再问个明白。"孔子说:"冉有总是退缩,所以我鼓励他;仲由好勇过人,所以我约束他。"作为教师的孔子,能够从学生的实际情况、个别差异出发,有的放矢地进行有差别的指导教育,使每个学生都能扬长避短,获得最佳发展,堪称"因材施教"的典范。

与因材施教相联系的就是循循善诱,颜渊称赞孔子"循循然善诱人",表明孔子善于依据教学内容的客观顺序,又考虑到学生的接受能力,一步一步地进行诱导,使学生能够由浅入深、由近及远,有步骤地学习,越学越有兴趣,"既竭吾才","欲罢不能"（《论语·子罕篇》）,表明我已用尽全力,想要停止学习是不可能的,表现出孔子善于有步骤地、不间断地引导学生。

孔子作为老师,不仅有着伟岸的人格和渊博的学识,同时还有着坚定而灵动的教育智慧和灵活多样的教育方法,而这一切都与教师内在的修养有关。孔子不愧为"万师之表"。

二、领略先驱风采

张伯苓和他的教育事业

张伯苓(1876年4月5日—1951年2月23日),原名寿春,字伯苓,后以其字行世,天津人,中国现代职业教育家,私立南开系列学校创办者。西方戏剧以及奥运会的最早倡导者,被誉为"中国奥运第一人"。张伯苓早年毕业于天津北洋水师学堂,后获得上海圣约翰大学、美国哥伦比亚大学名誉博士,曾受教于美国教育家、哲学家杜威、桑代克等人。1948年6月,曾出任南京国民政府考试院院长,不久辞去,避居重庆。1949年11月底,重庆解放前夕,张伯苓婉拒蒋介石赴台要求而留守大陆。

张伯苓把教育救国作为毕生信念,先后创办南开中学、南开大学、南开女中、南开小学和重庆南开中学,接办四川自贡曙光中学,形成了著名的南开教育体系,为国家培养了包括周恩来在内的大批人才,被尊为"中国现代教育的一位创造者"。

实现中国梦,必须弘扬中国精神。张伯苓不仅反复宣讲自己办教育的动机是爱国,提出"欲他日爱国则现在宜爱校",期望学生在日常的学习、生活中,把爱国热情化为具体行动。为此,他将爱校分为爱人和爱物两个层面。所谓爱人,他提醒学生要"自爱爱人",结交益友。至于爱物,则被他视为公德。"公德心之大者为爱国家,为爱世界。在校先能爱物,而后始可望扩而大之。"正因为怀有"众人我所爱"之心,才能"爱其人自亦不应毁其物"。

"爱的教育"成为张伯苓培养学生公德心的关键。他教导学生,由对世界万物怀有仁爱之心,延及爱校、爱群和爱国。他明确提出,与种族、宗教等因素相比,爱国更能凝聚各方力量,统一行动。

南开学校举办的各种集会都成为张伯苓实施爱国教育的重要场合。他的演讲具有极强的感染力,"其言极其痛深,其感人至矣。同学少年受此剧烈之感触,顿有坐立难安之势"。在他看来,假如南开学生无论在何时何地都能做到"诸事可变,南开精神不可变,一致为公,始终不渝",那么不但个人的事业可以成功,国家的独立、富强也指日可待。最让张伯苓感到欣慰的是南开没出一个汉奸。

清华校长梅贻琦、著名数学家陈省身、著名物理学家吴大猷和戏剧家曹禺等人都是南开教育成功的典范。吴大猷说过一番颇为中肯的话:"南开在声望、规模、待遇不如其他大学的情形下,藉伯苓识才之能,聘用年轻学者,予以研教环境,使其继续成长,卒有大成,这是较一所学校藉已建立之声望、设备及高薪延聘已有声望的人为'难能可贵'得多了。前者是培育人才,后者是延揽现成的人才。我以为一个优良的大学,其必须的条件之一,自然是优良的学者教师,但更高一层的理想,是能予有才能的人以适宜的学术环境,使其发展他的才能。从这观点看,南开大学实有极高的成就。"这是对张伯苓凝聚中国力量的最佳褒奖。他通过教育为中国培育"新人种(族群)",为社会培训"新国民",为国家培养救国的领袖人才的实践,将永垂史册。

——选自《中国教育报》的文章《南开学校创校校长张伯苓的中国梦》,有改编

上网搜索并观看上海纪实频道《大师》之张伯苓和他的教育事业纪录片,加深对张伯苓事迹的了解。

模块二　师德规范与践行

师德规范重在践行。学生通过本模块内容的学习,领会师德规范含义及意义,掌握《中小学教师职业道德规范》《专业标准》及《新时代幼儿园教师职业行为十项准则》等师德规范具体内容和要求,了解师德践行的有效途径与方法。通过"良好行为习惯养成"的研修活动,亲身体验行为变化和成长,增强对教师职业的责任感与使命感,从而提高践行师德规范的自觉性。

学习目标

1. 知识点:掌握师德规范内容要求以及践行师德规范的方法。

2. 能力点：提高学生对教师师德行为的辨析能力,培养师德规范的践行能力与反思能力。

3. 态度情感：通过对师德规范的学习,增强对教师职业的责任感与使命感,从而提高践行师德规范的自觉性。

重点与难点

重点：幼儿教师师德规范的内容要求,师德践行的有效途径与方法。

难点：师德规范践行的意识培养。

案例导入

陶行知的故事

陶行知原名文浚,大学期间推崇明代哲学家王阳明的"知行合一"学说,取名"知行"。43 岁时,他在《生活教育》上发表《行知行》一文,认为"行是知之始,知是行之成",并改本名为陶行知,以此自勉。他是人民教育家、教育思想家、民主主义战士、伟大的爱国者。

陶行知为中国的教育事业奉献了毕生心血,践行了"捧着一颗心来,不带半根草去"的人生信条。这句著名的箴言,字里行间都闪耀着一位人民教育家为了人民的教育事业不谋私利、鞠躬尽瘁的高尚精神的光辉。他一贯主张"生活即教育""社会即学校"的教育改革宗旨。他不但这样主张,而且身体力行,脱下长袍马褂,穿上布衣草鞋,和师生一起开荒生产,挑粪种地,睡地铺,住牛栏。陶行知把毕生精力都投入到"教育"中去,确实做了一件"大事"。而他自己,却"不带半根草去",只留一世英名,光照中华大地。

思考与讨论

1. 陶行知先生为什么两次更名?

2. "捧着一颗心来,不带半根草去"体现了陶行知先生的什么精神?

3. 阅读二维码中的内容,思考案例中哪些细节体现出陶行知先生以身作则"建筑人格长城"的?

4. 上网搜索并观看纪录片《大师》之陶行知(上),通过观看视频,加深对陶行知事迹的了解。

陶行知的故事

知识呈现

人民教育家陶行知先生为我们树立了言教与身教的榜样,其根本原因是他坚守教育兴国之志,永葆教育情怀,长期恪守师德规范,最终"建筑人格长城"的结果。师范生应该学习老一辈教育家的精神与品格,提高对师德规范重要意义的认识,谙熟师德规范要求,增强践行师德规范的自觉性。

一、师德规范及其意义

(一)规范与师德规范的含义

1. 规范与师德规范

规范是一种约定俗成的标准。道德规范是道德关系普遍规律的反映,是一定社会或阶级对人们行为和关系的基本要求的概括。所谓教师职业道德规范是教师的道德行为和道德关系普遍规律的反映,是教师在教育劳动中调整同他人、同社会之间关系的道德行为和道德关系的总和,它是某个时期某一社会对教师道德行为和道德关系的概括。

2. 幼儿园教师职业道德规范

幼儿园教师职业道德规范是对幼儿园教师职业道德行为实践的具体总结和概括,是在广大幼儿园教师长期教育道德实践基础上,由教育行政部门组织幼教专家及幼教工作者,从国家、民族和人民群众的利益出发,以习近平新时代中国特色社会主义思想及社会主义核心价值观为指导,对幼儿园教师的职业活动中所反映出的道德关系和道德行为的基本准则,进行系统的、全面的概括,并通过一定的思维形式和社会途径,形成幼儿园教师共同遵守的行为准则。虽然尚未成为国家法定条文,但它能够影响、支配或调解幼儿园教师职业道德关系和道德行为,涵盖了幼儿园教师对幼儿、对家长、对同事、对工作的价值取向,以及对幼儿园教师自身专业成长与发展的要求。

(二) 加强师德建设的重要意义

教师承担着传播知识、传播思想、传播真理的历史使命,肩负着塑造灵魂、塑造生命、塑造人的时代重任,是教育发展的第一资源,是国家富强、民族振兴、人民幸福的重要基石。教师是教育事业发展的基础,是提高教育质量、办好人民满意教育的关键。党中央、国务院历来高度重视教师队伍建设,先后颁布《教育部关于进一步加强和改进师德建设的意见》(2005 年)、《国务院关于加强教师队伍建设的意见》(2012 年)及《中共中央 国务院关于全面深化新时代教师队伍建设改革的意见》(2018 年)等,其重要意义表现为以下四点:

第一,加强和改进师德建设是确保党的事业后继有人和社会主义事业兴旺发达,全面建成小康社会和实现中华民族伟大复兴,落实科学发展观,落实科教兴国、人才强国战略的保障。

第二,加强和改进师德建设是全面贯彻党的教育方针、落实立德树人根本任务的保证。教师职业道德规范在教师道德体系中占有突出的地位,它对于培养教师的职业心理,形成教师特有的道德习惯、道德传统,以及推动教师的工作起着重要的作用。

第三,加强和改进师德建设是进一步加强和改进教育对象思想道德建设和思想政治教育的迫切要求。教师是人类灵魂的工程师,是青少年儿童成长的引路人。教师的思想政治素质和职业道德水平直接关系到学生思想政治工作状况和亿万青少年儿童的健康成长,关系到国家的前途命运和民族的未来。

第四,加强和改进师德建设是促进教师专业成长的有效途径。理解和遵守师德规范是教师的责任和义务。遵守师德规范既是广大教师获得行业、家长与社会认同的前提,也是加强自身修养、不断取得专业成长和进步,取得育人成功的关键。

二、 师德规范的内容与要求

(一)《中小学教师职业道德规范》内容与要求

2008 年教育部重新修订和印发《中小学教师职业道德规范》,其基本内容继承了我国的优秀师德传统,并充分反映了新形势下经济、社会和教育发展对中小学教师应有的道德品质和职业行为的基本要求。《中小学教师职业道德规范》对教师的职业道德起指导作用,是调节教师与学生、教师与学校、教师与国家、教师与社会相互关系的基本行为准则。具体内容及要求如下:

1. 爱国守法——教师职业的基本要求。

热爱祖国,热爱人民,拥护中国共产党领导,拥护社会主义。全面贯彻国家的教育方针,自觉遵守教育法律法规,依法履行教师职责权利。不得有违背党和国家方针政策的言行。

2. 爱岗敬业——教师职业的本质要求。

忠诚于人民教育事业,志存高远,勤恳敬业,甘为人梯,乐于奉献。对工作高度负责,认真备课上课,认真批改作业,认真辅导学生。不得敷衍塞责。

3. 关爱学生——师德的灵魂。

关心爱护全体学生,尊重学生人格,平等公正对待学生。对学生严慈相济,做学生良师益友。保护学生安全,关心学生健康,维护学生权益。不讽刺、挖苦、歧视学生,不体罚或变相体罚学生。

4. 教书育人——教师的天职。

遵循教育规律,实施素质教育。循循善诱,诲人不倦,因材施教。培养学生良好品行,激发学生创新精神,促进学生全面发展。不以分数作为评价学生的唯一标准。

5. 为人师表——教师职业的内在要求。

坚守高尚情操,知荣明耻,严于律己,以身作则。衣着得体,语言规范,举止文明,关心集体。团结协作,尊重同事,尊重家长。作风正派,廉洁奉公。自觉抵制有偿家教,不利用职务之便谋取私利。

6. 终身学习——教师专业发展的不竭动力。

崇尚科学精神,树立终身学习理念,拓宽知识视野,更新知识结构。潜心钻研业务,勇于探索创新,不断提高专业素养和教育教学水平。

(二)《天津市幼儿园教职工职业道德规范》内容与要求

为进一步适应新形势下天津市幼儿教师队伍建设,加强和改进学前教育师德建设,引导广大教师自觉践行社会主义核心价值体系,加强自身修养,弘扬高尚师德,提高学前教育质量,根据《中小学教师职业道德规范》精神,结合天津市学前教育工作实际,天津市教委于 2014 年 9 月研究制定《天津市幼儿园教职工职业道德规范》①,具体内容如下:

1. 爱国守法。热爱祖国,热爱人民,拥护中国共产党领导,拥护社会主义。自觉遵守法律法规,认真贯彻国家教育方针,依法履行教师职责。

2. 热爱事业。倾心学前教育事业,忠于职守,勤恳敬业,乐于奉献,尽职尽责。具有爱心、耐心和责任心。精心组织幼儿游戏活动和日常生活。

3. 关爱幼儿。尊重和爱护幼儿,保护幼儿安全,关心幼儿身心健康,维护幼儿合法权益。坚决抵制虐待、歧视、恐吓、体罚和变相体罚以及侮辱幼儿人格等行为。

4. 尊重家长。热情服务家长,主动与家长沟通,善于听取家长建议,积极为家长提供科学育儿指导,共同促进幼儿健康成长。

5. 科学保教。遵循幼儿身心发展规律,注重养成教育和品德教育,以游戏为基本活动,科学安排幼儿一日生活,因人施教,引导幼儿个性健康发展。

6. 以身立教。遵守社会公德,为人师表。关心集体,团结协作,顾全大局。衣着整洁得体,语言规范健康,举止文明大方。

7. 廉洁从教。作风正派,严于律己,自觉抵制社会不良风气影响,不利用职务之便谋取私利。

8. 终身学习。与时俱进,不断学习,拓宽知识视野,完善知识结构。潜心钻研业务,勇于探索创新,努力提高专业素养。

(三)《幼儿园教师专业标准(试行)》中"专业理念与师德"的要求

为了进一步贯彻落实《国家中长期教育改革和发展规划纲要(2010—2020 年)》,促进幼儿园教师专业发展,建设高素质幼儿园教师队伍,教育部于 2012 年 2 月颁布了《专业标准》。

幼儿园教师是履行幼儿园教育工作职责的专业人员,需要经过严格的培养与培训,具有良好的职业道德,掌握系统的专业知识和专业技能。《专业标准》是国家对合格幼儿园教师专业素质的基本要求,是幼儿园教师开展保教活动的基本规范,是引领幼儿园教师专业发展的基本准则,是幼儿园教师培养、准入、培训、考核等工作的重要依据。

《专业标准》规定了维度、领域、基本要求三个层次,在重视规定幼儿园合格教师的专业基本要求和教师开展教育教学工作的基本前提下,也重视对幼儿园教师专业发展性引领,因而也是指引幼儿园教师深度专业发展的基本准则。

幼儿园教师的职业道德水平和价值取向直接关系到幼儿的健康成长。幼儿园教师专业道德与价值的内容除反映我国传统的优秀师德外,还需要反映我国改革开放新时期社会、经济、教育发展对教师道德素

---

① 天津市教育委员会.关于印发天津市幼儿园教职工职业道德规范的通知:津教委〔2014〕57 号[A/OL].(2014 - 09 - 09)[2021 - 3 - 25].
　http://jy.tj.gov.cn/ZWGK_52172/zfxxgk1.1/fd2dgknr1/qtfdgkxx/202011/t20201111_4066226.html.

质的新要求,同时还要体现《联合国儿童权利公约》《全民教育行动框架》等提出的关于尊重儿童权利、以儿童为中心、关爱儿童、性别平等、鼓励儿童参与、关注个性、保障儿童安全健康等理念和准则,树立终身学习和持续专业发展的理念并具有相应的行为,乐于与同事、家长、社区沟通合作等。

《专业标准》指出,师德是幼儿园教师最基本、最重要的职业准则和规范。每一位教师都必须秉持师德为先的理念。按《专业标准》的要求,幼儿园教师要"热爱学前教育事业,具有职业理想,践行社会主义核心价值体系,履行教师职业道德规范,依法执教。关爱幼儿,尊重幼儿人格,富有爱心、责任心、耐心和细心;为人师表,教书育人,自尊自律,做幼儿健康成长的启蒙者和引路人"。

《专业标准》对幼儿教师的师德要求集中体现在第一个维度中,即专业理念与师德。规范教师对工作职责、对幼儿、对自身专业发展和沟通交流应具有的职业道德伦理、价值、态度等。"专业理念与师德"维度主要包括对职业的理解与认识、对幼儿的态度与行为、幼儿保育和教育的态度和行为、个人修养与行为等四个领域内容。每一个领域均包括若干要求,具体内容如下:

1. 职业理解与认识。

基本要求:

(1) 贯彻党和国家教育方针政策,遵守教育法律法规。

(2) 理解幼儿保教工作的意义,热爱学前教育事业,具有职业理想和敬业精神。

(3) 认同幼儿园教师的专业性和独特性,注重自身专业发展。

(4) 具有良好职业道德修养,为人师表。

(5) 具有团队合作精神,积极开展协作与交流。

2. 对幼儿的态度与行为。

基本要求:

(1) 关爱幼儿,重视幼儿身心健康,将保护幼儿生命安全放在首位。

(2) 尊重幼儿人格,维护幼儿合法权益,平等对待每一个幼儿。不讽刺、挖苦、歧视幼儿,不体罚或变相体罚幼儿。

(3) 信任幼儿,尊重个体差异,主动了解和满足有益于幼儿身心发展的不同需求。

(4) 重视生活对幼儿健康成长的重要价值,积极创造条件,让幼儿拥有快乐的幼儿园生活。

3. 幼儿保育和教育的态度与行为。

基本要求:

(1) 注重保教结合,培育幼儿良好的意志品质,帮助幼儿形成良好的行为习惯。

(2) 注重保护幼儿的好奇心,培养幼儿的想象力,发掘幼儿的兴趣爱好。

(3) 重视环境和游戏对幼儿发展的独特作用,创设富有教育意义的环境氛围,将游戏作为幼儿的主要活动。

(4) 重视丰富幼儿多方面的直接经验,将探索、交往等实践活动作为幼儿最重要的学习方式。

(5) 重视自身日常态度言行对幼儿发展的重要影响与作用。

(6) 重视幼儿园、家庭和社区的合作,综合利用各种资源。

4. 个人修养与行为。

基本要求:

(1) 富有爱心、责任心、耐心和细心。

(2) 乐观向上、热情开朗,有亲和力。

(3) 善于自我调节情绪,保持平和心态。

(4) 勤于学习,不断进取。

(5) 衣着整洁得体,语言规范健康,举止文明礼貌。

(四)《新时代幼儿园教师职业行为十项准则》内容与要求

新时代对广大教师落实立德树人根本任务提出新的更高要求,为进一步增强教师的责任感、使命感、荣誉感,规范职业行为,明确师德底线,引导广大教师努力成为有理想信念、有道德情操、有扎实学识、有仁爱之心的好老师,着力培养德智体美劳全面发展的社会主义建设者和接班人,2018 年 11 月教育部制定并颁布《新时代幼儿园教师职业行为十项准则》①,具体内容包括:

1. 坚定政治方向。坚持以习近平新时代中国特色社会主义思想为指导,拥护中国共产党的领导,贯彻党的教育方针;不得在保教活动中及其他场合有损害党中央权威和违背党的路线方针政策的言行。

2. 自觉爱国守法。忠于祖国,忠于人民,恪守宪法原则,遵守法律法规,依法履行教师职责;不得损害国家利益、社会公共利益,或违背社会公序良俗。

3. 传播优秀文化。带头践行社会主义核心价值观,弘扬真善美,传递正能量;不得通过保教活动、论坛、讲座、信息网络及其他渠道发表、转发错误观点,或编造散布虚假信息、不良信息。

4. 潜心培幼育人。落实立德树人根本任务,爱岗敬业,细致耐心;不得在工作期间玩忽职守、消极怠工,或空岗、未经批准找人替班,不得利用职务之便兼职兼薪。

5. 加强安全防范。增强安全意识,加强安全教育,保护幼儿安全,防范事故风险;不得在保教活动中遇突发事件、面临危险时,不顾幼儿安危,擅离职守,自行逃离。

6. 关心爱护幼儿。呵护幼儿健康,保障快乐成长;不得体罚和变相体罚幼儿,不得歧视、侮辱幼儿,严禁猥亵、虐待、伤害幼儿。

7. 遵循幼教规律。循序渐进,寓教于乐;不得采用学校教育方式提前教授小学内容,不得组织有碍幼儿身心健康的活动。

8. 秉持公平诚信。坚持原则,处事公道,光明磊落,为人正直;不得在入园招生、绩效考核、岗位聘用、职称评聘、评优评奖等工作中徇私舞弊、弄虚作假。

9. 坚守廉洁自律。严于律己,清廉从教;不得索要、收受幼儿家长财物或参加由家长付费的宴请、旅游、娱乐休闲等活动,不得推销幼儿读物、社会保险或利用家长资源谋取私利。

10. 规范保教行为。尊重幼儿权益,抵制不良风气;不得组织幼儿参加以营利为目的的表演、竞赛等活动,或泄露幼儿与家长的信息。

(五) 新时代幼儿园教师职业行为"十不准"的内容

师德师风是评价教师队伍素质的第一标准。长期以来,广大教师不忘初心、牢记使命,爱岗敬业、教书育人,改革创新、服务社会,作出了重大贡献,党和国家高度肯定,学生、家长和社会普遍尊重。但是,也有个别教师放松自我要求,不能认真履职尽责,甚至出现严重违反师德行为,损害教师队伍整体形象。针对幼儿教师师德行为存在的主要问题、突出问题划定基本底线,体现对广大教师的警示提醒和严管厚爱,进一步深化师德师风建设,教育部于 2018 年 11 月制定并出台了《幼儿园教师违反职业道德行为处理办法》,明确新时代幼儿园教师职业行为的"十不准",具体内容如下:

1. 不得在保教活动中及其他场合有损害党中央权威和违背党的路线方针政策的言行。

2. 不得损害国家利益、社会公共利益,或违背社会公序良俗。

3. 不得通过保教活动、论坛、讲座、信息网络及其他渠道发表、转发错误观点,或编造散布虚假信息、不良信息。

4. 不得在工作期间玩忽职守、消极怠工,或空岗、未经批准找人替班,不得利用职务之便兼职兼薪。

5. 不得在保教活动中遇突发事件、面临危险时,不顾幼儿安危,擅离职守,自行逃离。

6. 不得体罚和变相体罚幼儿,不得歧视、侮辱幼儿,严禁猥亵、虐待、伤害幼儿。

7. 不得采用学校教育方式提前教授小学内容,不得组织有碍幼儿身心健康的活动。

---

① 教育部. 关于印发《新时代幼儿园教师职业行为十项准则》的通知: 教师〔2018〕16 号[A/OL]. (2018 - 11 - 14)[2021 - 3 - 25]. http://moe. gov. cn/srcsite/A10/s7002/201811/t20181115_354921. html.

8. 不得在入园招生、绩效考核、岗位聘用、职称评聘、评优评奖等工作中徇私舞弊、弄虚作假。

9. 不得索要、收受幼儿家长财物或参加由家长付费的宴请、旅游、娱乐休闲等活动,不得推销幼儿读物、社会保险或利用家长资源谋取私利。

10. 不得组织幼儿参加以营利为目的的表演、竞赛等活动,或泄露幼儿与家长的信息。

三、 师德规范践行的途径与方法

师德规范需要知行合一、长期实践,通过内化于心、外化于行的修炼过程,最终形成良好的教师人格。要想达到这一目标,需要学习与实践、他律与自律、素养提升与形象塑造三个方面相结合的途径与方法来实现。

(一) 学习与实践相结合

所谓学习,就是指教师为了提高自身师德水平,通过多种途径和方式广泛汲取和涵养丰富的理论知识,并注重学习历史上和现实生活中的师德榜样,以全面提高自己。所谓实践,是指教师为了提高道德认知水平,检验和评价自身的师德状况所进行的各种践行活动。加强师德践行,必须从理论学习入手,同时要注重投身实践,把学习和实践有机结合起来才能达到修养的目的和效果。

学习与实践相结合是提高师德水平的根本途径。只有通过学习与实践相结合,才能不断地提高理论修养,掌握师德修养的规律,深刻认识师德要求的必然性。只有在道德实践中获得源源不断的精神财富,进行自我教育、自我提高,才能逐步形成崇高的教师道德。学习与实践相结合是提高师德水平的有效方法。教师要提高师德水平,不通过学习,难以获得认识客观世界、主观世界的规律和理论知识。这种有限的知识也难以指导教师自己的道德实践活动,难以进行全面的科学的自我评价。因此,教师只有通过学习与实践相结合,才能提高自身的师德水平。

学习与实践相结合,对教师而言可操作性较强。教师可以结合自己的教育实践,利用便利而丰富的教育资源,广泛吸纳各种理论和文化知识,有重点、有针对性地进行道德理论的学习,并在自己的教育实践中去体验、感悟、检验和评价学习状况,以巩固学习效果。

1. 终身学习

师范生需要加强马克思主义理论的学习,加强马克思主义伦理学知识的学习,加强习近平新时代中国特色社会主义思想的学习,加强学前教育理论与实践知识的学习,加强相关知识学习,吸收社会生活中的一切有用的养料,善于向具有高尚师德的优秀教师学习,不断提高自己的业务水平和能力。

2. 注重实践

实践是检验师德修养的标准,是推动师德水平不断提高的动力,更是师德修养的目的和归宿。师范生需要积极投身教育实践,通过各种方式和途径体验师德要求,积极投身社会生活实践,养成检验提升师德,才能完善师德形象。师范生要积极参加有意义的道德实践活动,在有目的、有计划、有针对性的道德实践活动中,不断地提升自己的师德水平。

3. 学习与实践相结合

师德修养是一个复杂而长期的过程,师范生只有把师德的学习与实践相结合,才能更好地履行师德规范要求,实现教育劳动价值,才能更好地在实践中不断反思与检验自己的师德水平,使自己不断向善求真,自我提高,自我完善。

(二) 他律与自律相结合

他律是指道德主体在接受道德的有关原则、规范和要求的过程中,处于被动、受动的位置,其意志受到外在因素的干扰和驱使,把追求道德之外的目的作为行为准则。自律是指道德主体在道德实践过程中能严于律己,自觉主动地内化道德的有关原则、规范和要求,并自觉地付诸行动。教师师德修养的内容最终要通过教师自身的言行体现出来,而自律是道德修养最基本也是最重要的要求。

他律和自律是教师道德修养过程中的两个不同的阶段,两者又相互关联。他律是自律的前提和基础,自律是他律的发展和升华。教师加强师德修养必须经过他律,在他律阶段不断积淀发展提升,渐而转向自律。

1. 重视他律阶段的积淀和发展

首先,师范生要主动接受各种师德教育,在丰富多彩的师德教育活动中提高师德认识,陶冶师德情感,锻炼师德意识,规范师德行为。其次,应主动接受社会舆论的监督,自觉依靠各种制度、纪律等外在压力来规范自己,约束自己。最后,要积极主动参与营造教书育人的环境,从我做起,从小事做起,以自己的实际行动来维护教师形象。

2. 要努力由他律向自律转化

首先,师范生要做到自觉内省,即自觉进行内心的省察反思,用道德良心来评价自己,用道德意志来支持自己。其次,应经常反思自己,即常常进行自我省察、自我解剖、自我监督、自我评价,不断改进不足,完善和塑造师德形象。最后,要努力做到慎独,即一个人在独处时,能保持一种道德自觉性,自由地驾驭自己的道德行为。

3. 他律与自律相结合

师范生要不断丰富师德理论,更好地胜任教书育人的历史使命。与此同时,在实践中积累经验、丰富情感、升华思想,在实践中实现自我教育、自我评价、自我完善。一方面,应努力做到既要言教又要身教,发挥为人师表作用。另一方面,在师德实践中,应努力成为具有高度教育责任感和教育良心的教育者。这种责任感与良心必定驱使师范生在加强师德修养过程中,坚持自律和他律的结合,自觉地从他律向自律转变。

(三) 素养提升与形象塑造相结合

1. 素养提升

习近平总书记在纪念五四运动 100 周年大会上强调,新时代中国青年要锤炼品德修为,不断修身立德,打牢道德根基,自觉抵制拜金主义、享乐主义、极端个人主义、历史虚无主义等错误思想,追求更有高度、更有境界、更有品位的人生,为新时代中国青年锤炼品德修为指明了方向。作为未来的幼儿教师,师范生应该牢记并努力践行习近平总书记对新时代中国青年提出的期望,锤炼品德修为,要自觉树立和践行社会主义核心价值观,善于从中华传统美德中汲取道德滋养,从英雄人物和时代楷模的身上感受道德风范,从自身内省中提升道德修为。这三种途径同样适合教师职业道德的素养提升。

2. 形象塑造

形象由举止、谈吐、着装和仪容构成。教师的服饰形象需要做到整洁典雅、大方得体;教师的语言形象需要健康文明简洁、温文尔雅,同时语言要准确生动、富有幽默感;教师的举止形象需要优雅端庄、和蔼可亲;教师的仪容形象需要清洁干净、淡雅宜人。

3. 素养提升与形象塑造相结合

将师德素养提升与教师形象塑造相结合,通过内外兼修,方可实现秀外慧中,彰显文质彬彬的君子风范。从教育的视角出发,实现内外兼修需要协调好师德内化与外化辩证统一关系。

师德内化是将外在的师德意识与规范转化为每位师范生个体的思想意识,师德外化则是将每位师范生内在的师德意识及所掌握的具体师德规范转变为外在师德行为。简言之,内化是输入,外化是输出。内化主要是通过教师的教育方法来完成,在内化过程中,教师处于主导地位;而外化则主要是通过学生自我教育的方法进行,在外化过程中,师范生处于主动地位。师德内化与外化相互依存、相互渗透。师德内化是外化的前提和基础,没有师德素养提升的内化,就没有教师形象塑造的外化;师德外化是内化的目的和归宿,没有师德规范的践行与教师专业形象塑造的外化,内化也就失去了实际意义。

研修活动

例1 "千里之行始于足下"——良好行为养成

一、计划

（一）教师任务布置

1. 目标

个人良好行为的习惯养成。

2. 要求

（1）寻找自身急需纠正的不良行为习惯，制订良好行为习惯养成方案。

（2）坚持每天如实填写"行为养成记录表"，并完成阶段性小结。

（3）定期进行成长分享，交流借鉴行为养成策略与方法。

（4）物化成果：个人良好习惯养成方案、行为养成记录手册、行为养成总结等。

（二）践行方案设计

师德践行活动方案

活动主题：

"千里之行始于足下"——良好行为养成

活动目标：

纠正"熬夜玩手机"行为，养成"熄灯就寝"习惯。

活动内容：

1. 找寻自身最想克服的"熬夜玩手机"不良行为，制订"熄灯就寝"的行为养成方案；

2. 每天坚持如实填写"行为养成记录表"，进行"习惯养成周小结"；

3. "熄灯就寝"行为初步养成后，依照此方法接续开展"控制玩手机时间""不乱发脾气""克服驼背""做事有耐心"等新行为习惯养成的练习；

4. 定期与同学分享"个人行为养成"的感受与体会；

5. 整理并制成"个人行为养成手册"，完成"个人行为养成总结"。

步骤与进度：

1. 活动准备：

（1）找寻"熬夜玩手机"初始行为，确定"熄灯就寝"目标行为；

（2）寻找室友为行为监督伙伴；

（3）制订"熄灯就寝"的行为习惯养成方案。

2. 活动实施：

（1）每天坚持如实填写"行为养成记录表"；

（2）监督伙伴履行监督职责；

（3）按时完成"习惯养成周小结"；

（4）持续进行"控制玩手机时间""不乱发脾气""克服驼背""做事有耐心"等新行为习惯养成的练习；

（5）定期与同学交流分享"个人行为养成"感受。

3. 活动小结：

（1）汇总"行为养成记录表""周小结"，形成个性化的"个人行为养成手册"；

（2）完成"个人行为养成总结"。

主要方法：

行动研究法、反思法、归纳法等。

物质准备：

纸笔等学习用具、活动方案、行为养成记录表、手机影像拍摄。

注意事项：

1. 做好充分物质及精神准备；

2. 把握实践活动的主题与目标；

3. 注意掌握活动步骤及时间要求；

4. 确保记录真实有效。

二、实施

按时就寝行为养成记录表

周数：第 1 周　初始行为：凌晨 1:00 睡着　目标行为：22:30 熄灯就寝

日期	地点	情景描述	行为调试策略	自律或他律	自我感受
3 月 1 日	宿舍	熄灯后睡不着，习惯性拿起手机	给手机设置 23:00 提醒闹铃（约 0 点睡着）	自律	熄灯后没有睡意，在床上辗转反侧，难受
3 月 2 日	宿舍	熄灯前上床，拿手机	策略同上，闹铃提醒后强制自己睡觉	自律	入睡困难
3 月 3 日	宿舍	熄灯前上床，拿手机	熄灯后室友提醒自己远离手机	他律	不舒服
3 月 4 日	宿舍	熄灯前上床，看手机	策略同上，闹铃提醒后放下手机入睡	自律	入睡困难减弱
3 月 5 日	家	躺在床上追剧	周末犒劳自己，延长入睡时间至 00:00	自律	00:00 有困意，顺利入睡
3 月 6 日	家	和在学校一样熄灯前上床，拿手机	给手机设置 22:30 提醒闹铃	自律	入睡不适减弱
3 月 7 日	宿舍	熄灯前上床，看手机	策略同上	自律	入睡不适减弱
一周小结	本周虽然没有实现目标行为，但是有意识地克服不良习惯，有明显的效果，自己能提前 2 个小时入睡，闹钟提醒的策略有效，看到自己的进步，给自己点赞！下周继续坚持，接受老师建议，尝试白天增加体育锻炼，期待实现目标。加油！				

三、检查

案例 1

"今日事今日毕" 行为养成记录表

周数：第 2 周　初始行为：拖延症　目标行为：今日事今日毕

日期	地点	情景描述	行为调试策略	自律或他律	自我感受
3 月 8 日	宿舍	早已起床但始终没有洗漱，还差 8 分钟上课	室友催促	他律	心烦
3 月 9 日	宿舍	在宿舍午休，距离上课时间还差 5 分钟	室友催促	他律	感觉四肢不听自己支配
3 月 10 日	宿舍	午休	手机设置提醒铃声	自律	不舒服
3 月 11 日	教室	课间需要到实训教室上专业课	同学邀约一同前往	他律	提前行动有些不情愿
3 月 12 日	舞蹈教室	舞蹈自习课，需要完成训练作业	自我暗示与同学提醒	自律与他律	没有完成预期任务，懊恼
3 月 13 日	宿舍	周末的上午	制订周末计划	自律	完成洗衣服的计划，开心
3 月 14 日	自习教室	周末学习计划的落实	制订学习计划、手机设置提醒铃声	自律	有进步，开心
一周小结	本周采取制订计划表、设置手机铃声提醒等策略克服"拖延症"，比前一周有些许进步，虽然没有达到目标，但是每天行为养成记录表的填写，能够适时提醒自己改善拖延症，让自己增强克服不良行为习惯的信心和勇气，下周继续坚持，期待有更好的表现！				

案例2

"有效控制音量"行为养成记录表

周数：第8周　　初始行为：说话音量过大　　目标行为：有效控制音量

日期	地点	情景描述	行为调试策略	自律或他律	自我感受
4月23日	食堂	排队买饭时与同学聊天	旁边同学异样的目光	他律	羞愧
4月24日	教室	课间与同学分享趣闻时大笑	轻松的教室突然安静下来,大家投来惊讶的目光	他律	不好意思
4月25日	楼道	与同学一边上楼一边交流	意识到与同学说话音量的差异	自律	自我调整意识增加了
4月26日	宿舍	寝室门口大喊室友的名字	室友连忙用手势提醒"小声"	他律	歉意
4月27日	阅览室	读书学习	手机设置"小声点儿"屏保	自律	开心
4月28日	家	与家人聊天	有意识地控制音量	自律	自己变得稳重
4月29日	宿舍	与室友讨论课后作业	无意间大声说话后自我调整	自律	音量可控,开心
一周小结	连续两周的行为养成记录,让自己感受到了变化和进步,体会到"天下大事必做于细"的真谛,感谢老师布置的任务,感谢同学的包容与提醒,也感谢不断成长的自己!继续努力,加油!				

案例3

"增强耐心"行为养成记录表

周数：第11周　　初始行为：缺乏耐心　　目标行为：增强耐心

日期	地点	情景描述	行为调试策略	自律或他律	自我感受
5月21日	幼儿园教室	第一天到幼儿园实习,班里的孩子们出于好奇问这问那……	虽然内心有些烦,但还是暗示自己要耐心地与孩子们交流	自律	很疲倦
5月22日	幼儿园走廊	室外做操,乐乐被走廊的装饰物所吸引,我着急地催促……	看到乐乐委屈的表情,我蹲下身与他耳语几句,乐乐点点头并让我领着赶上队伍	自律	了解孩子的需求,寻找有效方法很重要
5月23日	幼儿园教室	午餐时,只剩下娇娇边吃边注视着其他小朋友……	虚心请教带班老师后,蹲在娇娇身边,微笑着鼓励她	他律	钦佩带班老师的同时,意识到要善于理论联系实际,解决现实问题
5月24日	幼儿园区角	凡凡请我读绘本,还要按他的意愿挑着读……	调整方法,边读边提问题	自律	教育策略很重要
5月25日	幼儿园睡眠室	多多睡不着,还不时地打扰旁边的小朋友	小声劝阻多多无效后很生气。主班老师给多多盖好被子,轻拍着多多直至睡着	他律	惭愧
5月26日	幼儿园操场	浩浩在器械上做高难度动作还不听我的劝阻……	提醒浩浩选择安全动作的同时,站在旁边加以保护	自律	为孩子安全担心
5月27日	幼儿园盥洗室	洋洋玩水不肯从盥洗室出来	问洋洋发现了什么,能否与小朋友分享……	自律	小小成就感
一周小结	幼儿园实习是对我们专业知识、专业技能以及师德水平的全面检验,通过"增强耐心"行为养成记录表,我意识到耐心的养成不仅需要信心和毅力,更需要专业知识与专业能力的支撑。孩子们每一天的表现都会挑战我们的耐心,在战胜每一个挑战的过程中,自己的爱心、耐心和责任心得到快速增长,加深了对孩子们以及对未来工作的情感。相信自己一定能成为孩子们喜爱的好老师!				

教师可以利用课上时间,请学生分享行为养成感受与体会,以此了解学生落实任务的情况。通过分享活动,能够及时发现师生在此项任务实施过程中存在的问题,通过师生共同讨论,使学生明确在操作过程中遇到的困惑,教师能够适时激励并肯定学生取得的进步,可以提醒并督促个别学生保证按时认真完成每天的任务。教师对记录表的个别内容进行修改完善,确保此项任务的持续推进,加深师生之间、朋辈之间的了解,增进彼此的感情。

四、评价

（一）评价标准

"行为养成记录"态度认真,持之以恒,选取的养成行为有针对性、典型性,能够及时、准确、真实地填写记录,行为调试策略丰富且有效,能够在行为方面取得明显的效果。

（二）评价案例

1. 学生自评

收获:通过"良好行为养成"活动,我们对自己、对教师职业有了进一步的了解和深深的体悟。学生1:"改掉一个不良行为的确是非常困难的,需要自己为之付出更多的努力和坚持,只有持之以恒地去行动才会看到不一样的自己。"学生2:"按时就寝的习惯养成坚持了四周后发现自己的黑眼圈没有了,精神状态得到改善,比以前更加充满活力,渐渐地习惯了这种生活作息,感觉很满足很开心!"学生3:"连续几周纠正拖延症的行为养成记录,让我掌握了克服拖延的有效方法,变得比过去更加自律更加充满信心,使自己真正成为时间的主人,体验到成长的喜悦。"此次实践体验活动使我们深受教育,作为师范生我们要坚持良好行为养成的做法,加强自我教育与自我管理,练就过硬本领,矢志从教、为人师表,努力成为"四有"好老师。

遗憾:自己克服不良行为的意识不强,良好行为习惯养成策略不多,自律能力有待加强。

困惑:不良行为产生的原因分析不透彻,良好行为习惯养成的意识与自觉性该如何提升,行为养成容易受客观因素的影响,另外自我发展的动力不强。

2. 小组互评

欣赏:个人行为养成的记录丰富、详实,能够在行为方面取得较大进步,很受启发。

建议:选取的不良行为可以更加具有代表性,这样个人的感受可以更加具体。

3. 教师点评

肯定:同学们在良好行为养成的体验活动中,态度认真、落实到位、成果显著,值得祝贺!特别是在自我反思基础上,认真筛选出影响自身成长及未来教师工作的典型行为,作为养成的核心内容,表现了较强的职业意识和师德意识。通过经验分享,丰富了行为养成的经验与教育策略,从而为今后到幼儿园开展行为养成教育奠定基础,教育情怀更加深厚了,从教信念也更加坚定了。

希望:同学们加强理论联系实际的意识与能力培养,善于将自己的体验延伸到不同领域,提高自我教育与自我管理的自觉性,练就立德树人的本领,努力实现自树与树人。

例2　理解与表达——《新时代幼儿园教师职业行为十项准则》宣传画

一、计划

（一）教师任务布置

1. 目标

理解与表达《新时代幼儿园教师职业行为十项准则》。

2. 要求

（1）以小组为单位,选取《新时代幼儿园教师职业行为十项准则》中的一项（或若干项）准则,拟定绘制宣传画的研修活动方案。

（2）小组集体讨论宣传画的立意并绘制完成宣传画。

（3）宣传画统一使用4开图画纸,彩笔、马克笔均可。

（4）各组依照顺序展示宣传画作品，由 1 名同学介绍作品立意。

（5）物化成果：宣传画、作品简介。

（二）践行方案设计

师德践行活动方案

活动主题：

《新时代幼儿园教师职业行为十项准则》

活动目标：

理解与表达《新时代幼儿园教师职业行为十项准则》。

活动内容：

1. 学习《新时代幼儿园教师职业行为十项准则》内容。

2. 自愿组成 4 人小组，集体讨论宣传画的立意与内容。

3. 绘制宣传画，完成作品介绍。

4. 班级内展示交流。

步骤与进度：

1. 活动准备：

（1）组织准备：组建小组、统一思想、分工合作；

（2）制订活动方案及具体行动计划；

（3）推荐活动负责人，督促实施。

2. 活动实施：

（1）小组成员集体讨论并确定《新时代幼儿园教师职业行为十项准则》宣传画的立意和内容；

（2）小组成员分工：查阅资料、搜集素材、购置宣传画所需的笔和纸等材料；

（3）绘制主题宣传画，完成作品简介；

（4）将宣传画作品在班级展示交流。

3. 活动小结：

（1）汇总提交师德践行活动的物化成果：活动方案、宣传画作品、作品简介；

（2）在各组作品展示、相互交流的基础上，完成《新时代幼儿园教师职业行为十项准则》体验学习收获。

主要方法：讨论法、行动研究法、反思法等。

物质准备：纸笔等学习用具、活动方案、手机相机、录播教室等。

二、实施

（一）方案实施

略。

（二）教师指导

发现问题 1：宣传画对象不清晰，作品内容难以确定。

指导建议：关注体验活动的目标是理解与表达《新时代幼儿园教师职业行为十项准则》，因此宣教对象应该为幼儿园教师（学前教育师范生）。

发现问题 2："坚定政治方向""自觉爱国守法"准则的载体把握困难。

指导建议：反复学习领会"准则"的具体要求，重点从准则的践行方面进行宣传，可以上网搜集素材。

三、检查

图1-2-1　践行成果分享1　　图1-2-2　践行成果分享2　　图1-2-3　践行成果分享3

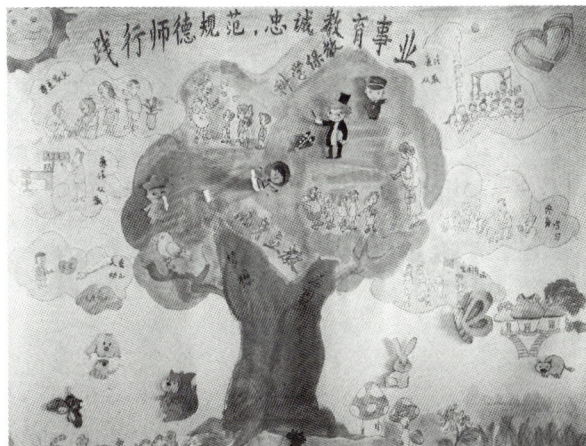

图1-2-4　践行成果分享4　　图1-2-5　践行成果分享5

图1-2-6　践行成果分享6　　图1-2-7　践行成果分享7　　图1-2-8　践行成果分享8

图 1-2-9　践行成果分享 9

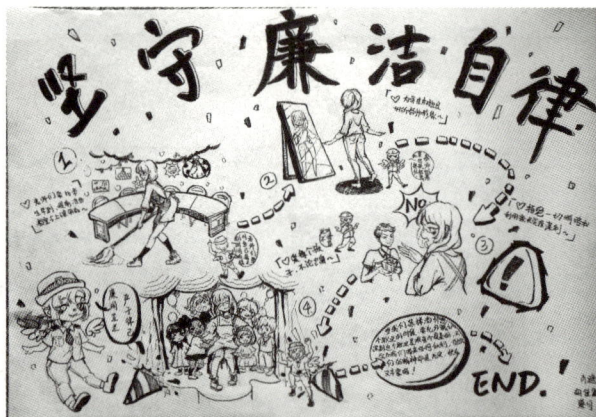

图 1-2-10　践行成果分享 10

图 1-2-11　践行成果分享 11

图 1-2-12　践行成果分享 12

图 1-2-13　践行成果分享 13

图 1-2-14　践行成果分享 14

四、评价

（一）评价标准

（1）主题鲜明、素材典型、内容贴切。（30 分）

（2）立意新颖、画面丰富、宣教性强。（30 分）

（3）绘画生动、构图合理、富于美感。（20 分）

（4）讲解自如、思路清晰、富于感染力。（20分）

（二）评价案例

1. 学生自评

收获：以宣传画的方式表达《新时代幼儿园教师职业行为十项准则》中的内容是一次全新且具有挑战性的尝试。这次实践体验收获颇丰：提高了对师德重要意义的认识，加深了对《新时代幼儿园教师职业行为十项准则》，特别是本组宣传画所表现的准则内容的理解；运用绘画的方式开展师德规范宣教活动，使师德规范的学习不仅停留在知识层面，更是将师德规范知识进行应用的一种践行尝试，这种方式既新鲜又有趣，促使我们将专业技能（绘画）迁移到师德课程的学习中，展现学前教育师范生的综合素质；以小组合作方式开展项目学习，有利于强化团队意识，提高团结合作的能力。

遗憾：对师德规范内涵的理解有待于提高，自己专业技能（绘画）方面比较薄弱。

困惑：对师德规范在未来工作岗位实践中的践行缺乏经验。

2. 小组互评

欣赏：小组作品呈现了集体的智慧，准确而生动地诠释了《新时代幼儿园教师职业行为十项准则》的内涵和要求，使我们在欣赏作品的过程中加深对师德规范的理解，有些作品印象深刻，很受教育和启发。

建议：宣传画内容与所表达的师德规范应更加贴切。

3. 教师点评

肯定：同学们能够按照师德体验活动的主题、目标及要求完成任务，创作出丰富多彩的师德宣传作品，在《新时代幼儿园教师职业行为十项准则》的学习宣传中，初步尝试了师德规范与专业理念、专业知识、专业技能相融合的知识学习方式，强化了体验式师德学习方法，为持续自觉地践行师德规范打下坚实的基础。同学们在此次活动中展现的学习品质及较好的专业素养值得肯定和发扬。

希望：同学们进一步提高政治素养，培养家国情怀，这是幼儿园教师最为重要的核心素养，更是幼儿园教师落实立德树人根本任务的关键。希望同学们能够自觉关心关注国家大事，提高政治敏锐性和政治辨别力，进一步强化幼儿园教师为党育人、为国育才的历史使命和责任担当，早日成为高素质专业化善保教的幼儿园教师。

教学总结

本节课主要围绕师德践行这一重点问题展开学习和体验。师德践行需要有章可循，因此，需要明确师德规范的含义，它是师德行为和教师职业关系的总和与概括。师德规范是教师职业道德体系的重要组成部分，体现了对教师职业行为的底线要求，具有外显性行为特征。它既增强了教师职业道德原则的可操作性和可观察性，又便于对教师行为作出更直接、更具体的指导和评价。

师德的知行合一、师德养成等问题成为破解师德师风建设难题的关键。师范生要明确师德规范的学习与践行，无论对于国家实现教育现代化，对于认真贯彻党的教育方针与立德树人根本任务，对于培养合格建设者与接班人，还是对于自身实现专业化的成长与发展都具有十分重要的意义。

通过本模块内容的学习，同学们应准确把握师德规范含义，依据"对职业的理解与认识、对幼儿的态度与行为、对保育和教育的态度与行为、个人修养与行为"四个维度所提出的具体要求去培养自己，逐渐树立起幼儿园教师的专业理念。谙熟《中小学教师职业道德规范》《幼儿园教师职业行为规范》《新时代幼儿园教师职业行为十项准则》等幼儿园教师师德规范的具体要求，采用学习与实践相结合、他律与自律相结合、素养提升与形象塑造相结合的方法，加强师德规范践行的责任感与自觉性，将幼儿园教师师德规范内化于心、外化于行，逐渐实现师德规范的养成，早日成为"四有"好老师。

通过体验活动，同学们记录并分享了自己纠正行为偏差、养成良好行为的成长经验与体会，提升了自己的信心与意志，体验并初步掌握了自我反思、自我管理、自我超越的有效方法和策略，更重要的是通过实践体验，加深了对教师职业的认同感与责任感，提升了师德规范践行的意识与行动自觉。

反思探究

一、知识复习

（1）师德规范与幼儿教师师德规范的含义是什么？

（2）学习与践行师德规范有哪些意义？

（3）《中小学教师职业道德规范》《天津市幼儿园教职工职业道德规范》的内容要求有哪些？

（4）《专业标准》中对"教师的专业理念与师德"的具体要求有哪些？

（5）《新时代幼儿园教师职业行为十项准则》的具体内容是什么？

（6）践行师德规范的途径与方法是什么？请结合自己的实践谈一谈感受。

二、实训作业

请根据《幼儿园教师专业标准（试行）》中幼儿教师"富有爱心、责任心、耐心和细心"的要求，制订"幼儿教师师德养成方案"并进行"师德良好行为养成记录"。

拓展延伸

一、了解古代圣贤

荀子关于教师职业道德的思想

荀子，名况，字卿，又称孙卿，战国末年赵国人，儒学大师，中国伟大的思想家和教育家。他的教育思想中蕴含着丰富的职业道德内容。

荀子认为，教师工作是崇高而伟大的政治职业，教师是以礼义来教化士农工商的职业政治文化工作者。因此，他特别强调教师的地位与作用。荀子认为，教师的作用是与国家的前途命运相连的。他说的"国将兴，必贵师而重傅；国将衰，必贱师而轻傅"（《荀子·大略》）说明了教育对国家的重要性。国家想要兴盛，一定要学会尊师重教；国家将要衰落，就会贱师轻教。原因在于，"礼"是最高的社会规范，是治国之本，而教师正是传授"礼"和实行"礼"的关键。他说："礼者，所以正身也；师者，所以正礼也，无礼，何以正身？无师，吾安知礼之为是也？"（《荀子·修身》）他指出，礼节，是用来端正行为的东西；教师，是用来正确解释礼节的人。没有礼节凭什么端正行为？没有教师，我怎么知道礼节应该是这样的呢？这说明人无师法，就会任凭恶的本性支配，有师法才有礼教，才能向善。荀子称礼有三本："天地者，生之本也；先祖者，类之本也；君师者，治之本也。"（《荀子·礼论》）后世将天、地、君、亲、师并列，即由此而出。

对于教师，荀子有严格的要求。教师的地位既然如此之高，自然不是人人可以做教师的。他说："师术有四，而博习不与焉。尊严而惮，可以为师；耆艾而信，可以为师；诵说而不陵不犯，可以为师；知微而论，可以为师。"（《荀子·致士》），即当教师有四个条件，一般的传习学问，不在其列。一是有尊严，使人敬畏；二是有丰富的阅历和崇高的威信；三是讲授解说应准确适当、有条有理，不违背师道；四是能精通微言大义且能加以阐发。荀子对教师提出的高标准是要成为品德之师、经验之师、专业之师，这些标准与教师崇高的地位相匹配。

荀子认为，教师在教学过程中应该发挥主导作用，这种主导作用表现为教师对教学内容、方法、手段的选择与采用。深奥渊博的儒家经典，经老师讲解与阐述，学生才能原原本本地理解与掌握。他说的"人有师法而知，则速通"（《荀子·儒效》），即指一个人受到老师的教育后，努力学习法度又很聪明，就会很快声名显达。因此，荀子要求学生隆师、亲师、尊师、忠师。

荀子十分强调教师的尊严，认为教师具有绝对的权威。按照这样的教师价值观，教师在教学过程中必然要处于主导地位。荀子主张学生必须服从教师，做到"师云而云"（《荀子·修身》），即老师是这样说的，学生就应该这样说。也就是说，学生理应顺从老师，违背老师就是无视老师。即使毕业后，自己当了教师，也不能把老师的教导抛在脑后，否则就是背叛。他认为"言不称师谓之畔，教不称师谓之倍"，发言论的时候不赞颂老师就是不敬，做教育的时候不尊崇老师就是背叛。荀子代表极端尊师的传统流派，这样的要求显然过于苛刻。但是，从教师职业道德角度分析，教师严谨施教、以身作则，重视自己安守立法等要求是非常必要的。

荀子提出"性恶论"，在中国教育史上开创了与教育"内省说"截然相反的教育"外积说"，促进了教育理论的发展。他关于教育目的、教育内容、学习过程、教师地位与作用的阐发都颇具新意，给人启发，其中不少主张对历代封建教育与政治都产生了巨大的影响。

二、领略先驱风采

中国现代幼儿教育的奠基人——陈鹤琴

陈鹤琴（1892年3月5日—1982年12月30日），儿童教育家、儿童心理学家、教授。早年毕业于清华大学，后留学美国，获硕士学位。1919年回国后，立志改变国内幼教领域一片空白的现状，终生从事幼儿教育与幼儿师范教育，是中国现代幼儿教育的奠基人。

陈鹤琴提出了"活教育"理论，重视科学实验，主张中国儿童教育的发展要适合国情，符合儿童身心发展规律；呼吁建立儿童教育师资培训体系。将近一百年前，他创办了中国第一所现代意义上的本土幼儿园：南京鼓楼幼稚园，这所幼儿园和伴随它产生的儿童教育思想，迄今仍是中国幼儿教育的典范。陈鹤琴与陶行知、晏阳初、黄炎培并称"中国教育界的四位圣人"，他被誉为"儿童教育的圣人"。

陈鹤琴事迹

上网搜索并观看上海纪实频道《大师》之陈鹤琴事迹的纪录片，加深对陈鹤琴事迹的了解。

学习单元二
对职业的理解与认识

《专业标准》中"专业理念与师德"是第一维度,在幼儿园教师的专业素养中处于核心地位。"对职业的理解与认识"是"专业理念与师德"所包含的四个领域之一,该领域是从幼儿园教师对学前教育事业和幼儿园教师职业的认识等宏观层面,对一个合格幼儿园教师所应该具备的专业理念和师德进行了规定。

本单元主要由"爱国守法""热爱事业"和"为人师表"三个模块组成,通过深入阐释"爱国守法""热爱事业"和"为人师表"三个师德规范的含义,列举规范在现实工作中的职业表现,提出加强"爱国守法""热爱事业"和"为人师表"规范学习与践行的重要意义,提出"爱国守法""热爱事业"和"为人师表"的规范要求,为规范践行提供依据。

模块三　爱国守法的意识与行为

爱国守法是我国社会的一项基本准则,是每个公民的神圣职责和义务,也是教师职业道德最基本的要求。爱国守法是教师的责任,也是师德的内在属性,是幼儿教师应该具备的道德担当。作为人生初期的启蒙老师,幼儿教师在保育教育的过程中要体现爱国守法情感,对于自身在爱国守法方面的责任必须有十分清晰、明确的认知。

学习目标

1. 知识点:了解爱国守法的含义及特点,了解爱国守法的意义、作用和基本要求,认清职业活动中违反法律法规的危害。

2. 能力点:通过爱国守法教育,培养幼儿教师理性地以法律思维和角度看待问题、解决问题的能力,教育教学要用教育法律法规规范自身行为,培养幼儿教师爱国守法的观念。

3. 态度情感:通过树立爱国守法的观念,陶冶幼儿教师情操,激发幼儿教师的爱国主义情感,树立献身国家教育事业的崇高信念,增强幼儿教师的规则意识、法治意识和遵纪守法的观念。

重点与难点

重点:爱国守法是教师职业道德的基础,这是师德教育的重点。爱国守法教育的目的在于增强学生爱国守法的意识,并落实到行动上。这部分理论性不强,也不深奥,关键是引导学生主观上有这种愿望,行动上有落实。

难点:(1)爱国的基本要求。这个问题比较抽象,学习者感性认识多。教学中一是要按照教材的结构指出爱国主义的内涵;二是要强调树立爱国思想理念,并用思想指导行为;三是可以介绍一些拓展知识,如名人爱国事迹、传统文化精髓等等。

(2)教师如何做到依法执教。教师要遵守法律,用法律来规范自己的行为,教师教育教学要遵循教育法律法规。这部分理论上较为复杂,是本模块教学的一个难点。不必在理论上求全、求深,教学内容可以根据师德教育的需要适当取舍。

📝 案例导入

一代宗师——蔡元培

材料1 蔡元培出身于商贾之家,少年时期饱读经史,17岁考取秀才,18岁任塾师,21岁中举人,24岁中进士,26岁升补翰林院编修。1898年戊戌变法失败后,他认为革新必先培养人才,于是走上倡导教育救国之路。同年9月,他弃官归里,任绍兴中西学堂监督。二十世纪初,他在上海组织中国教育会,创办爱国女校和爱国学社,致力于打破封建主义教育,为反清革命培养人才。1906—1916年间,他赴德法留学,为兼通中西文化奠定了基础。1912年他出任中华民国第一任教育总长,对封建教育进行改革,初步建立了资产阶级教育体系。1917年任北京大学校长后,提出"思想自由""兼容并包"的办学方针,对北大进行全面改革,使之成为新文化运动的中心和研究学术、传播新思想、培养新人才的基地。"九一八"事变后,他积极主张抗日,与宋庆龄、鲁迅等发起组织中国民权保障同盟,反对国民党的倒行逆施,援救了一批革命志士和爱国青年。晚年,他为抗日救亡事业奔波,努力促成国共合作。蔡元培的一生,主要以教育和科学作为事业的支柱,为中国文化教育事业的发展作出了巨大贡献,功绩卓著,影响深远。

材料2 2013年3月15日下午,重庆某大学发生一起数百名教师集体维权事件,至少有300名教师聚集在该校一处校门高唱国歌。多名参与维权的教授透露,事件的导火索为在当日下午,该校领导层试图强行通过新的绩效考核实施方案(审议稿),该实施方案被指对一线教职工存有严重歧视而且更倾向于行政人员,"缺乏对一线教职工的应有尊重"。该校维权教师向当地教育行政主管部门提出申诉。

思考与讨论

1. 材料1集中体现一代宗师蔡元培先生的什么精神?
2. 材料2事件反映了教师的什么行为?

📝 知识呈现

案例材料涉及教师职业道德规范中的"爱国守法"内容。教师职业道德是教师的职业行为规范和准则,用以调整教师在劳动过程中与国家、社会、集体、学生之间产生的职业关系。教师职业道德直接决定着教师的工作态度、工作效果,是教师的立身之基、立教之本,加强师德建设是提升教师素质的关键所在。

习近平总书记在2018年9月全国教育大会上说:"思想政治工作是学校各项工作的生命线……我们的教育必须把培养社会主义建设者和接班人作为根本任务,培养一代又一代拥护中国共产党领导和我国社会主义制度、立志为中国特色社会主义奋斗终身的有用人才……要在厚植爱国主义情怀上下功夫……"

《全面深化新时代教师队伍建设改革的意见》提出:把提高教师思想政治素质和职业道德水平摆在首要位置,把社会主义核心价值观贯穿教书育人全过程,突出全员全方位全过程师德养成,推动教师成为先进思想文化的传播者、党执政的坚定支持者、学生健康成长的指导者。

爱国守法是每一个中国公民必须履行的责任和义务,更是新时代教师职业的基本要求。

一、爱国守法的内涵

爱国守法是教师职业的基本要求。首先,爱国是教师做好本职工作的前提和基础,作为一名教师,要把热爱祖国作为自己的神圣职责,不断强化自己的爱国意识及情操,激发爱国情感;爱国家、爱人民、爱学生、拥护中国共产党的领导。其次,守法要求教师要依法执教,全面贯彻党的教育方针,自觉遵守教育法律法规,依法履行教育职责和权利;不得有违背党和国家方针政策的言论及行为。教师职业的特殊性要求教师必须成为守法的楷模,这样才有利于潜移默化地影响受教育者,为建设社会主义法治国家奠定基础。

（一）爱国主义是培养教师职业道德的基础

爱国主义是人们对祖国的深厚感情、对祖国的一份责任,是将个人的命运和祖国的命运紧密地联系在一起,是调整个人与国家、个人与民族关系的道德规范,是一种重大的政治原则,是鼓舞和凝聚各民族的精神支柱。爱国主义从内涵上来看,首先表现为一种情感,是对自己祖国的一种归属感、认同感、尊严感和荣誉感,这种情感随着理性的认识要升华为爱国思想,最终要用思想指导行为,并转化为爱国行动。

爱国主义其次表现为热爱自己生活的地域和国度,因为她承载着我们的主权、财富和民族的生存与发展,因此维护国家主权、领土完整是国家的核心利益,也是一个公民神圣的使命和义不容辞的责任。爱国主义也表现为爱自己的骨肉同胞,反映的是对整个中华民族利益的自觉认同。爱国主义还表现为对国家民族前途和命运的责任感、使命感、民族自尊、自信、自强的精神以及为祖国繁荣富强而努力奋斗的行动。

案例

教育家陶行知1905年,求学时挥笔写下了"我是一个中国人,应该为中国做出一些贡献来"的豪言壮语,抒发他满腔的爱国热情并激励自己为祖国早日走向现代化而发奋学习。

1914年,他赴美留学。他先是在伊利诺大学学市政,半年后便毅然转学哥伦比亚大学,师从杜威、孟禄、克伯屈等美国教育家研究教育。1917年秋回国,先后任南京高等师范学校、国立东南大学教授、教务主任等职,开始他富于创意而又充满艰辛的教育生涯。1917年年底,他与蔡元培等发起成立中华教育改进社,主张反对帝国主义文化侵略,收回教育权利,推动教育改革。他研究西方教育思想并结合中国国情,提出了"生活即教育""社会即学校""教学做合一"等教育理论。他特别重视农村的教育,认为在3亿多农民中普及教育至关重要。陶行知1926年发表了《中华教育改进社改造全国乡村教育宣言书》。1927年创办晓庄学校。1932年创办生活教育社及山海工学团。设想以教育为主要手段来改善人民的生活。"一二·九"运动后,在中国共产党的帮助和影响下,他积极宣传抗日,参加民主运动,进一步认识到教育应为民族革命和民主革命服务。1946年4月,他回到上海,立即投入反独裁、争民主、反内战、争和平的斗争。在他生命的最后100天,他在工厂、学校、机关、广场发表演讲100余次。他的理想是和祖国的未来结合起来的,所以他为着崇高理想始终锲而不舍、呕心沥血、矢志不渝,无怨无悔。

新时代的爱国主义,既承接了中华民族的爱国主义优良传统,又体现了鲜明的时代特征,基本要求包括:坚持爱国主义和社会主义相统一、维护祖国统一和民族团结、尊重和传承中华民族历史和文化、坚持立足民族又面向世界。一个忠诚的爱国者应该做到:维护和推进国家统一、促进民族团结、增强国家安全意识、履行维护国家安全的义务。

对于教师来说,一个人的能力有大小,职务有高低,只要热爱本职工作,在自己的教师岗位上尽职尽责,就是抓住了爱国主义的着力点,就是对爱国主义的最好诠释。

案例

盘振玉扎根大瑶山区,在五马垅小学任教三十多年,呕心沥血,默默奉献,无怨无悔,从挨家挨户上门劝学,到十年来适龄儿童入学率和学生巩固率均达到100%,她送走260多名瑶山娃,其中13名考上大学。瑶山孩子不懂汉语,她就先用瑶语再用普通话教学。她用发生在学生身边真实感人的事迹丰富课堂教学内容,很受学生欢迎。她还做通家长的工作,将一名特殊孩子接到学校与自己一起吃住,经过4年的启发和教育,使这个不会开口讲话的孩子能写简单的短文。她爱学生,既当老师又当妈妈还当医生,带领家人动手制作教具,并从微薄的工资中先后拿出8 000多元为学生垫付学费和购置教具。她的多篇教学论文在市、区获奖。曾获全国师德标兵、全国模范教师、全国十大杰出青年、全国先进工作者等荣誉称号。

像盘振玉那样,对教育工作绝对负责、一丝不苟、精益求精,克服一切困难,全力以赴做好每一个环节,思想上,引导学生学做真人,明辨是非,健康成长。生活上,如同冬日的一缕阳光温暖孩子们的心田,如同父母般的呵护让学生有种家的感觉,对学生做到点点滴滴的热切关爱,这同样是爱国。

作为社会主义核心价值观之一,爱国主义同时体现为价值观念和道德规范,凝聚了国家、社会和个人价值共识。热爱祖国是每个公民的义务,更是每个教师神圣的职责和义务。教师是履行教育教学职责的专业人员,承担教书育人、培养社会主义事业建设和接班人、提高民族素质的使命。教师的思想政治素质和职业道德水平直接关系到教育质量,关系到学生的健康成长、国家的前途命运和民族的未来。人民教师强烈的爱国之情,则表现为深深地爱自己的教育事业,满腔热情地教书育人,竭尽全力为祖国培养优秀人才。

（二）爱国守法是提高教师职业道德水平的保障

爱国守法要求教师要依法执教。

如果说道德要求人类更加高尚,那么,法律则是不可逾越的行为底线。法律与道德在社会发展过程中发挥着不同的作用:道德发挥作用主要是通过社会舆论与个人信念等因素进行,约束力较弱,而法律则是通过监狱、军队、警察、法庭等国家机器维持其强制力,约束力强。法律与道德在现代社会发展过程中所起的作用是相互促进、相互补充的。

遵纪守法是社会向公民提出的基本要求,也是每个公民在社会生活中必须履行的义务。马克思说过,人的本质并不是单个人所固有的抽象物。在其现实性上,它是一切社会关系的总和。无论对于维护社会和集体应有的正常秩序,还是就个人在这个社会生活中应有的位置和作用来说,遵纪守法都是做人的准则。

教师首先是公民,然后才是从事教育教学的专业人员,教师应当具有一个公民应有的道德水准和人格素质。在教师职业道德修养的过程中,一方面应该强调道德因素在师德修养过程中的主导作用,另一方面也应该强化法律在师德修养过程中的重要功能。"爱国守法、明礼诚信、团结友善、勤俭自强、敬业奉献",这是我国公民必须遵循的基本道德规范。由此可见,爱国守法也是教师应该遵守的道德规范。

教师"守法"体现在教育教学工作中,就是依法执教。依法执教是指国家机关、学校及其他教育机构、社会组织和公民个人,依照教育法律法规和其他有关法律法规的规定,从事教育管理活动、办学活动、教育教学活动和其他有关教育的活动,使教育工作逐步走向法治化和规范化的轨道。教师职业道德的内容包含道德观、世界观、人生观、价值观、政治立场和法纪观念等。依法执教是对教师行为的最低要求,是师德的底线。"守法"是保证我国现代化建设健康稳定发展的内在要求。幼儿教师职业道德与依法执教是统一的。依法执教具体包括以下含义。

1. 幼儿教师资格的取得应依照法律规定

1993年10月31日颁布的《中华人民共和国教师法》(以下简称《教师法》),首次以法律形式明确规定了"国家实行教师资格制度",公民只有具备教师资格才能当教师,没有教师资格或者已经丧失了教师资格就不能当教师,教师主体资格的合法性是衡量教师是否依法执教的首要标准。

教师资格是由国家对符合相应教师资格条件并提出申请的人员,按照法律规定的条件和程序认定的资格,属于国家资格性质。教师资格一经取得,在全国范围内不受地域限制,具有普遍适用的效力。只有依法取得教师资格、持有教师资格证书的人,才能被教育行政部门在依法批准举办的各级各类学校和其他教育机构内聘任为教师。这是公民依法获得从事教师工作的法定权利。但是,教师资格只是公民从事教师工作的必要条件,而不是充分条件,换言之,具备教师资格者只有在被学校依法聘任后,方能成为教师。

1995年12月12日国务院颁布《教师资格条例》,2000年9月23日教育部颁布了《〈教师资格条例〉实施办法》,对实施教师资格制度工作中的具体问题做出了补充规定。根据以上法律法规的规定,幼儿教师资格证申请,由申请人户籍所在地或者申请人任教学校所在地的县级人民政府教育行政部门认定。申请人必须具备幼儿师范中等教育学历或大专以上学历,普通话水平应当达到国家语言文字工作委员会颁布的《普通话水平测试等级标准》二级乙等以上标准,并取得相应等次的《普通话水平测试等级证书》。国家每年4月底和10月底举行幼儿教师资格证考试,自主考试地区考生需通过教育学、教育心理学两门笔试学科和面试;国家统考地区考生需通过综合素质、保教知识与能力两门笔试科目和面试,才能获得幼儿教师资格证。

申请认定教师资格,本人应当提交教师资格认定申请表和下列证明或者材料:

(1) 身份证明;

(2) 学历证书或者教师资格考试合格证明、普通话等级证书;

(3) 教育行政部门或者受委托的高等学校指定的医院出具的体格检查证明;

(4) 户籍所在地的街道办事处、乡人民政府或者工作单位、所毕业的学校对其思想品德、有无犯罪记录等方面情况的鉴定及证明材料。

2. 幼儿教师要依据法律法规履行教育的职责

幼儿教师在所从事的教育教学活动中,要严格执行《中华人民共和国宪法》和教育方面的法律、法规以及其他相关的法律、法规要求,使自己的教育教学活动符合法治化,含义有三层:

第一,幼儿教师的教育教学行为要在法律法规所允许的范围内进行。

教育是一种有目的的活动。教师的教育教学活动要符合法律规定的培养目标。国家对教育的法律控制首先表现在对教育要培养的人才目标进行不同层次的立法规定,一般包括:国家总的教育目标、不同类型学生的教育目标、课程的教育目标、教学课时的教学目标。这些不同层次的法定教育目标是教师教育教学行为必须严格遵循的法律准则。《幼儿园教育指导纲要(试行)》《3-6岁儿童学习与发展指南》以及《国家中长期教育改革与发展规划纲要(2010—2020年)》等法律和文件都为幼儿园教师开展保教活动提供直接的法律和理论依据。

第二,幼儿教师教育教学活动的内容要符合法律规定的要求。

教师的教育对象是有思想感情、有理想个性的人。这种劳动对象的特殊性,要求教师要将守法统一于整个教育活动当中。教育是富有创造性的活动,为了实现法律所规定的教育目标,允许教师在开展具体的教育教学活动时可以比较自由地选择教育教学的内容。但由于教育内容与教育目标之间有不可分割的联系,所以,国家也往往对教育教学内容作了某些法律上的界定。如《幼儿园管理条例》第十六条规定:"幼儿园可以根据本园的实际,安排和选择教育内容与方法,但不得进行违背幼儿教育规律,有损于幼儿身心健康的活动。"幼儿教师对教育教学内容的选择必须在法律界定的范围内进行。

第三,幼儿教育教学活动的形式要符合法律要求。

国家对学前教育教学的形式作出了一些法律上的规定。如《幼儿园管理条例》第十六条规定:"幼儿园应当以游戏为基本活动形式。"《幼儿园工作规程》第十一条规定:"幼儿园规模应当有利于幼儿身心健康,便于管理,一般不超过360人。幼儿园每班幼儿人数一般为:小班(3周岁至4周岁)25人,中班(4周岁至5周岁)30人,大班(5周岁至6周岁)35人,混合班30人。寄宿制幼儿园每班幼儿人数酌减。"幼儿园及教师不得违反上述法律规定。

3. 幼儿教师要了解教师职业中权利和义务的含义,善于利用法律手段来维护自身的合法权益

对教师个体职业道德的要求,要考虑大多数教师应当和可能达到的实际水平,考虑对教师个人进行道德评价的可操作性。师德的底线应当是绝大多数教师都能够做到的。至于师德楷模、师德标兵那样的高要求,可以提倡,但不宜在相关的法律、法规和规范作出硬性规定。教师在其职业活动中,只要职业道德行为高于"底线",其合法权益就应当受到保护。

所以,爱国守法在规范教育行为的同时,也保护了教师自身的合法权益。教师只有按照法律办事,自己的合法权益才会得到充分的保障,这是实施教育工作的重要前提。

国家法律明文规定,教师享有教育教学自主权、学术自由权等权利,并保护教师的合法权益。但由于传统观念的束缚以及法律意识的淡薄,教师很少拿起法律武器来维护自己的合法权益。当今社会是法治社会,人们的法律观念普遍增强,在法律面前人人平等。法律既保护幼儿的权利,同时也规定了幼儿教师在保教工作中的权利和义务。教师需要转变观念,充分利用法律保护自己的合法权益。

4. 幼儿教师师德失范行为需要法治的介入

《全面深化新时代教师队伍建设改革的意见》指出:注重加强对教师思想政治素质、师德师风等的监察监督,强化师德考评,体现奖优罚劣,推行师德考核负面清单制度,建立教师个人信用记录,完善诚信承诺和失信惩戒机制,着力解决师德失范、学术不端等问题。

当前,我国正处于社会转型期,各种思想文化相互激荡,旧的道德观念受到严重冲击,新的道德规范尚在建立之中,而教师正处于这个历史嬗变期,面临着新的挑战与考验。在此情况下,由于道德调节本身的非强迫性和模糊性,造成一些幼儿教师各种违法行为屡屡出现,包括常见于网络的"虐童"事件、各种伤害事故和偶有发生的"性侵"事件等,亟须具体而明确的法律来加以规范和惩戒。

案例

在2008年5月12日汶川特大地震灾害中,出现了一位教师引起舆论关注,四川都江堰光亚学校教师范美忠在灾难到来的瞬间扔下学生独自逃生。事后他在天涯论坛博客上写下了《那一刻地动山摇——"5·12"汶川地震亲历记》一文,表示自己"是一个追求自由和公正的人,却不是先人后己勇于牺牲自我的人! 在这种生死抉择的瞬间,只有为了女儿我才可能考虑牺牲自我,其他人,哪怕是我母亲,我也不会管的",因而引起了国内外舆论的广泛关注和不小的争论。

作为一名教师,范美忠的行为有没有错? 教师职业道德的底线是什么?

以上案例中,在发生地震的危急时刻,作为一个普通的人,范美忠的临"震"脱逃可以理解为本能,可以得到社会的宽容。但是,范美忠作为一名教师,在发生地震的特定场景下负有特别的责任。战场上的士兵、面对犯罪分子的警察、面对火场的消防员等在各自工作的具体场景下应当担当起职业对应的责任,不能临阵脱逃,这是职业道德的要求。

范美忠的言行不但是对教师职业道德的公开挑战,是对社会道德和价值观的误导,也违反了相关法律的规定。

在地震发生的那一刻,教师有保护学生的责任,这种责任也是法律所明确规定的。《中华人民共和国未成年人保护法》(以下简称《未成年人保护法》)第四章第四十条规定:"学校、幼儿园、托儿所和公共场所发生突发事件时,应当优先救护未成年人。"当地震突发时,学校、教师无疑承担着优先救护学生的法律责任。所以,教师的依法执教还包括确保未成年学生安全的内容。在法律上,未成年人一般被认为是没有足够自我保护能力的人。因此,法律通常设置一些制度使未成年人处在有关成年人的保护之下。当未成年人进入学校接受教育时,学校就负有对其确保安全的责任。《未成年人保护法》第十六条规定"学校不得使未成年学生在危及人身安全、健康的校舍和其他教育教学设施中活动",第十七条规定"学校和幼儿园安排未成年学生和儿童参加集会、文化娱乐、社会实践等集体活动,应当有利于未成年人的健康成长,防止发生人身安全事故"。《教师法》第八条也规定,教师在教育教学过程中有义务"制止有害于学生的行为或者其他侵犯学生合法权益的行为"。《新时代幼儿园教师职业行为十项准则》第五条要求教师要"加强安全防范。增强安全意识,加强安全教育,保护幼儿安全,防范事故风险;不得在保教活动中遇突发事件、面临危险时,不顾幼儿安危,擅离职守,自行逃离"。因此,对于教授未成年人的教师来说,要做到依法执教,除了教好书、育好人以外,还应该管好人,确保其安全。不管是在上课时间还是在课间时间,只要是在学校的教育教学时间,教师就负有确保未成年学生安全的责任。

在汶川地震这场特大自然灾害面前,涌现出了谭千秋、瞿万容等一大批英雄人物。在生死关头,老师们舍生忘死,挺身而出,用自己的血肉之躯拼死保护学生的生命。他们的英雄事迹可歌可泣,集中体现了新时期人民教师崇高的师德风范和时代精神,在全社会产生了极大反响,赢得了高度赞誉。这些英雄教师们用生命诠释师德,以大爱见证师德,展示的是师德的最高层次。

范美忠的行为与这些英雄教师的形象形成了强烈的反差。正是因为范美忠的行为超越了师德的底线,他已被当地教育行政部门取消了教师资格,并被学校解聘。

二、爱国守法的意义

教师是人类灵魂的工程师,是青少年学习成长的引路人。教师的思想政治素质和职业道德水平直接关系到未成年人的德育工作状况和青少年的健康成长,关系到国家的前途命运和民族的未来希望。

教师的劳动对象是身心正在成长中的、具有个性特点和年龄特点的未成年人,劳动手段是用自己的知识、才能、品德和智慧,在和劳动对象的共同活动中去影响他们。这种职业性质决定了教师的任职资格、工作要求、道德水准,特别是师德水准必须走在社会前列。教师在道德方面应当用社会楷模的标准要求自己。因此,加强教师职业道德建设,提高教师的师德素养,对于确保党的事业后继有人和社会主义事业兴旺发达,构建社会主义和谐社会,实现中华民族伟大复兴,具有十分重要的意义。

由此可见,爱国守法是教师职业道德教育的永恒主题,是教师职业道德修养的基础和共性要求。爱国主义是中华民族的传统美德,也是中国特色社会主义的核心价值体系的重要内容。

爱国主义是一种精神支柱,是一种动力源泉。爱国守法教育有利于教师职业情感的陶冶,也有利于未来教师职业行为的规范和激励。一个教师只有把个人的命运和对祖国的爱同国家前途和命运统一起来,才能充分认识到祖国的存在和发展是个人存在和发展的前提。没有党,没有国家,没有社会主义,教师的个人价值就无法实现,更不可能实现自己的人生理想。对祖国的热爱会使教师产生社会责任感,真正认识到教师工作的意义。教师只有认识到、体验到自己所从事的工作的崇高,意识到自己肩上担负着祖国和民族的未来,树立献身教育的坚定信念,才能获得无穷的内驱力和创造力,才能做到言行一致,充满工作的动力和克服困难的勇气,为培养祖国未来的接班人奉献一生。

教育是兴国的基础。随着社会的进步,提高教育质量、培养高素质人才已成为全社会的共识。教育的根本任务和主要功能是提高全民族的素质。而要提高教育质量,培养符合时代要求的优秀人才,对各级各类教师的整体素质要求在不断提高。教师职业劳动任务是教书育人。教师只有做到了爱国守法,才能更好地为国家培养依法治国的人才。特别是在我国全面建成了小康社会的今天,爱国守法,特别是依法执教,不仅是对教师职业道德的规范,更是对整个教育行业的规范。教育要得到有序的发展,不能仅仅靠着各级行政部门的管理手段,还必须要依靠完善的法律制度、教育者完备的法律意识和遵纪守法的教育行为。依法执教已成为当前教育发展的客观要求,也是教育改革发展的必然要求。

爱国守法是提高教师职业道德水平的坚实基础。针对一些教师功利心较强、浮躁的现象,加强依法执教,首先对于教师提高自身职业道德、形成爱岗敬业等精神具有重要意义。其次,依法执教有利于培养教师尊重幼儿、关爱幼儿的态度。再次,依法执教有利于净化教育风气,增强教师的职业责任感。针对一些教师收取学生家长钱财等为其子女提供便利以及乱收费等问题,加强依法执教,可以使教师从法律角度认识到这些行为的违法性,意识到教育法律法规赋予教师的历史使命和责任。

三、爱国守法中的法律法规

对于幼儿教师来说,有诸多法律法规规定了幼儿教师应当"爱国守法"。

2015 年 12 月修订的《中华人民共和国教育法》(以下简称《教育法》)第六条规定:"国家在受教育者中进行爱国主义、集体主义、中国特色社会主义的教育,进行理想、道德、纪律、法治、国防和民族团结的教育。"《教师法》第八条规定,"教师应当履行下列义务:第一,遵守宪法、法律和职业道德,为人师表;第二,贯彻国家的教育方针,遵守规章制度,执行学校的教学计划,履行教师聘约,完成教育教学工作任务;第三,对学生进行宪法所确定的基本原则的教育和爱国主义、民族团结的教育,法制教育以及思想品德、文化、科学技术教育,组织、带领学生开展有益的社会活动"。

2018 年 11 月教育部制定的《新时代幼儿园教师职业行为十项准则》第二条规定:"自觉爱国守法。忠于祖国,忠于人民,恪守宪法原则,遵守法律法规,依法履行教师职责;不得损害国家利益、社会公共利益,或违背社会公序良俗。"

《天津市幼儿园教职工职业道德规范》第一条规定:"爱国守法。热爱祖国,热爱人民,拥护中国共产党领导,拥护社会主义。自觉遵守法律法规,认真贯彻国家教育方针,依法履行教师职责。"

四、践行爱国守法的要求

马克思曾说过,哲学家们只是用不同的方法解释世界,而问题在于改变世界。行动是爱国守法最直接、最生动的表现。幼儿教师在工作中加强对爱国守法的培养,可以着重从以下方面着手。

1. 加强学习爱国守法的职业道德规范

幼儿教师应加强学习爱国守法的职业道德规范,在思想上对爱国守法加深认知和认同感,全面掌握其内容和要求。幼儿教师应该认真学习、自觉遵守、努力宣传《教育法》《教师法》等国家各项法律法规,热爱祖国,坚持四项基本原则,不得有危害祖国统一、民族团结和社会安定的言行。坚决抵制邪教组织。幼儿教师还要特别学习和学前教育相关的法律法规,深刻理解我国学前教育方针、政策、精神以及阶段性的学前教育发展目标,熟悉幼儿的基本权利,了解作为教师的基本权利和义务。《未成年人保护法》《幼儿园管理条例》《托儿所、幼儿园卫生保健管理办法》《新时代幼儿园教师职业行为十项准则》《幼儿园工作规程》《幼儿园教育指导纲要(试行)》《3－6岁儿童学习与发展指南》以及《国家中长期教育改革与发展规划纲要(2010—2020年)》等法律和文件都为幼儿园教师开展保教活动提供直接的法律和理论依据。另外,幼儿教师可以学习《儿童权利公约》,更好地把握我国学前教育法律法规中对幼儿各种权利的重视和对幼儿独立人格的尊重。

2. 爱国守法的具体体现

幼儿教师热爱祖国具体体现为热爱学前教育、为祖国的教育事业无私奉献。在行为上,积极践行爱国守法精神的要求,用信仰为行动指引方向。一个人的能力有大小,职务有高低,只要热爱本职工作,在自己的岗位上尽职尽责,就是抓住了爱国守法的着力点,就是对爱国守法的最好诠释。

3. 将爱国守法贯彻到整个教育活动中

马克思曾经指出:作为确定的人,现实的人,你就有规定,就有使命,就有任务。这就意味着,从事一定职业活动的人,必须承担确定的责任。

教师承担着为国家、为社会培养建设者和接班人的重任。教师的爱国之情,则表现为深深地爱自己的教育事业,满腔热情地教书育人,竭尽全力为祖国培养优秀人才。作为一名幼教工作者,能为祖国做的,就是培养一批批有素质的合格小公民,培养未来的共产主义接班人。

只有教师爱国,才能把爱国的思想潜移默化地传授给学生。正如苏霍姆林斯基所说:"热爱祖国,这是一种最纯洁、最敏锐、最高尚、最强烈、最温柔、最有情、最温存、最严酷的感情。一个真正热爱祖国的人,在各个方面都是一个真正的人。"

爱国守法教育从来没有年龄限制,让幼儿从小萌发爱家乡、爱祖国的意识和情感,是幼儿树立崇高理想的基础。幼儿是祖国的未来,对幼儿进行爱国守法教育、培养幼儿爱国主义情怀和规则观念是幼儿园德育的主要内容。

2016年3月1日开始施行的《幼儿园工作规程》第五条第三款指出,可以"萌发幼儿爱祖国、爱家乡、爱集体、爱劳动、爱科学的情感",《3－6岁儿童学习与发展指南》第三部分社会(二)社会适应目标第3条"具有初步的归属感"的教育建议指出:"运用幼儿喜闻乐见和能够理解的方式激发幼儿爱家乡、爱祖国的情感。"

在幼儿幼小心灵种下爱国主义种子,长大后,他们才会承担起一份爱国的责任。学校就是一个培养铸就爱国意识和行为的最好平台。

4. 提升幼儿教师的法律素养

幼儿教师的法律素养是指幼儿教师在从事幼教工作过程中,认识和运用教育法律的能力,通常包括教育法律知识、教育法律意识以及教育法律行为三个方面内容。它的高低直接关系到依法治国基本方略在教育领域中能否顺利实施,影响着依法治园、依法执教的进程。当幼儿教师从思想观念到心理习惯再到行为技能都达到与法治要求相一致时,才能做到铭记法律尊严,维护法律权威,恪守法律规范,形成法律思维,传播法律文化,在学法、守法、知法、用法的过程中不断提升幼儿的法律素养。

5. 教师应端正行为,品行优良

教师要讲正气。要抵制拜金主义、享乐主义和极端个人主义等市场经济负面影响及各种不良思想的侵袭,把主要精力投入到教书育人的本职工作上去。这既是对社会中每个公民的要求,也是对教师所从事的职业的高要求。不能为了一时的冲动实施体罚或变相体罚,不能为了惩戒学生随意剥夺学生的受教育权,等等。

在教育实践中,一些教师教育学生的方法简单粗暴,训斥、谩骂、讽刺、体罚甚至变相体罚学生,对学生进行人格侮辱和心灵虐待,给整个教师形象造成了极坏的影响,引起全社会的高度关注,受到法律应有的制裁。

案例

2012年6月,浙江温岭幼儿园女幼师颜艳红以所在班级幼儿不听话为由,揪着一名男童的双耳,将他双脚提离地面10厘米,这个过程,颜艳红一脸微笑,而男童的耳朵被扯得变形,张着嘴巴哇哇大哭。

该案中,颜艳红应承担以下责任:

第一,幼儿园根据《教师法》第三十七条规定,教师有下列情形之一的,由所在学校、其他教育机构或者教育行政部门给予行政处分或者解聘:(二)体罚学生,经教育不改的;(三)品行不良、侮辱学生,影响恶劣的。教师有前款第(二)项、第(三)项所列情形之一,情节严重,构成犯罪的,依法追究刑事责任。应将颜艳红解聘,且不给其任何经济补偿。

第二,温岭市公安局根据《治安管理处罚法》的规定,应对颜艳红做出行政拘留15日的行政处罚。

第三,根据《中华人民共和国民法总则》《中华人民共和国侵权责任法》等法律规定,颜艳红应当承担受伤害幼儿的身体和精神损害赔偿。

近年见之于报端的幼儿教师体罚幼儿事件屡见不鲜,对此,有些观点认为,"是为了孩子好,是恨铁不成钢"。持有此种观点的教师除了师德修养不够,重要原因还在于一些教师法律意识淡薄,法律知识贫乏,不能依法执教。幼儿教师要认识到,体罚会给幼儿身心造成很大伤害,会对幼儿未来的成长造成无法弥补的阴影。实际上国家在《未成年人保护法》第三章第十八条规定:"学校应当尊重未成年学生受教育的权利,关心、爱护学生,对品行有缺点、学习有困难的学生,应当耐心教育、帮助,不得歧视,不得违反法律和国家规定开除未成年学生。"

在日常教育教学中,一些幼儿教师还存在其他违法保教行为,例如:为保持课堂纪律而限制幼儿的受教育权,为应付上级检查或评奖评优而弄虚作假,公开幼儿成绩并张贴红榜白榜,收取贿赂,等等。我国《教育法》和《教师法》规定,教师的行为如果不符合法律,就要承担法律责任,受到法律制裁。《教师法》第三十七条规定,教师有下列情形之一的,由所在学校、其他教育机构或者教育行政部门给予行政处分或者解聘:①故意不完成教育教学任务给教育教学工作造成损失的;②体罚学生,经教育不改的;③品行不良,侮辱学生,影响恶劣的。教师有前款第2项、第3项所列情形之一,情节严重,构成犯罪的,依法追究刑事责任。

作为一名光荣的人民教师,应该从灵魂深处去热爱自己的祖国,热爱自己的手足同胞,坚决拥护中国共产党的领导,坚决贯彻执行党的方针、路线和政策,自觉维护社会主义宪法权威,遵守法律法规,依照法律规范行使权利、履行义务,以《教育法》《教师法》等教育法律法规为准则,全面贯彻党的教育方针。教师不仅要遵守法律,用法律法规来约束自己的日常行为,更要以身作则,用实际行动向学生宣传和传授法律知识,培育遵纪守法的社会主义接班人。

教师是人类灵魂的工程师,教师面对的是未成年人,是祖国未来的接班人,教师要做爱国守法的模范,用自己的言行去熏陶、教育下一代,为学生将来成为祖国的栋梁之材打下坚实的基础。

研修活动

例1 "爱祖国,爱家乡"——主题践行活动

每个人都热爱自己的家乡。家乡的历史渊源、经济价值、文化底蕴,值得广大青少年了解和探索。这种了解和探索有利于增强学生热爱家乡的情感,提高审美意识并增强其民族自尊心和自豪感。本部分通

过一系列"爱祖国，爱家乡"主题实践的活动，让学生们认识自己的家乡，了解自己的家乡，从中感受到家乡的美好，由热爱家乡到热爱祖国，从而激发热爱祖国的崇高情感，树立起建设家乡、报效祖国的远大理想。

一、计划

（一）教师任务布置

1. 目标

结合"爱国守法"专题，以班级为单位，分成三个组，分别负责采访、游览和活动策划，共同开展"爱祖国，爱家乡——百年中国看天津"主题实践活动。

2. 要求

（1）人员组成：每班分成三组，每组约 13 人，分为采访组、实践组、策划组，每组一周内完成各自任务。

（2）小组设计"爱祖国，爱家乡——百年中国看天津"主题实践活动的活动方案，具体内容包括活动目标、活动内容、时间、地点、步骤与进度、任务分配、物质准备、注意事项等。

（3）物化成果：建立活动档案，内容包括照片、视频、文字记录、活动方案、活动过程素材文档、活动反思与总结等。

（二）践行方案设计

师德践行活动方案

活动主题：

"爱祖国，爱家乡"——百年中国看天津

活动目标：

开展"寻访家乡的传统文化、革命人物和风景名胜"活动。举办线上线下"爱祖国，爱家乡——百年中国看天津"宣传展览，使学生了解家乡之美，感受家乡之美，更加热爱祖国和家乡。

活动内容：

1. 采访组开展"寻访家乡的传统文化、革命人物和风景名胜"活动。

2. 实践组广泛搜索、深入挖掘家乡的优秀文化，充分发挥文化的育人功能，教育和引导大家了解家乡、热爱家乡、建设家乡。

3. 将采访组采访记录和实践组的体会整理成素材，由策划组同时策划一次线上线下、主题为《"爱祖国，爱家乡"——百年中国看天津》的展览。

时间与地点：

2019 年 4 月 8 日—4 月 26 日，天津市鼓楼、古文化街、平津战役纪念馆、五大道、意式风情街、津湾广场。

步骤与进度：

1. 活动准备：4 月 8 日前。

（1）全班自愿组成三个小组并进行成员分工；

（2）小组共同讨论并制定活动方案。

2. 活动实施：4 月 8 日—4 月 22 日。

（1）采访小组和实践小组成员分头到相应景点进行采访和游览；

（2）形成采访视频和照片以及浏览的心得体会；

（3）整理文本、视频、照片交给策划组；

（4）由策划组利用以上素材举办一次线上线下的"爱祖国，爱家乡"——百年中国看天津的宣传展览。

3. 活动小结：4 月 23 日—4 月 26 日。

（1）班级分享展览感想；

（2）每位同学写出观看展览的心得；

（3）将所有采访文本、视频和照片以及每个人的观展心得制成一本活动成果目录。

主要方法：访谈法、观察法、问卷调查法、档案记录法等。

物质准备：自制背景板、记录本、个人收藏品、照相机等。

注意事项：

1. 学生参与考察活动和实践活动时，会遇到许多困难，教师要鼓励学生主动、大方地与人交流，积极、自信地参与活动，并引导学生精心进行活动策划。

2. 注意时间节点的控制，防止拖延。

3. 注重原创。

二、实施

爱国践行活动方案实施案例

天津是中国历史文化名城，尤其在中国近代历史上居于重要地位。作为北方最早的开放城市和近代工业发源地为近代中国贡献 100 个第一，加上地处首都门户和濒临渤海的优越位置，天津成为中国汲取世界近代文明最理想的窗口。19 世纪下半叶至 20 世纪上半叶，天津社会发展的各个领域几乎是全方位地在中国近代化旅程上引领风气之先，东西方文明的碰撞与交融，形成了天津城市历史文化的独特魅力。

某班举办了"爱祖国，爱天津"的主题宣传展览活动。全班 39 人，分为三大组：采访报道组 17 人，对天津名胜古迹、文化历史、风俗习惯等用拍照和视频的方式记录天津之美，并在活动结束后记录自己的感受；实践组 11 人，游览天津著名景点，了解天津历史文化、名人事迹、风俗习惯等，并分享自己的心得感受；策划组 11 人，负责策划宣传图片展览等活动。

（一）采访报道组实施过程

1. 活动目标

（1）体验天津历史文化、风俗习惯、风景建筑之美。

（2）发掘天津近现代史，名人事迹，感受革命历程。

2. 活动地点

鼓楼、古文化街、平津战役纪念馆、五大道、意式风情街、津湾广场。

3. 活动内容

（1）感受天津人文历史及风俗和革命名人的爱国主义情怀。

（2）在鼓楼、古文化街、平津战役纪念馆、五大道、意式风情街、津湾广场等名胜采访报道，以图片、视频的方式记录天津古代、近代、现代建筑之美，记录实践组活动过程。

4. 活动方式

分为历史组（鼓楼、古文化街）、近代组（五大道、意式风情街）、现代组（平津战役纪念馆、津湾广场），用拍照和视频的方式记录天津之美，活动结束后记录自己的感受。

5. 活动总结

分别体验天津不同历史时期的文化，活动结束后进行总结讨论，分享自己的感受，后期处理拍摄的视频和照片。

（二）实践组活动过程

1. 鼓楼

简介：天津卫三宗宝，鼓楼，炮台，铃铛阁。明朝永乐二年，天津设卫筑城，当时，这座"卫城"只不过是土围子。经历了大约九十年，到弘治六七年（1493—1494），才砌成砖城，修建了东、西、南、北四个城门的城楼和四处城角的角楼。位于城中心的鼓楼，也是在这个时候修建起来的，即距今 488—489 年之间。名为鼓楼,实为钟楼。有人说,现在的天津市就是以鼓楼为中心,向四周不断扩张而形成的,所以"鼓楼"是天津市的发源地。

活动:

(1) 了解鼓楼的建筑及文化渊源。

(2) 小组进行参观并交流感受。

2. 古文化街

简介:天津古文化街位于天津市南开区东北角东门外、海河西岸,是商业步行街,国家 AAAAA 级旅游景区。作为津门十景之一,天津古文化街一直坚持"中国味,天津味,文化味,古味"经营特色,以经营文化用品为主。

古文化街内有近百家店堂,是天津老字号店民间手工艺品店的集中地,有地道美食:狗不理包子、耳朵眼炸糕、煎饼果子、老翟药糖、天津麻花等。旅游景点有天后宫、喜马拉雅、大清邮币、泥人张彩塑等。

活动:

(1) 游览古文化街,感受天津历史变迁。

(2) 品尝天津特色美食,感受天津传统之美。

(3) 交流记录感受。

3. 五大道

简介:五大道拥有二十世纪二三十年代建成的英、法、意、德、西班牙不同国家建筑风格的花园式房屋 2 000 多所,占地面积 60 多万平方米,总面积 100 多万平方米。其中风貌建筑和名人名居有 300 余处,被公认为天津市独具特色的万国建筑博览会。

五大道有浓厚的历史感,五大道地区作为近现代天津历史的一个体现,蕴藏着丰富的文化内涵。许多近现代名人在这里留下了他们的足迹,每幢建筑里都蕴含着故事,充分展现了近代中国百年风云。包括曹锟、徐世昌以及北洋内阁六位总理、爱国人士张学铭、起义将领高树勋、二十世纪二十年代短跑世界冠军李爱锐、美国 31 届总统胡佛、国务卿马歇尔等上百位中外名人曾居住于此。

活动:

(1) 回顾近代天津的历史,了解近代中国半殖民地半封建的社会属性。

(2) 和同行游客交流,听听他们口中对近代天津的印象。

4. 平津战役纪念馆

简介:平津战役纪念馆位于天津市红桥区,是一座全面介绍平津战役的现代化展馆。纪念馆于 1997 年建成,占地 4.7 万平方米,建筑面积 1.4 万平方米,由胜利广场、主展馆、多维演示馆和军威园四部分组成。

平津战役纪念馆基本陈列包括:战役决策、战役实施、人民支前、伟大胜利、英烈业绩五个部分。该馆是反映中国解放战争三大战役之一——平津战役的专题纪念馆。聂荣臻元帅为纪念馆题写了馆名。2017 年 12 月,纪念馆入选教育部第一批全国中小学生研学实践教育基地、营地名单。

活动:

(1) 了解平津战役历史背景。

(2) 参观时,与游客交流讨论中国武器装备的发展进步历程,感受祖国的强大。

5. 总结

参观后与班级同学分享感受,统一制作手抄海报,宣传天津历史发展变化和日益强盛的祖国,激发大家爱家乡、爱祖国的热情,收集听众在海报上签名。

三、检查

1. 主题

爱家乡,爱祖国——宣传展览活动

2. 目标

通过网络媒体和地推相结合的形式,激发观众爱天津、爱祖国的情怀,增强国家凝聚力。

3. 过程

注册一个微信公众号,将游览天津照片、视频和课下收集的具有历史、现实意义的资料整合,结合各组的感想上传,将天津传统的文化、悠久的历史、繁荣的现状展现在公众面前,将推文转发到各个网站,比如博客、贴吧等社交网络,激发受众爱家乡、爱祖国的热情。利用现代科技手段,在人流量大的地方开展一次关于天津的宣传展览活动,将整理加工后的照片制作成宣传看板,做成"可移动的手抄报"附上公众二维码,让观众利用手机在任何地方都可以观看展览。

4. 成果检验标准

公众号关注人数、宣传展览浏览人数。

四、 评价

(一)评价标准

从以下六个方面评价学生参与实践的成果,成绩分三个等级:A. 优秀,B. 完成,C. 未完成。

1. 学习态度

是否积极参与活动,敢于尝试,乐于发表自己独到的见解。

(1)参与活动活跃。

(2)认真对待分工任务善始善终。

(3)不怕困难,思维灵活,恰当选用解决方法。

2. 合作探究

小组成员是否团结协作,合理分工,主动承担任务。

(1)关心同学,互相尊重。

(2)发挥优势互补功能。

(3)不推诿,有责任意识。

(4)乐于分享与合作。

3. 学习技能

是否熟练掌握实践方法,勇于尝试新挑战,自主学习。

(1)学会搜集整理信息。

(2)能运用所学知识指导实践生活。

(3)自主学习,敢于尝试。

4. 综合实践活动

是否能够依据活动主题自主选择恰当的方法开展活动,在活动过程中体验并形成成果。

5. 劳动技术

是否能够在自主探究的学习中掌握有用的技能,尝试并敢于将知识转化为劳动技能。

6. 情感价值

是否增强了爱祖国、爱家乡的观念,提升了建设祖国的意识,激发了珍惜幸福生活的热情。

(二)评价案例

1. 学生自评

学生 1:从小在高楼林立的城市长大,适应了这个时代的科技发展和经济繁荣,却从来没有充分了解自己家乡的历史文化,这次活动让我了解了家乡的历史,深深地被她的文化底蕴和美丽折服。她亲切的风土人情,杂糅了近代西方的文化元素,让我知道天津的近代史就是中国近代史的缩影,我们今天的幸福生活来之不易。我为我的家乡自豪,为祖国自豪。

学生2:这次活动让我从一个城市的诞生、演变、发展、腾飞中,深刻领悟了历史规律,真切感受到天津演变和发展的悠长轨迹。在以后的学习生活中,我会继续探索生活中的美好,让更多的人了解天津的文化。愿家乡更美丽,祖国更富强。

学生3:作为当代大学生,我们心怀感激,感谢党、感谢国家,感谢科学决策和统筹规划,为我们搭建了一片更易施展抱负的舞台,让我们拥有新的机遇和开阔的视野,生活在这座美丽的城市,生活在这个和平、富足、安定的国家,我们是多么幸福。

2. 小组互评

访谈组:策划组的创意比较新颖,容易操作。工作很认真,公众号版式设计吸引注意力,内容做得效果也不错,后期如果能结合时事热点加以展示,做到与时俱进一点就更好了。实践组任劳任怨,各种办公软件上手很快很熟练,展示的效果有了保证。

策划组:报道访谈组收集整理的资料丰富详实,给策划组和实践组实施主题实践打下坚实的基础。

实践组:通过这次活动,我们发现原来自己的家乡如此美好,拥有悠久的历史,充满文化底蕴,更加激发了身为国家公民的自豪感和建设美好家乡的热情。这次活动也使三个组的收集整理资料、团队合作及沟通能力得到锻炼。

3. 教师点评

通过这次"爱家乡,爱祖国"宣传展览活动,学生对天津古代、近代、现代历史有了深入的了解,名胜古迹的游览让学生领略了天津的发展历程,英雄们为解放中国抛头颅洒热血的事迹让很多同学动容,下决心努力学习和生活,为建设更美好的明天而奋斗。本次活动起到了对学生进行爱国主义教育的目的。活动从始至终组织严密,进行顺利,完成圆满,达到了预期目的。

例2 "学党史　讲微课"——师德践行活动

一、计划

(一)教师任务布置

1. 目标
为庆祝建党100周年,强化师范生爱党爱国的情怀,举办"学党史　讲微课"活动。

2. 要求
(1)以小组为单位,制订研修活动方案。通过查阅资料等方式,梳理中国共产党自1921年成立以来至2021年共100年间的重大历史事件,着重突出中国共产党在伟大实践中的历史贡献和作用。

(2)依照抽签顺序选择一个历史事件,写一篇500字的"党史"故事,并配2张高清图片,标注小组成员及分工,用A4纸打印出文稿。

(3)制作PPT文稿:图文并茂,并配置与内容相符的音乐。

(4)由1名同学做主讲人,脱稿宣讲,时长3~5分钟。

(5)物化成果:"党史"文稿、PPT微课讲稿。

(二)践行方案设计

师德践行活动方案

活动主题:

学党史　讲微课

活动目标:

学史、崇德、增信、力行。

活动内容：

1. 自愿组成4人小组并进行任务分工，依照抽签结果寻找重大党史事件，制订专题研修方案。

2. 依照分工进行"党史"素材采集，并依照要求编制完成500字"党史"故事文稿。

3. 按照要求制作"党史"微课讲稿。

4. 宣讲同学进行"党史"微课试讲练习，小组成员配合演示。

步骤与进度：

1. 活动准备。

(1) 组织准备：组建小组、统一思想、分工合作；

(2) 制订活动方案及具体行动计划；

(3) 推荐组长，督促实施。

2. 活动实施。

(1) 按计划完成"学党史　讲微课"——师德践行活动方案；

(2) 各司其职完成所承担的任务；

(3) 组长牵头召集成员汇总成果，遇到问题集体讨论协商；

(4) 按时完成500字"党史"故事文稿；

(5) 按要求完成"党史"微课PPT讲稿；

(6) "党史"微课宣讲的反复演练；

(7) 交流分享活动感受。

3. 活动小结。

(1) 汇总师德践行活动的物化成果；

(2) 完成活动反思，交流活动感受。

主要方法：

文献法、归纳法、行动研究法、反思法等。

物质准备：

纸笔等学习用具、活动方案、电脑、手机等。

二、实施

（一）方案实施

略。

（二）教师指导

发现问题1："党史"文稿中素材的整理缺乏统一的要素，内容需要概括和凝练。

指导建议：明确"党史"故事要素为时间、地点、人物、事件、党史意义等。

发现问题2："党史"微课演示文稿字数过多，设计不合理。

指导建议：依照微课演示文稿的要求提炼关键词，图文并茂，增加感染力。

发现问题3：个别宣讲人对稿件内容不够熟练，感情不够充沛。

指导建议：熟悉讲稿，在组内反复练习；感动自己方可感染他人。

发现问题4：个别问题。

指导建议：做好充分物质及精神准备，把握实践活动的主题与目标，注意履行活动步骤及时间要求，确保师德践行活动的实效。

三、检查

文稿1

古 田 会 议

1928年4月,毛泽东率领的工农革命军与朱德、陈毅率领的湘南起义部队在井冈山胜利会师,合编为工农革命军第四军,5月改编为中国工农红军第四军,简称红四军,朱德任军长,毛泽东任党代表,陈毅任政治部主任。11月,红四军前敌委员会成立,毛泽东任书记。随后,红四军在朱德、毛泽东、陈毅等领导下,打破了敌人对井冈山革命根据地的多次围攻,并于1929年1月起向赣南、闽西进军,开创了赣南、闽西革命根据地,奠定了后来的中央革命根据地的基础。

古田会议指出,"中国的红军是一个执行革命的政治任务的武装集团",确立了中国共产党对军队实行绝对领导的原则,阐明军事和政治的关系,规定了军队内部、外部关系和瓦解敌军的原则,强调对红军进行无产阶级政治思想教育以克服各种非无产阶级思想。

古田会议的基本精神是中国人民军队建设的伟大纲领。古田会议决议是对中国共产党独立领导武装斗争以来丰富经验的总结,也成为了建党建军纲领性文件,它所确定的着重从思想上建党和从政治上建军的原则,也规定了红军的性质、宗旨和任务等,为以后实行的农村包围城市、武装夺取政权道路思想的形成、发展奠定了基础。

文稿2

科技腾飞 实现飞天梦

从无人飞行到载人飞行,从一人一天到多人多天,从舱内实验到太空行走,从短期停留到中期驻留……天地往返、出舱活动、交会对接,中国人一步一个脚印走进属于自己的太空家园——空间站。中国载人航天计划于1992年正式启动。初期目标是将航天员送入太空。远期目标则包括建立永久空间站以及月球探索。

中国载人航天的萌芽,可以追溯到30年前的那个春天。

1986年3月3日,王大珩、王淦昌、杨嘉墀、陈芳允4位著名科学家撰写了一份《关于跟踪世界战略性高技术发展建议》。这,就是后来著名的"863"计划。从此,科学家们经过多次讨论,反复论证,对中国载人航天发展的途径逐渐达成了共识。我国载人航天计划分为三步走:第一步,发射载人飞船,建成初步配套的试验性载人飞船工程并开展空间应用实验。第二步,突破航天员出舱活动技术、空间飞行器的交会对接技术,发射空间实验室,解决有一定规模的短期有人照料的空间应用问题。第三步,建造空间站,解决有较大规模的长期有人照料的空间应用问题。

当星空不再遥远,当梦想变为现实,细数我国六次载人航天之旅,感知那些来自星空中的荣光。2003年10月15日09时00分,神舟五号载着我国第一位"太空人"杨利伟飞向茫茫宇宙。2016年10月17日07时30分,神舟十一号升空,顺利将2名航天员送上太空。

神舟五号和神舟六号飞行任务的圆满成功,标志着我国实现了工程第一步任务目标;神舟七号飞行任务的圆满成功,标志着我国掌握了航天员空间出舱活动关键技术;天宫一号与神舟八号和神舟九号交会对接任务的圆满成功,标志着我国突破和掌握了自动和手动控制交会对接技术;神舟十号飞行任务是工程第二步第一阶段任务的收官之战。

在中国共产党的领导下,我国航天事业迅猛发展,其重要意义体现为:

1. 维护国家安全利益的需要

载人航天技术源于国防和军事需求,是冷战时期苏联和美国军备竞赛的产物,最初目的是提高军事威慑能力,保持军备竞赛优势,维护国家传统安全与现实利益。随着世界科技的迅猛发展,人类的生存空间与发展视野不断延伸,国家安全边界得到拓展,利益空间范围得到扩大,宇宙空间的战略意义更加突出,客观上为载人航天技术的进一步发展持续增添新的需求和动力。

2. 巩固提升大国地位的需要

载人航天是我国航天事业和科技发展的新里程碑,是国际竞争中的重大战略行动,凸显中国人的探索与创造能力。载人航天工程作为一个民族勇于探索、敢于超越的重要标志,对于激发民族自豪感,增强民族凝聚力,使中华民族以新面貌屹立于世界民族之林意义十分重大。

3. 促进人类文明进步的需要

探索未知世界是人类文明与进步的永恒动力,是人类拓展生存空间的必然选择。纵观人类社会发展的历史,其活动疆域和生存空间的每一次拓展,都极大地增强了人类认识自然、改造自然的能力,推动生产力跨越式发展。

正如人类从陆地进入海洋、飞向天空一样,进入外层空间并向太空进发,认识、开发和利用太空资源,是人类不可回避的历史使命,对茫茫宇宙不懈探索,将始终伴随人类向未来更高文明层次迈进。

4. 推动社会经济发展的需要

航天产业的技术含量高、产业链条长、产业辐射性强,对许多行业领域发展具有很强的带动作用,可以为经济发展注入持久动力。载人航天融合众多学科和高新技术,可以解决人类在极端环境和高风险条件下的生存、工作等问题,体现了我们对航天产业的最高要求,其中推动科技进步、带动相关产业发展的作用尤为明显。

图 2-1-1　微党课宣讲照片 1

图 2-1-2　微党课宣讲照片 2

图 2-1-3　微党课宣讲照片 3

图 2-1-4　微党课宣讲照片 4

图2-1-5　微党课宣讲照片5

图2-1-6　微党课宣讲照片6

图2-1-7　微党课宣讲照片7

图2-1-8　微党课宣讲照片8

四、评价

（一）评价标准

（1）"党史"素材典型、主题鲜明、事件完整。（20分）

（2）讲解自如、声情并茂、体态自然、赋予感染力。（30分）

（3）"党史"微课设计巧妙，注重互动，教育效果明显。（30分）

（4）演示文稿设计合理，模板及配乐与内容契合。（20分）

（二）评价案例

1. 学生自评

收获：通过"学党史　讲微课"——师德践行活动，使我对中国共产党的历史有了较全面而深入的了解，深深体悟到"没有共产党就没有新中国"，身为新时代的青年学生感到无比幸运和自豪，决心听党话跟党走，肩负起历史跟我们的重任，学好党史并运用专业知识将党的光荣传统与丰功伟绩转化为幼儿喜闻乐见的故事，将红色基因通过我们一代一代地传下去。

此次活动感受到团队的力量与智慧，虽然在过程中出现问题、分歧和争议，有的同学参与积极性不高，但大家能够去同存异、团结协作最终完成了任务，提升了团结合作的意识和能力，决心努力学习练就专业本领，使自己早日成为高素质专业化的幼儿教师。

很喜欢这样的体验式学习，使我们对知识印象深刻，同时能力得到提升。

遗憾：对党的历史知之甚少，内容不够娴熟；教师专业技能不足，胆怯缺乏自信；没有注意时间的控制，今后要加强练习。

困惑："党史"素材的整理与提炼有困难，微课的设计有挑战性，不知如何培养自己的胆量和自信。

2. 小组互评

欣赏："党史"专题素材很典型，通过生动的讲解大家能够深刻理解和记住党在革命与建设中的史实，我们被中国共产党的先驱们的精神深深感动，要倍加珍惜今天来之不易的幸福生活，听党话、跟党走，争做新时代"四有"好老师。

有些小组用穿插"短视频"方式，令讲解丰富而生动，增加感染力；有些小组采取互动提问方式，现场气氛活跃且重点信息让人记忆深刻。

建议：应把控宣讲的时间和节奏。

3. 教师点评

肯定：同学们对师德体验活动非常重视，态度认真、落实到位、成果显著，既完成了本模块的教学目标，又能通过"党史"的学习与宣讲，受到思想政治教育，加深了对中国共产党的深厚感情，坚定听党话、跟党走的信心，为努力成为新时代"四有"好老师打下坚实的政治素养基础。通过经验分享，锻炼了同学们的教师教育技能，积累了教学经验与教育策略，从而为今后到幼儿园开展行为养成教育奠定基础，教育情怀更加深厚，从教信念更加坚定。

希望：同学们持续加强"党史"学习，树立辩证唯物主义历史观，善于挖掘和提炼"党史"中所蕴含的精神与时代价值，不断提升自己的政治素养和师德，练就立德树人的本领，努力实现自树、树人。

教学总结

本单元涉及的爱国主义教育理念抽象，但丰富的实践探究活动可以激发学生爱祖国、爱家乡的热情。在本模块的教学中，可以引导学生从家乡的优秀传统文化和历史开始探究，主动收集寻找有现实意义的案例，并更多地进行互动交流，在主动学习、探究学习的过程中获得知识，培养能力。通过探究学习加强学生爱国主义情感，让探究氛围更活跃，提高课堂学习的效果。

依法执教部分知识点较多：第一，教师的权利和义务是相互统一、不可分割的。幼儿教师除了要履行所承担的社会责任和教育义务外，同时享有该身份带来的权利或利益。没有只享有权利而不履行义务的主体，也没有只履行义务而不享有权利的主体。第二，教师教育教学要遵循教育法律法规，即依法执教。要贯彻依法执教的精神，用法律来规范自己的行为，不做法律禁止的事情，就要做到知法、守法、不违法。

此次"爱祖国，爱家乡"主题实践活动将师德规范中"爱国主义"精神传达到学生中去，激发了同学们的爱国热情与民族精神，他们都不禁感叹祖国的伟大，并誓言要努力用实际行动表达出对祖国和家乡的爱。活动丰富了同学们的课余生活，锻炼了同学们的团队协作能力，同时使大家明白了"爱祖国，爱家乡"首先就应该从爱学校、爱自己做起，要从一点一滴的小事做起，思想意识再次得到了升华。

反思探究

一、知识复习

(1) 新修订的《新时代幼儿园教师职业行为十项准则》的基本内容是什么？

(2)《天津市幼儿园教职工职业道德规范》第一条"爱国守法"的具体内容是什么？

(3) 阅读下面材料，回答问题。

小刘到某幼儿园工作以来，园长发现她经常对那些不听课、顽皮、不讲卫生的学生采取罚站、不许进教室等惩罚措施。家长知道后，多次找她交换意见，但小刘不以为然。

问题：请运用所学习的职业道德相关知识对小刘的做法进行分析。

二、实训作业

（1）作为幼儿师范的学生，请策划一次主题班会：围绕"职业道德与法律"这个题目，结合本专业的实际，谈谈依法执教的重要性。

（2）教育为兴国之本，依靠科技进步和提高劳动者素质是实现国家繁荣昌盛的保证，教师是发展教育的重要因素，应正确认识教师爱国依法执教的重要意义，以"科教兴国战略"为题举行征文比赛。

（3）举行以"遵守职业道德与法律"为主题的班会。

活动目的：为了进一步加强师范生思想和职业道德建设，让学生了解作为教师所应该具备的职业道德规范，特别是作为师德基础的爱国守法等内容。找出自身的不足，为即将走上教师岗位做好充分准备。

课前一周将班级学生分为三组。

布置任务：一组负责环境布置，悬挂国旗，教师节期间，组织学生面对国旗宣誓，营造庄严、隆重、热烈的良好氛围。宣誓学生要着装整洁，仪态端庄，右手举拳，面对国旗，由领誓人带领诵读誓词。

二组收集整理《教育法》《教师法》《未成年人保护法》《新时代幼儿园教师职业行为十项准则》《幼儿园教育指导纲要(试行)》《幼儿园工作规程》《3—6岁儿童学习与发展指南》等政策法规，开展主题学习活动。通过主题讲座的形式，组织全班深入学习。

三组收集师德失范的案例和视频，在全班以座谈的方式开展师德失范问题教育，查找自身差距，引以为戒，明确努力方向。

各个小组发表感想，进行小组评价，填写活动记录单。

教师结合"爱国守法"与幼儿教师的依法执教对学生表现进行点评。

（4）案例分析。

案例1：一天大班的张军上课时玩游戏机，被李丽老师发现后没收放至办公室。过了很长时间，张军找到李老师，要求其归还游戏机。李老师说，已经没收了，就不再归还。几天后，办公室发生盗窃事件，游戏机丢失了。张军的父母得知后，要求幼儿园赔偿那台游戏机。但幼儿园的意见是：张军上课时玩游戏机是错误的，李丽没收行为完全正确。至于游戏机被盗，完全属于意外事件，幼儿园不应为此承担赔偿责任。

问题：这样做，会不会侵犯了幼儿的某种法律权利呢？幼儿园是否应该赔偿损失？这体现了教师职业道德规范的哪种要求？

案例2：阿刚从小就十分调皮，2岁时因不慎打翻一瓶开水导致左脸严重烫伤，伤愈后留下一大块疤痕。小区里面的其他小朋友见到他都会害怕地躲在父母身后。今年阿刚满3岁了，父母打算把他送入小区幼儿园就读。不料，幼儿园认为阿刚脸上的疤痕会吓到其他小朋友，并以此为理由拒绝阿刚入学。阿刚的父母非常气愤，认为幼儿园侵犯了阿刚的权利，要求幼儿园必须接纳孩子，并保证不得歧视孩子。

问题：阿刚的父母的要求是否正当？

拓展延伸

1. 去年1月，北京市朝阳区劳动和社会保障局(以下简称劳动局)接到被朝阳区某幼儿园辞退的一员工举报，称幼儿园有收取员工领用物品抵押金的情况。该局经调查情况属实，便于1月9日下发了责令改正通知书，要求幼儿园于1月16日前改正其行为。为配合劳动部门的工作，幼儿园在劳动部门下发整改通知的前一天，将收取的抵押金如数退还给员工。1月20日，劳动局以幼儿园违反了《北京市劳动合同规定》第二十四条规定的"订立劳动合同，用人单位不得以任何形式收取抵押金、抵押物、保证金、定金及其他费用"的有关规定为由，对幼儿园处以25 000元罚款。

幼儿园对此高额处罚不服，于去年3月向朝阳区人民法院提起行政诉讼。去年3月20日，北京市朝阳区人民法院开庭审理了此案。原告幼儿园诉称，该园老师在从事教学工作中，涉及领取教学设备等贵重物品。在实际实施过程中，出现有的教师在领取工资后，不辞而别，并将领用物品偷偷带走的现象。基于上述情况，原告为便于园内的财务管理，在员工自愿、认可的前提下，规定凡领取教学设备的教师交纳200元人民币的物品抵押金。该行为是原告内部日常管理的一项措施，与《北京市劳动合同规定》中所认定的收取抵押金的情况性质完全不同，且收取抵押金并非是该园与员工签订劳动合同时劳动合同的附件或必须条件。原告认为，被告劳动局的行政处罚适用法律错误，严重侵害了原告的合法权益。

被告劳动局在庭审答辩中强调，幼儿园为教学人员提供教学设备是在履行自己的义务。他们认为，在履行义务时不需要讨价还价，更不可以将自己在履行义务时可能带来的风险转嫁给权利人。

问题：幼儿园的要求是否能得到法院支持呢？为什么？

2. 2007年8月16日，李某进入某幼儿园担任幼儿教师，双方签订了2007年9月1日至2008年8月30日的劳动合同，李某的月工资为1400元，该合同到期后顺延。

某日，李某体罚在园幼儿，天真的孩子们在教学活动中无意道出了真相，幼儿园为此与李某解约。2008年11月19日，幼儿园以李某存在严重体罚幼儿情况为由，书面告知其自次日起解除劳动合同。当月28日，幼儿园再次向李某发出书面告知，称由于其违反了"幼儿园规章制度"，从当月30日起解除劳动合同。

之后，李某向区劳动争议仲裁委员会申请仲裁，要求幼儿园恢复劳动关系，并返还2008年9月至11月的考核奖1950元。仲裁委员会裁决支持了李某的请求，此后，幼儿园起诉到法院，请求不承担上述义务。

问题：法院会支持幼儿园的诉讼请求吗？为什么？

3. 王女士原为某幼儿园教师，后因精神出现异常于2007年3月到11月一直在家休养。11月17日，医院为其开具试复工证明，王女士持该证明要求上班被幼儿园拒绝。后王女士诉到法院，要求幼儿园为其妥善安排工作并补发奖金、福利等。

王女士称，自己原系某幼儿园的教师。2007年3月17日，她与当时的幼儿园负责人因值班事宜发生纠纷，遭到停职检查处分，后精神出现异常。医院为其出具病假证明书，上载明"焦虑状态""应激相关障碍""反应性焦虑"。2007年3月至11月，王女士一直在家休养。11月17日，医院为其开具试复工证明，"焦虑状态缓解期，可以试复工，如病情波动及时就医"。王女士持该证明要求上班，但被拒绝。经多次协商幼儿园仍不同意其复工。于是，王女士将幼儿园告上法庭，要求幼儿园遵从医嘱，妥善安排她的工作，补发她的所有工资、奖金、福利，包括2007年上半年奖金、2007年9月至今的效益工资、过节费、2007年第三季度至起诉时的劳保等。

幼儿园辩称，王女士所患疾病属于精神病范畴，其已不适合再担任教职工作。教育部对此有明确的规定，若因王女士复工导致了不可预测的损害后果，幼儿园是要承担责任的。王女士自2007年3月病休至今，幼儿园一直按时、足额给付国家拨付的工资部分。原告主张的奖金、效益工资、过节费、劳保等，并非国家财政拨付，是幼儿园自筹按照自己制定的"奖惩细则"发放，此项内容不属聘用合同约定的内容，也不属人事争议管辖的范畴，不同意王女士的请求。

问题：幼儿园是否有权拒绝王女士继续担任幼儿教师的权利？法院是否会支持王女士的诉讼请求？

模块四 热爱事业的意识与行为

热爱事业是幼儿教师职业的本质要求。通过本模块内容的学习，学生能够理解热爱事业师德规范的内涵，了解热爱事业在幼儿教师日常工作中的表现，掌握该规范的具体要求。通过"寻找职业偶像，体验见证成长"研修活动，使学生增强热爱事业师德规范践行与反思能力，加深对幼教事业的了解、认同与喜爱的情感，增强终身从教的责任感、使命感与自豪感。

学习目标

1. 知识点：理解热爱事业的师德规范内涵，领会该规范在幼儿园教师工作岗位上的具体要求。
2. 能力点：能够分析判断热爱事业的表现，掌握热爱事业师德规范践行的能力与反思能力。

模拟法庭

3. 态度情感：培养学生对幼教事业的了解、认同与喜爱的情感，增强终身从教的责任感、使命感与自豪感。

重点与难点

重点：热爱事业师德规范内涵的解读、要求的践行。

难点：热爱事业情感的培养，热爱事业职业表现向践行能力的转化。

案例导入

"品"出来的味道①

涂丽　湖南师范大学幼儿园

我爱笑、爱动、爱热闹，还有点孩子气。正是带着这份孩子般的纯真与执着，我踏入了幼儿教师的队伍，成了一名真正的"孩子王"。从教虽只有短短四年，但这四年带给我的不仅仅是时间的磨砺，更是眼泪、欢笑、感动、坚强的沉淀，这种沉淀就像人生调味剂，道出了辣的热情、酸的苦楚和甜的美好，而我作为品尝者，感受着这辣、酸、甜的跳跃和复杂，同样也感受到这人生的美好与迈进。

——辣。湘妹子不怕辣，湘妹子辣不怕。幼儿园的工作与学习可谓是风风火火"火辣辣"的，而我就是这样喜欢它！喜欢它激发我内心的热情和执着，让我迅速成长。为了准备一个个优质的集体活动，我直到活动前仍在思考和调整；为了当好优秀的班长，我每天工作学习长达16小时；为了成为一名成功的幼教老师，我在失败后站起，跌倒后重来，园长和专家的一次次指导，同事的一次次经验分享，家长的一次次建议和参与，让我的工作更添了一份"辣"力，一股动力。我爱这份辣！

——酸。四年的岁月，我的头发沾过晨露的冰凉，我的双手透过星光的朦胧，我的肩膀披过夕阳的孤独，我细细品尝着一份辛劳与疲惫。初出茅庐经验不足带来的挫败，各种繁杂琐事的烦闷和工作不被理解的委屈，更让我承受了一份苦恼与心酸。但我仍微笑坚持，我洗脱了一份柔弱，一份无力，一份懒散，收获了一份进步，一份执着，一份坚强。我用心品味着这份酸！

——甜。经历种种，走过四年，一种支持与收获的甜蜜、一种爱与被爱的幸福却在我的世界悄然诞生。其中最令人回味的，最令我快乐的，莫过于朝夕相伴的孩子们自然流露的那份真情。当我带的第一届毕业生给我打电话，稚嫩的声音呼喊着"涂老师，我好想你！"的时候，我忍不住泪流满面。此时的我真正体味到了"老师"这二字的价值，"育人"这二字所包含的意义。孩子们爱我，天真无邪，我爱孩子，无怨无悔！我珍藏这份甜！

思考与讨论

1. 涂老师从幼儿园教师工作中"品"出来哪些味道？请罗列出它们的具体表现？

2. 作为仅仅工作四年的青年教师，涂老师为什么有如此深的感受？她为什么非常享受这些味道？

知识呈现

案例中，涂老师之所以能够在短暂的四年中体味到幼教工作的"酸、辣、甜"，而且乐此不疲，……最根本的原因是她将幼教职业视为神圣的使命，拥有强烈的事业心，自觉履行热爱事业的幼儿教师职业道德规范，并以此作为永葆激情、战胜困难的不竭动力。

热爱事业和爱岗敬业是幼儿教师职业的本质要求。1993年颁布的《教师法》第三条规定："教师是履行教育教学职责的专业人员，承担教书育人、培养社会主义事业建设者和接班人、提高民族素质的使命，教师应当忠诚人民的教育事业。"2008年教育部颁布了新修订的《中小学教师职业道德规范》，第二条从思想道德的角度对"爱岗敬业"作出了具体规定，即"忠诚于人民教育事业，志存高远，勤恳敬业，甘为人梯，乐于

---

① 教育部新闻办. 幼师，是我无悔的职业选择——这就是教师⑨[Z/OL]. (2021 - 03 - 25)[2018 - 06 - 09]. https://mp.weixin.qq.com/s/luJt3jWJy9DWR9NWHqJ729.html.

奉献。对工作高度负责,认真备课上课,认真批改作业,认真辅导学生。不得敷衍塞责"。这些规定都从国家法律的高度对教师作出了爱岗敬业的要求。

《专业标准》的第二条基本要求对幼儿园教师的爱岗敬业做出了诠释,要求幼儿园教师理解幼儿保教工作的意义,热爱学前教育事业,具有职业理想和敬业精神。2014 年 9 月《天津市幼儿园教职工职业道德规范》中第二条热爱事业的具体要求为:倾心学前教育事业,忠于职守,勤恳敬业,乐于奉献,尽职尽责。具有爱心、耐心和责任心。精心组织幼儿游戏活动和日常生活。幼儿园教师应该热爱学前教育事业,获得对自己所从事职业的正确认识,在树立对自己所从事的工作的科学理解时始终牢记自己的神圣职责,把自己自身的成长、个人的进步同社会主义事业和祖国的繁荣富强紧密联系在一起,这是成为一个合格幼儿园教师的前提。以下将阐释关于"热爱事业"与"爱岗敬业"的内涵及关系。

一、 热爱事业的内涵

1. 职业与事业

"职业"与"事业"是两个不同的概念,两者既有区别又有密切的联系。职业,是指劳动者参与社会分工,利用专门的知识和技能,为社会创造物质财富和精神财富,获取合理报酬,作为物质生活来源,并满足精神需求的工作。事业,是指人所从事的有目标、有规模、有系统的,对社会有一定影响的经常性的活动。

职业与事业都是人所从事的工作,事业多数是以职业的形式表现出来的。两者区别为:职业是阶段性的,而事业是终生的;职业仅是作为一个人谋生的手段,事业则是自觉的,是由奋斗目标和进取心促成的,是愿为之付出毕生精力的一种"职业";职业换取薪水,事业创造价值;职业感受辛苦,事业体验快乐。

对待工作的态度不同,个人感受及结果会迥异。如果仅仅把职业当成生存的资本,或者只是把目光停留在工作本身,就可能会把所从事的工作当成苦役,即使从事的是你最喜欢的工作,仍然无法持久地保持工作的激情,得过且过,难有作为。而如果把工作当作一项事业来看待,情况就完全不同了,事业是一种积极的、主动的创造性劳动。它的荣誉感和使命感会立即将你工作中的一切不如意一扫而空。有了目标和追求,人就会有良好的精神状态和不竭的动力,就会精益求精、开拓创新地做出一番成就来。因此,只有把所从事的工作当作事业对待,才能够在平凡的劳作中抱有积极乐观的态度和永续不竭的动力,体验创造的价值,收获成长的喜悦。

2. 对"爱岗敬业"的解读

爱岗敬业自古以来就是职业道德的重要话题,备受人们的重视。其内涵的基本要求就是人们要有对自己所从事的职业敬重的情感,并恪尽职守,履行自己的社会义务。爱岗敬业是教师职业道德的核心。爱岗,就是热爱自己的工作岗位;热爱本职工作,是指职业工作者以正确的态度对待各种职业劳动,努力培养热爱自己所从事工作的幸福感、荣誉感。敬业,就是用一种严肃的态度对待自己的工作,勤勤恳恳、兢兢业业,忠于职守,尽职尽责。孔子称其为"执事敬",朱熹解释其为"专心致志,以事其业"。

3. 对"热爱事业"的解读

作为一种情感体验,热爱事业指的是对党和人民教育事业的热爱和忠诚。既包含对自己选择的尊重和珍惜,对教育事业的全身心投入和无悔追求的信念和态度,也包含在教育对象人格尊重的基础上,对其思想行为的理解和成长的关注。作为一种行为体现,热爱事业指的是对国家教育发展和教育对象成长的强烈使命感和责任感。其中既有对教育教学工作的认真负责和精益求精,也有对教育对象的热情关怀。

4. 爱岗敬业与热爱事业

"爱岗敬业"与"热爱事业"都是职业道德规范从思想道德角度对从业者提出的工作态度与工作行为的具体要求,在某种意义上是一致的。但是两者在提法上有区别,爱岗敬业是对各个领域从业者的共同要求,而热爱事业则根据教育职业的特殊性,强调教师应该将职业当作事业对待,体现社会对从教人员的高标准和高期待。因此本模块主要讨论热爱事业的师德规范。

二、热爱事业的职业表现

热爱事业在具体工作中表现为具有崇高的职业理想和坚定的职业信念,教师能够将全部精力和满腔热情献给教育事业,自觉自愿成为爱岗敬业的典范。教师热爱事业的具体表现为以下两个方面:

（一）对教师职业价值的正确理解与认识

首先,教师应将自己的职业视为崇高的事业并全情投入,坚信自己的职业高贵、万人景仰、前景光明,自己是人类灵魂的工程师,是人类进步的阶梯,是渡人的小船,自己干的是太阳底下最光辉的职业。教师要以自己的工作为自豪,在心灵深处珍爱自己的职业,愿意干一行,爱一行。

其次,在平凡的岗位上,教师能够把自己的注意力全部放在工作上,自觉地激发自身的潜力,深入地思考工作中出现的问题,找到最好的解决办法,能自觉地推陈出新,做出新的业绩,充分展示自己的能力和水平。

再次,教师应把工作当成事业来做,适时调整心态,甘于寂寞,放弃来自繁荣世界的诱惑;教师应加倍付出,以苦为乐,甘愿放弃别人娱乐和休息的时间;教师要敢于面对来自世俗的眼光,勇于面对不同价值观的质疑和挑战;教师更要时时为自己助威、呐喊和加油,愿意对自己未来的事业负责,会容忍工作中的压力和单调,坚信自己所从事的是一份有价值、有意义的工作,并且从中可以感受到工作的使命感和成就感。

（二）在平凡的岗位中时刻履行教书育人职责并做出突出业绩

教师应热爱祖国,热爱党,忠诚党的教育事业,在教育教学工作岗位上,践行社会主义核心价值观,认真落实立德树人的根本任务,培养德、智、体、美、劳全面发展的社会主义建设者和接班人。

教师应热爱本职工作,关爱学生,时刻关注教育事业,以促进教育事业及学生全面健康发展为己任,这样才能够得到广大学生们的喜爱、学生家长的信赖。

教师应在日常工作中辛勤耕耘,无私奉献,教书育人业绩显著。教师热爱事业在大多数情况下既是通过大是大非问题的处理来体现,更是在小事上尽显风格,于细微处显现精神。教师在具体细致,甚至琐碎繁杂的事务上的工作态度、工作方式,可以更全面更真实地反映出其是否热爱自己的本职工作。

我们可以以最美教师范曦嵘事迹为例,感受她热爱幼教事业的点点滴滴。

案例　　　　　　　　　　我们最喜爱的幼儿教师——范女神

图 2-2-1　最喜爱的女神老师

我是华夏未来梅江湾国际幼稚园大三班的家长,从事国际贸易的工作。今天很荣幸能站在这里跟大家介绍孩子和家长们最喜爱的幼儿教师——范曦嵘,我们也称她为范女神。

在小班时,园所中秋活动中范老师扮演了嫦娥。追求完美的她花了一整天时间去租衣服,选道具,并跑遍了天津的大街小巷,终于找到一只可爱的白兔。当她神奇地从帽子里变出这只白兔时,孩子们开心极了,从此这只白兔,成了我们三班的第 32 个孩子,一直陪伴孩子们到毕业。

我们叫她范女神,不仅因为她形象是女神,更是因为范女神的神奇,她带领我们三班创造了一个又一个辉煌和传奇。三年里,范女神带领孩子们收获了所有集团公演的大奖,小、中、大班我们连续三年五次登上了集团公演的舞台,这在华夏未来的历史上是没有过的。

其实范女神骨子里更像是一个女汉子,在华夏未来的登山活动中,她是女教师登山的第一名。在幼儿园,她更被家长们戏称为"不吃饭、不睡觉、冬天不穿外套不怕冷"的"拼命三郎"。为了让孩子们能看清楚规范的做操动作,在寒冷的冬天晨练带操的时候她都会将外套、手套脱下,穿着运动装为孩子们演示规范的早操动作。她的英姿飒爽也曾多次为"万能工匠全国开放活动"演示示范课。

其实我们对她的所有称呼,都是我们对一个人、一种精神、一种力量的尊重和敬佩。她为了培养孩子们自立自主,开展了班级的特色教育活动——幼儿园一日寄宿。全班小朋友放学都不回家,跟老师一起住在幼儿园,所有环节包括洗漱、睡觉、晚间活动都是孩子们自己独立完成。后来回家的路上孩子自豪地跟我说:"妈妈,我们长大了!睡得可好了,只是我们范老师一夜都没有睡觉,一直陪着我们。"听孩子说到这句话,我不禁眼眶湿润了,作为妈妈深深知道那种辛苦,48小时全程守护一个孩子我们都觉得费劲,真是无法想象范老师守护31个孩子的辛苦程度。这一切都源于她对孩子的教育责任和爱!

多少个夜晚,为了创设孩子们喜欢的环境,提供适宜的游戏材料,范老师几乎每天在加班,甚至连园领导都总劝她、赶她回家!我的家跟幼儿园就隔着一条马路,从小班到大班,我已经记不清有多少个夜晚,我们班的灯在10点以后还是亮着的。在浓浓的夜色里,那灯光照亮夜空,总是让我感动,让我眼眶湿润,心存感激与庆幸!有人说过:"爱自己的孩子是人,爱别人的孩子是神。"范老师为了我们三班,把本该留给自己孩子的时间和爱,都分给了三班的孩子们,她是当之无愧的女神!

毕业典礼上我们每个家长都泪眼婆娑,三年中我们深深感受到范老师的教育匠人精神。无论"红黄蓝事件"闹得怎样人心惶惶,但我想说在中国、在天津还有许许多多像范女神一样的老师,是她们撑起教育的基石,家庭的希望!

她就是我们最喜欢的幼儿教师,永远都是我们心中的女神!

三、热爱事业的重要意义

(一)热爱事业是幼儿园教师职业的责任和使命

1. 热爱事业是幼儿园教师的神圣责任

百年大计,教育为本,当今各国都把教育视为增强综合国力、发展生产力的重要手段。教师劳动的社会价值和意义要求教师要对自己的劳动高度负责,要有强烈的自觉性和责任感。因此,热爱事业是幼儿园教师的神圣责任。

2. 热爱事业是幼儿园教师落实为人民服务的具体体现

教师承担着为社会培养人才的重任,为人民服务是新时期教师世界观与人生观的体现,是教师肩负社会责任的表现。教师忠诚于自己所从事的教育事业是教师为人民服务在职业规范中的具体化表现,也是教师敬业精神的首要标准,是一个教师必备的、最基本的心态。具有"忠诚于人民教育事业"的教师,在任何情况下都会主动、自主、自觉地意识到自己职业的社会责任和道德责任,都会凭借隐藏在内心的意识活动尽职尽责,一丝不苟地对待教育中的任何一件事。

3. 热爱事业是幼儿教师实现社会价值的重要途径

幼儿园教师的职业理想是幼儿园教师职业道德的重要组成部分。有了崇高的职业理想才能产生遵守职业道德的行为。教师职业被称作"阳光下最光辉的职业",幼儿园教师通过自己的劳动,促进幼儿健康、快乐地成长,同时为国家、社会的发展做好最基础的工作。幼儿园教师的劳动虽然复杂艰苦,但把幼儿园教师职业作为自己的理想,不但非常光荣,同时也是实现自身与社会价值、追求幸福人生的重要途径。

(二)热爱事业是幼儿园教师职业的本质要求

1. 法律与规定对"热爱事业"的要求

《教师法》的第三条明确提出:"教师是履行教育教学职责的专业人员,承担教书育人,培养社会主义事业建设者和接班人,提高民族素质的使命。教师应当忠诚于人民的教育事业。"《中小学教师职业道德规范(2008年修订)》的第二条从思想道德的角度对"爱岗敬业"做出了具体规定,即"忠诚于人民教育事业,志存高远,勤恳敬业,甘为人梯,乐于奉献。对工作高度负责,认真备课上课,认真批改作业,认真辅导学生。不得敷衍塞责"。《专业标准》的第二条基本要求也对幼儿园教师的爱岗敬业做出了诠释,要求幼儿园教师"理解幼儿保教工作的意义,热爱学前教育事业,具有职业理想和敬业精神"。这些规定都从国家法律的高度对幼儿园教师做出了"爱岗敬业"的要求,强调了幼儿园教师热爱事业的意义。

2. 相信学前教育的价值,理解和认可学前教育之于幼儿发展的作用是幼儿园教师对自身职业产生认同感的前提

科学研究的成果早就充分证明了0—6岁幼儿处于身心发展的特殊黄金时期,通过科学适宜的学前教育满足幼儿多方面发展的需要,可以促进幼儿在情感、态度、能力、知识、技能以及健康等方面的发展,为幼儿一生的发展奠定良好的基础。幼儿园教师只有相信符合幼儿身心发展规律的教育一定能对幼儿的身心健康发展发挥积极有效的作用,把保教工作看作是一种具有特殊社会价值的公共服务,才能获得职业成就感和幸福感,并激发起进一步做好保教工作的热情和信心。

3. 幼儿园教师还需要具有强烈的敬业精神,并对自己的职业有目标、理想和规划

习近平总书记谈到好老师的第一个标准是"教师要有理想信念"。教师的理想信念集中体现在热爱事业的具体行动中,其核心是忠诚党的教育事业,树立崇高的职业理想和坚定的职业信念,把全部精力和满腔真情献给教育事业,做爱岗敬业的模范。敬业精神和职业理想是幼儿园教师做好工作的思想助推器。敬业和职业理想会让幼儿园教师产生不受营利性动机驱使的奉献精神,对从事学前教育工作的动机不只是停留在待遇和兴趣层面,而是上升到热爱专业、忠于职守的层面。敬业是幼儿园教师事业进取的原动力,敬业才能尽心尽力、尽职尽责,不怕挫折、敢于创新。敬业精神和职业理想是幼儿园教师在对职业意义和人生意义的不断体验中逐渐产生的。

幼儿园教师专业角色的形成可以分为三个阶段:第一阶段为角色认知,了解幼儿园教师所要承担的社会职责、职业的特点和需要遵守的基本行为规范;第二阶段为角色认同,在有了一定的教育实践经验之后,亲身体验幼儿园教师所承担的社会职责,并用来衡量和控制自己的行为;第三阶段是角色信念,是幼儿教师角色中社会要求转化成为教师的个体需要,幼儿园教师开始坚信自己对教师职业的认识和选择是正确的,形成了幼儿园教师职业所特有的荣誉心、责任心和职业精神。

(三) 热爱事业是幼儿园教师专业发展的动力和途径

幼儿园教师专业发展是指幼儿园教师作为专业人员,在专业思想、专业伦理、专业知识、专业能力等方面不断完善的过程,即由一个专业新手发展成为专家型教师的过程,幼儿园教师也不例外。

1. 热爱事业是幼儿园教师专业发展的动力,是其自觉创造性劳动的内在需要

教师的劳动对象具有多样性和复杂性。教师劳动内容不仅涉及知识传播,还涉及心灵塑造,要求教师劳动具有个体性和创造性,劳动的最佳效果往往要借助教师的自觉劳动,这种变化性和自觉性会自然而然对教师提出新要求。幼儿园教师热爱事业就能激发出内在无限潜力,富有创造性地工作。

2. 热爱事业是幼儿园教师顺利开展工作的情感基础

幼儿园教师积极认真的工作态度是热爱事业的具体表现。热爱事业不仅表现在愿望与决心上,更重要的是表现在工作态度和工作成绩上。幼儿园教师对职业劳动投入的多寡和收到的教育效果,取决于其对职业的热爱程度。教育活动是直接与受教育者进行情感交流和心灵沟通的活动,幼儿园教师只有对教育事业充满热爱,对幼儿充满感情,才能让幼儿对教师的教育产生强烈的认同。热爱事业不仅能提升幼儿园教师自己的教育素养,而且这种职业作风能对幼儿产生潜移默化的影响,提高教育效果。

3. 幼儿园教师的教育本领离不开教育实践的锤炼

实践、反思、总结、再实践,循环往复,螺旋上升,是教师专业发展的必经历程。只有热爱事业,努力使自己成为有理想信念、有道德情操、有扎实学识、有仁爱之心的"四有"好老师,依靠幼儿园教师不断地自我教育、自我修养、自我完善才能实现,而这些源于深层次的热爱事业的精神。

4. 崇高的职业理想信念是师德修养最根本的内在动力

职业理想,是对自己所从事职业的设想与追求,它是个人理想的一部分。崇高的理想,远大的志向,是一个人积极进取的精神动力。对于从事教育事业的幼儿园教师来说,崇高的职业理想,就是要对从事的职业有着远大的志向与抱负。坚定的职业信念是一种长久的精神力量,支持着对事业与目标的追求。幼儿园教师只有树立坚定正确的理想和信念,把教育工作不只是当作一般职业,而是作为崇高的事业,并愿为它奉献自己的一切,才会有正确的方向和人生追求,从而抱着一种积极的心态从事幼儿教育工作,激发创造的潜能,使生命状态更充实。

(四)热爱事业是幼儿园教师快乐从教的根本保证

1. 教师职业本身是快乐的

当代著名教育家魏书生曾经说过:"教育是一项可以给人以双倍精神幸福的劳动。教育对象是人,是学生,是有思想、有语言、有感情的学生。教师劳动的收获,既有自己感觉到的成功的欢乐,更有学生感觉到的成功的欢乐,于是教师收获的是双倍的乃至更多于其他劳动倍数的幸福。"同样,幼儿园教师职业体味着人生价值的实现,并获得自身发展的精神愉悦状态,幼儿园教师职业的幸福存在于教师职业理想的实现或正在实现的过程中。

2. 快乐从教才能带来快乐学习

朱永新教授曾说过:"没有教师的快乐,就不会有学生的快乐。没有教师的成长,也不会有学生的真正成长。"教师的快乐从教来源于教师的辛勤劳动和积极创造,依托于教师热爱事业的精神,表现在教师与教材、与学生、与自己的融合统一之中。幼儿园教师通过实施快乐教学,可以激发幼儿的学习兴趣,使幼儿在快乐的环境中成长,会使师幼关系更加融洽,从而提高教育效果。与此同时,与幼儿进行情感交流,从而达到共识、共享、共进,在促进幼儿发展的同时,教师自身也会得到发展,实现共同成长与进步!

3. 从教能带来幼儿园教师的身心健康

傅国涌先生在《教育是一个让生命展开的过程》一文中写道:"学校教育中,快乐是一个重要的元素,它应该成为学生——同时更加重要的是——成为老师快乐的过程。"对幼儿园教师岗位的热爱本身就是一种愉悦的心理体验,因为爱的付出而收获到幼儿爱的回馈和教育业绩,会使幼儿园教师不断产生愉悦感、成就感、价值感以及幸福感,从而促进幼儿园教师专业能力的提高和身心健康的发展。

4. 热爱事业为幼儿园教师提供幸福人生的体验

教育是一项需要生命激情的事业。幼儿园教师热爱事业,发展教育事业关乎国家、民族的命运,保证教师队伍的稳定是关键问题。这种对教育工作社会意义的更深刻、更全面的理解,使幼儿园教师能自主选择育人职业并发挥爱岗敬业的职业道德精神,能够正确处理个人与事业、个人利益与国家利益这些最重要的关系,能够在职业实践中,把坚持为人民服务的宗旨,作为实现自己人生价值、追求事业幸福的最现实和最可靠的途径,发现教育工作所特有的乐趣,在创造自己的人生价值中,享受到青春常驻、平和充实的人生以及培养人才的幸福体验。

四、践行热爱事业的要求

(一)增强热爱幼教事业的意识

1. 幼儿园教师要有敬业意识

敬业是在职业的理智思考基础上形成的积极态度,以此树立起自己的世界观、人生观、价值观。以一丝不苟、作风严谨作为自己的工作准则,这属于理智型的爱岗者。幼儿园教师要"忠于党的教育事业",需要怀着敬业之心,遵循幼儿教育规律,在教育实践活动中坚守岗位,尽心竭力。敬业,就是要对自己所从事的事业和工作岗位有强烈的主人意识、强烈的事业心。对待工作,要有神圣的使命感,把自己从事的工作与社会和家长的重托及希望紧密地结合起来。要对幼儿投入极强的爱心,这是幼儿园教师敬业的最集中的体现。

2. 幼儿园教师要有乐业意识

乐业是建立在对自己所从事的教师职业的积极态度、浓厚兴趣和深深热爱的情感基础上的。热爱工作的人群,属于情感型的爱岗者。幼儿园教师要以积极态度和热忱投入到本职工作中,努力培养对幼儿教育工作的自豪感和荣誉感。要对幼儿教育事业和自己从事的工作岗位忠诚热爱,这是做好工作最扎实的基础。要把心思用在工作上,把精力花在事业上。始终保持一颗平常心,把个人名利得失看得淡一点。要始终保持一颗进取心,知责律己,将责任植根于内心。

3. 幼儿园教师要有精业意识

精业是有扎实的工作能力并不断钻研。具有创造精神和创造能力,这属于创造型爱岗者。幼儿园教师要对自己所从事的职业精益求精。要让幼儿健康快乐成长,我们必须把各项工作做细、做精。精益求精取决于不断学习、善于学习,不断反思、善于反思,要在学习中思考,在实践中提高。

例如,师德课闭卷考试后,教师对试卷从知识掌握及学习品质方面进行分析,师生分别写出"反思"。师范生除找出自己知识点掌握的不足外,更深入地意识到"成绩背后所折射出浮躁、粗心、讨巧、方法机械"等学习态度和品质问题,对于师范生自身学习兴趣与效果提升有很大帮助,此品质有利于教师职业精神的培养与提升。

4. 幼儿园教师要有勤业意识

勤业体现了幼儿园对工作的根本态度和履职程度,勤业的人总是踏踏实实、勤勤恳恳、埋头苦干、尽职尽责地做好本职工作,这属于态度型的爱岗者。勤业是热爱事业的外化表现,幼儿园教师要勤于学习,勤于思考,勤于探索实践,勤于反思总结。勤业,就是要对自己所从事的事业和工作岗位付出全部的精力和努力,只有兢兢业业、忘我工作的人,才有可能赢得不断进步的机会。幼儿园教师要把严谨、细致、踏实、勤恳的勤业理念贯穿于日常工作的每一个环节,力求把每一件看似平常的小事做实做好。

(二) 践行热爱事业的行动

践行"热爱事业"规范,体现了对教师职业道德的底线要求,是每一个教师在教育工作中必须遵守的基本伦理要求。这些要求一般直指教师对待事业的外显行为特征,具有很强的实践性和可操作性。比如幼儿园教师对待教育事业、幼儿、同事以及对待幼儿家长等方面必须遵守的一些基本伦理规范。

1. 敬业——把握"认真而不较真"的分寸

"教育无小事,事事皆教育"。因此,认真工作是教师成长的基本要求。换言之,教育工作者必须认真对待工作中的每一个细节。例如,在幼儿园一日生活用餐环节中,幼儿会出现进餐速度、饮食习惯等方面的差异,在时间的把握、耐心与教育策略的实施等方面给教师带来挑战,有事业心的老师会针对孩子的不同状况,采取有效的信任、鼓励、帮助等方式让个别幼儿顺利进餐并逐渐克服不良饮食习惯,同时善于开展家长工作,实现家园共育。然而,教育工作是需要等一等、看一看、放一放、想一想的事,因而认真是有度的。如果认真到了较真的状态,就很可能把孩子逼上梁山,也把自己逼进教育的死胡同。现实中许多教育事故的发生,往往是教育者太较真所致。

把好认真度需要遵循 6 条工作底线:

(1) 敬畏法律——不为达目的而触犯法律。

(2) 敬畏安全——不为一时之快而酿成事故。

(3) 敬畏领导——不给园长惹事,不因局部工作影响全局工作。

(4) 敬畏家长——不为自己的需要而忘了家长的期盼。

(5) 敬畏幼儿——不为爱面子而伤害幼儿的自尊。

(6) 敬畏问题——不因这个问题很简单就随意处理,也不因这个问题很麻烦,就做问题的"二传手"。

2. 乐业——掌握"处理好四种关系"的艺术

(1) 尊重领导是天职。心中要有领导,但凡事都要看领导的眼色行事,或者做出了成绩就要领导肯定,那就错了。正确的做法是,把领导交办的工作做好、做实;把本职工作做优、做特。除此之外,不要在领导面前传递"没你就不行"的信号,要让领导感觉到"有你会更好"。在日常工作中,善意地领会领导的意图,服从领导的管理,执行领导的决策。

(2)尊重同事是本分。同事有了出色的业绩,可以在第一时间表示祝贺,为之点赞;同事生病或家中出了变故,可以在第一时间去探望,给予安慰。这两个"第一时间"称"当令",是他人最记得住的。此外,接受同事的差异,尊重同事的隐私。同时请牢记:

第一,坚决不拜负能量的人做师傅,无论他的业务有多精湛。

第二,坚决不与负能量的人做兄弟或闺蜜,无论他对你有多好。

第三,坚决不参与办公室的八卦圈,无论这个八卦多么有趣。

如果你还能勤奋到让同事都忘了有地可扫、有桌子要擦、有开水要打,那就再好不过了。

(3)尊重家长是常识。家长有好说话的,也有难缠的,他们的性格脾气千差万别。但有一点是基本相同的——"癞痢的孩子也是自己的好"。因而协调家长的关系时,务必先说和多说其子女好的方面,然后再提出问题或要求。如此就不会出现或少出现两败俱伤的结局。尊重家长的话语权,积极且耐心地与家长沟通,虚心听取家长的意见,努力争取家长的支持与帮助,力求实现家园共育。

(4)尊重幼儿是责任也是使命。与幼儿相处重在处,处的目的有四点。

第一,在处的过程中,了解孩子的精神与物质方面的需求,了解孩子的成长背景与环境,了解孩子的性格脾气及焦虑与困惑。

第二,在处的过程中,为孩子做好力所能及的服务,向孩子传输精神能量,协助孩子摆脱困境。

第三,在处的过程中,对孩子进行微微启迪,搅动孩子的内力,唤醒孩子的自信与智慧,让孩子对未来有强烈的渴望。

第四,在处的过程中,重复引导孩子做对的事、善的事、美的事,纠正孩子常犯的错误和不良习惯。

此外,碰到不喜欢的孩子要换个角度去想:如果可以选择,孩子还不一定会选你做老师。因此,要多爱他们,一旦真的爱上他们,他们就定会令你喜欢。

既然选择了教师职业,就好好地走进去、全身心地投进去,让自己得以成长。即使不求当什么名师或专家,也能让自己的职业更有幸福感。

3. 精业——养成"学习、研究、积累、反思"的习惯

(1)学习。学习的关键是:多读实用书,少读闲书。开卷有益,但先开什么卷、多开什么卷是有讲究的。如果手捧闲书放不下,就会耽误去读最紧要的书的时间。

第一,心理学要先读。学好心理学会助你轻松走进孩子的心门,摸透孩子的心。避免教育中常出现的隔靴搔痒或南辕北辙的现象。

第二,教育学要读透。学好教育学就等于手握十八般兵器,兵来将挡,水来土掩,工作起来就会游刃有余。避免两手空空,苦水叮咚。

第三,专业书要读精。精通专业,课上得精彩,是吸引孩子、提升教师魅力的王道。

第四,励志书要常读。多读励志书,包括看看励志电影和电视,会助你常立志、立长志,它是防止职业倦怠的良药。

(2)研究。别将教育研究看成高不可攀的事。对于一线教师而言,研究就是琢磨问题——问题导向。把问题琢磨透了,就会讲得出道理,想得出办法,并且做得出解决问题的方案。把一个又一个问题解决了,这就是研究成果。

(3)积累。积累就是将做过的或成功或失败的事记下来,闲暇时再整理一番,就成为案例、故事或论文。当这些东西被陆续发表以后,这就是成长的基石。日后一旦有评职级或评名师的机会,就会水到渠成。

(4)反思。反思是教师的本能。然而,怎样的反思才有助于自己成长呢?关键在于"反思后"。即,有没有去改变、去完善、去补充、去提炼。如果有,那么个人的理论基础会逐年提高,实践能力会与日增长;如果没有,那是"白反思"。

4. 勤业——控制"勤奋又不盲目工作"的程度

(1)"勤"在抓首因——凡事要早抓、抓苗头,防患于未然。如此,工作效率会成倍提高。

（2）"勤"在抓常规——常规工作需要反复抓、抓反复，还要抓住时间、空间的关键点。这样才会勤而有效。

（3）"勤"在抓创新——教育工作是门艺术，艺术的生命在于创新。无论上课还是带班，凡事老套，无疑会套住自己。

💻 研修活动

例1　"寻找职业偶像，体验见证成长"——敬业践行活动

一、计划

（一）教师任务布置

1. 目标

结合热爱事业师德规范专题，以 3～4 人为一小组，开展"寻找职业偶像，体验见证成长"的师德践行活动。

考虑到学生对热爱事业师德规范在职业岗位工作中的表现界定困难，为了便于学生实施操作，捕捉到该规范的职业岗位表现，可以将幼儿教师奉献精神事迹作为热爱事业师德规范的典型表现；学生可以针对幼儿园教师专业标准中的"爱心、耐心、细心、责任心"要求，结合自身实际找出薄弱环节作为实践目标，有意识地进行成长体验，培养自己的事业心与责任感。

（1）认知体验："寻找职业偶像"——幼儿教师"奉献精神"的事迹。

（2）实践体验："体验见证成长"——实习中自己在幼儿教师"四心"方面的突出成长及表现。

2. 要求

（1）以 3～4 人为一小组，2 周完成。

（2）小组设计"寻找职业偶像，体验见证成长——师德实践活动方案"。内容包括：活动目标、活动内容、时间、地点、步骤与进度、任务分配、物质准备、注意事项。

（3）物化成果：活动方案、活动过程素材文档、微视频、PPT 演示文稿、活动总结。

（二）践行方案设计

师德践行活动方案

活动主题：

"寻找职业偶像，体验见证成长"

活动目标：

到幼儿园采访在职教师"奉献精神"的事迹，以找出自身"四心"薄弱环节作为实践目标，进行成长体验。

活动内容：

1. 小组到幼儿园每人采访 1 名在职教师"奉献精神"的事迹。

2. 小组成员将所采访的教师事迹进行整理归纳，形成具有"奉献精神"的典型案例。

3. 小组成员根据自身实际，以寻找"四心"薄弱环节作为实践目标，进行成长体验并记录。

4. 将采访的事迹及成长体验记录分别制作成文本、图片、微视频的资料。

时间与地点：5 月 21 日—6 月 1 日，幼儿园实习基地。

步骤与进度：

1. 活动准备：5 月 21 日前。

（1）自愿组成小组并进行成员分工；

（2）小组共同讨论并制订活动方案；

（3）与幼儿园实习基地教师进行电话沟通,提出实习采访需求;

（4）确定自身"四心"成长体验目标。

2. 活动实施:5 月 21 日—5 月 25 日。

（1）去幼儿园实习并寻找采访对象;

（2）对具有"奉献精神"事迹的幼儿园教师进行采访;

（3）整理文本及影像资料;

（4）将自己在实习中"四心"的成长表现记录进行整理归纳;

（5）以"职业偶像"为榜样,找出自己的收获及努力方向;

3. 活动小结:5 月 26 日—6 月 1 日。

（1）对被采访的幼儿园教师事迹进行整理提炼;

（2）小组将几位教师事迹进行汇总归纳;

（3）小组成员汇总并分享自己在实习中"四心"的成长体会;

（4）制作"寻找职业偶像,体验见证成长"——敬业践行活动分享 PPT 演示文稿及"微视频";

（5）小组成员集体展示分享。

主要方法:观察法、访谈法、归纳法、演绎法。

物质准备:纸笔等学习用具、手机影像拍摄、活动方案。

注意事项:

1. 做好充分的物质及精神准备;

2. 把握实践活动的主题与目标;

3. 注意履行活动步骤及时间要求;

4. 切忌干扰教师的工作及幼儿的活动。

二、实施

案例 1　　　　　　寻找职业偶像——刘老师的奉献精神

时光荏苒,岁月飞逝,在不知不觉中,为期两周的实习已经结束。在这期间我的带班老师教会了我许多工作技巧,我也渐渐体会到想成为一名优秀的幼儿教师就要乐于奉献、全情投入。

河北区扶轮幼儿园坐落于北宁公园内,始建于 1950 年,占地面积 13 883.87 平方米,建筑面积 6 092.47 平方米,绿化面积 2 472.89 平方米,是一所花园式幼儿园,享有"园中园——天然氧吧"之美称。

第一次到这所幼儿园的感觉就是面积特别的大,开完会后保育老师带我进班。当时孩子们正在排练"六一"节目,组织排练的就是主班刘老师。我对刘老师的第一印象就是十分严厉……后来发生的一些事情让我对这位老师的印象发生了变化,从她身上看到了许许多多优秀教师所必备的品质。

实习第一周的第四天中午我们正组织孩子们吃饭,突然间刘老师的手机响了起来……老师正在为孩子们分饭,我把手机递给她后才放下手中的事,从电话那头传来了不好的消息:老师的爷爷去世了。出乎我预料的是,刘老师并没有立即离开幼儿园,而是不动声色地继续为孩子们盛饭,期间她的手机又响了好多次,直到给最后一个孩子盛完后,她才拿起手机跑了出去。其他老师都劝她下午请假回家,而刘老师犹豫片刻后没有离岗,含着眼泪对关心她的同事说:"明天这个节目就要彩排了,近期老师们都很辛苦,我不想给其他老师增加负担,今天帮孩子们排练好我再走。"整个下午刘老师与平日一样,全情地投入到孩子节目的排练中,坚持到下班才离开。

不幸的事情接连发生,正式彩排的前一天刘老师在上班的路上摔伤了脚腕,为了不影响彩排,刘老师没有去医院而是直接来到幼儿园。当我看到一瘸一拐的刘老师,心里不是滋味……庆祝活动当天,刘老师带着脚伤为孩子的活动忙碌着,甚至强忍剧痛与孩子们共同完成了精彩的舞蹈。

刘老师对待工作的全情投入与牺牲精神是那么自然真实,却给我极大的触动,我想这就是我要寻找的职业偶像!在今后的学习生活中我也要更加专注、乐于为集体做出贡献,努力成为像刘老师一样的优秀教师!

图2-2-2　耐心安慰"分离焦虑"的孩子

图2-2-3　积极回应

案例2　　　　　　　　　我的职业偶像——严格自律的保育老师

在实习的两周里,令我印象最深刻的是保育老师。从早晨孩子入园到下午孩子离园,保育老师始终不知疲倦地忙碌着。主要工作包括:早晨7:00开始开窗取水、接待幼儿,从7:50让幼儿洗手挂毛巾到分发早餐、幼儿进餐、如厕、喝水、餐前准备、午餐、午睡、午点、晚餐等这些一日生活环节全部都是由保育老师完成的。所有的卫生环节,都严格依照程序一丝不苟地高标准落实,为孩子们提供卫生安全保障。不仅如此,她还注意细心观察幼儿在卫生习惯及自理能力方面出现的困难,及时提醒并耐心地讲解示范操作步骤,鼓励幼儿逐渐掌握方法,养成良好习惯。由于保育老师的耐心和细心,孩子们都很喜欢她。保育老师对工作的严格自律与一丝不苟深深地教育了我,改变了我对保育工作的认识,变得更加热爱劳动。在熟练掌握了劳动的方法与技巧后,我更加尊重和钦佩像保育老师一样的劳动者。

保育老师是我的职业偶像,让我感受到无数默默无闻的保育工作者所折射出的敬业精神。

图2-2-4　平凡中见伟大

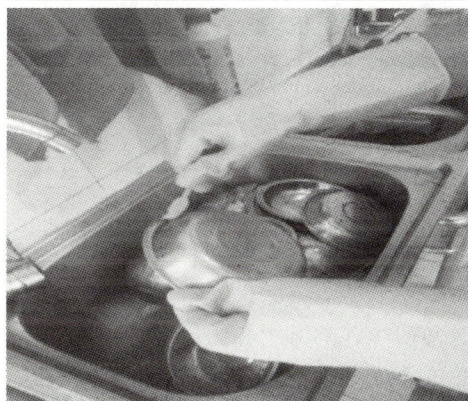

图2-2-5　一丝不苟

图2-2-6　严格操作程序

案例3 　　　　　　　　**寻找职业偶像——三位幼师的无私奉献**

平凡即是伟大，幼儿教师的付出无法用语言来形容，因为它每时每刻都体现在工作的一点一滴当中。

用太阳底下最光辉的职业来形容无私奉献的教师再合适不过了，在南开第四幼儿园实习的两周里，我收获到了很多，但是对我来说，最宝贵的记忆还是我的幼儿园指导教师们带给我的，这三位幼师让我学到了很多，她们无私奉献的精神让我感动。

刘老师是南开区第四幼儿园的幼儿老师，工作已有30个年头，参加工作后一直勤勤恳恳，任劳任怨，在普通而平凡的幼教岗位上默默耕耘，无私奉献，30年如一日，始终做到"以园为家，爱生如子"。在刘老师的身上还有这么一个故事，刘老师的母亲患了肺癌，查出时已是肺癌晚期，我们都知道对于癌症晚期的病人来说，时间是多么的宝贵，他们是多想和自己的亲人来度过人生的最后一段旅途。但是在最后的时刻，刘老师却没有陪伴在母亲的病榻旁，而是选择和她的孩子们在一起，直到母亲闭上眼睛的那一刻她才赶到医院，甚至没有见到母亲的最后一面。我问刘老师，这是为什么，刘老师告诉了我短短的七个字，但是它却比千言万语都更沉重，她说："我的孩子需要我！"我想这就是爱啊，刘老师用爱给了孩子们一个快乐的童年。

班里的另外两位老师对孩子的爱也是用实际行动表现出来的。她们不辞辛苦为孩子们做的环创是爱，在"六一"活动中不因为孩子们水平的参差不齐而放弃任何一个孩子是爱，她们用自己的休息时间为孩子准备丰富有趣的游戏活动是爱……她们的每一份努力都是源于对职业的热爱，对孩子的热爱啊！

有人说，幼儿教师是费力不讨好的职业，周而复始的工作又苦又累。也有人会说，幼儿教师就像一个

图2-2-7　爱生如子

小保姆，日常工作既繁琐又劳累，有什么幸福可言？甚至还有人看不起幼儿教师这个职业，认为教育小孩不需要什么特殊才华，只要能看护幼儿就行。但是我的回答是：不！真正的幼教事业是怀揣一份恬淡，捧上一片爱心，让人生在奉献中释放光芒，在平凡中孕育崇高！

幼儿是祖国的花朵，他们芬芳而灿烂；幼儿教师是花朵下的绿叶，平凡而谦逊。但是，成为幼儿教师的我感到无比的神圣与自豪。因为我从事着绿叶的工作，因为我是一名幸福的幼儿教师！"捧着一颗心来，不带半根草去"，我一定会向无私奉献的各位幼儿教师学习，争取早日成为一名优秀的幼儿教师！

职业偶像——我，找到了！

案例4 　　　　　　　　**寻找职业偶像——穆老师的奉献精神**

幼儿教师的工作不同于其他行业，面对的是一个特殊的群体——一个个不谙世事却又天真活泼、朝气蓬勃的幼儿。要做好这份工作，需要真爱的付出，需要心与心的交流……这样才能使幼儿在德、智、体、美、劳等各方面全面健康发展。幼儿教师有着充满关爱、热情大度的胸怀。他们把奉献作为自己的快乐，把给予作为自己最大的幸福。在河北五幼实习的两周，我从大一班的穆老师身上看到了这种奉献精神。

刚刚来到大一班时，我就发现穆老师的后颈处贴着一块膏药，在跟保育老师聊天时，我才知道原来穆老师的颈椎不好。但是接连几天的观察，我发现穆老师从不顾及自己的颈椎，给孩子制作上课用的道具时，一低头就是几十分钟，抬都不抬一下，整个中午休息的时间就这样过去了。每次孩子们出去活动时，她都陪着孩子们一起出去。我有时候都会怀疑，可能她的颈椎根本没有问题，但实际上，低头的时间越长，她的颈椎也就越疼，她也不能长时间晒太阳，晒太阳时间长了，膏药就会化掉。"六一"活动期间，她在户外一待就是一上午，烈日炎炎，我有很多次都看到她的膏药晒掉了，但她只是默默地摘掉膏药，一刻不停地为小朋友们服务，有时我看到她忍不了疼痛时，会转几下脖子，在孩子们看不到的地方皱几下眉头，但在面对孩子时，她依然是充满热情地微笑。

有好几次，其他老师都跟她说让她上去歇息一会儿，但她每次都不肯上去，哪怕膏药换了一次又一次，她都没有抱怨过一句。在"六一"庆祝的最后一天中午，我吃完饭回到班里后，看到穆老师趴在桌子上睡着了。但她睡了十分钟，突然就惊醒了，抬头看着我问，几点了？孩子是不是该起床了？那一刻我的眼眶突

然就湿润了。

　　她对孩子们的爱、为孩子们的奉献,体现在生活中的每一件事里,她牺牲自己的时间、精力,甚至不顾自己的身体,强忍着疼痛,这一切都是为了孩子们!

　　一位普通教师的话语更体现了他们奉献精神的伟大:我们不需要太多的荣誉和赞美,因为我们已经习惯了默默无闻的奉献;不要给我们太多的物质和金钱,因为我们怕世俗的物欲污染了我们纯洁的心灵;不要给我们太多的称号,因为我们只喜欢两个字,"老师"……

图 2-2-8　为勇敢加油

图 2-2-9　多吃一点长高个儿

三、检查

案例 1　　　　　　　　　　　　　热爱事业之耐心培养

　　片段 1:这一天,周老师带着宝宝们去图书馆,我看到他们兴高采烈的样子也很高兴。一会儿孙常芮拿了一本名叫《喂,扑通》的绘本依偎在我身旁,要我讲给她听。开始的时候,我热情十足,认真地给她讲着,这本绘本里有很多重复的地方,我渐渐地失去耐心,觉得本来一页两页就能表达完,为什么用了十几页? 我觉得自己的嗓子有点累了,也开始走神。但是这时,我看到孙常芮正在全神贯注地听我讲着故事,她把我当作了她的老师,并且用手指指着我所讲的内容所对应的图画。这一刻,我觉得我还有什么理由抱怨,于是我继续声情并茂地讲了起来,并和她一起互动游戏。

图 2-2-10　绘声绘色讲故事

　　片段 2:今天周老师带着宝宝们折小鱼儿折纸,其中有一个难点就是要把正方形折纸变成双三角,这个难点难住了班级里的大多数孩子,他们折到一半就一个接一个地来问我。我拿了一张新的折纸,教他们一步步地叠,他们很认真地开始学习,我这组看看,那组瞧瞧,发现苗苗的一张纸还没有折过,于是我蹲在她的身边耐心地教她步骤,最后握着她的小手一起叠,叠成以后,我说:小鱼儿叠好啦! 她瞬间露出开心的笑容……

　　片段 3:闹闹是一个在进餐环节中注意力经常不集中的宝宝。每次吃饭他都让我一口一口喂他,可是他仍然不专心,吃两口玩一下或者看看别处。我有点着急,但是我控制好情绪,想到一个方法,我说,如果你认认真真地把饭吃完,老师就奖励你一个大贴纸,于是他真的非常认真地吃起了饭,我顿时很有成就感。

　　片段 4:起床啦! 我要帮宝宝们叠小被子。一开始我不懂幼儿园的规范叠被方式,都叠错了,让我有点挫败感,并且有点浮躁,所以有点失去了从头再来的耐心。赵老师看到后告诉了我规范的叠法,于是我又重新开始叠被子……

上面是我在幼儿园实习时的四个片段,我觉得这就是幼儿教师的日常工作,同时我体会到了幼儿教师的工作是多么繁琐,面对这些繁琐的工作需要很多耐心,没有耐心就谈不上热爱,真的热爱就需要培养自己的耐心。想到班里的老师从来不跟幼儿着急,面对幼儿重复犯的错误依然可以轻声细语、变换策略地纠正,我觉得这才是他们热爱自己幼教事业的最好解读。

图2-2-11 不厌其烦教折纸

图2-2-12 不急不躁慢慢练

案例2   耐心初养成

两周的实习时间,我最薄弱的"耐心"得到了更好的成长。这是我记录成长手册的原因。

第一天到园实习,我感觉很焦躁。尤其当孩子们一下子扑过来的时候,一会儿问这个,一会儿说那个。在学校的时候我一星期说的话都没有在幼儿园一天的多。而且,开始实习的时候我不愿意去记孩子的名字,我对自己说:我没有耐性去记住每一个人的名字。

班里有一个小朋友,问我知不知道她的名字,我当然不知道。她把名字告诉了我,可是我一直都没记住。可是每次班里有活动,当我走到她那里,她就会问我她的名字是什么,我每次都答不出来,她就一次一次地告诉我。我以为我那么多次没有回答出她的名字,她肯定早就厌烦我了,并且不会再告诉我她的名字。我万万没想到,在之后几天的实习生活中,她并没有像我所想的那样。

一个孩子,能安静地坐在那里听老师讲课,可能连坚持十分钟的耐心都没有。她竟然会有耐心一次又一次地问我她叫什么名字,并且一次次地告诉我她的名字。我这个成年人都没有耐心做到的事,孩子却做到了,我很是自愧不如。

实习的第一周就要结束了,我走到她旁边,她又一次问起了我她的名字是什么。这次我竟没有忘掉,对她说,你叫李璐晨。她高兴地抱着我的肚子笑,我也被她深深地打动了。从这一天开始,我开始努力记住每一个孩子的姓名、他们的特征和他们的性格,耐心地听每一个孩子跟我分享的事情,耐心地蹲下来去回答他们的问题,耐心地教他们排练的动作,跟孩子们一起享受阳光的照耀。

这些事,在刚到幼儿园实习的时候,我是完全做不到的,我也没想到我能做到。刚开始还是一直盼望着四点半下班的我,现在开始舍不得与孩子们分开。在以后的生活中我也会耐心地去对待每一件事,戒骄戒躁。

谢谢李璐晨,教会我要用耐心去对待别人。耐心是"四心"中最难做到的。幼儿教师同时也要有爱心、细心和责任心。

案例3   细心助成长

在幼儿园实习的过程中我想培养自己细心的习惯,从每天的点滴中去借鉴、去学习。

记得刚到幼儿园的第一天,虽然我已经向所有小朋友介绍了自己,可是小朋友们还是凑上来亲昵地和我聊天,我无一遗漏地一个个回答他们的问题。中午午休过后小朋友们都去排练,我和保育老师一起帮助小朋友们整理被褥,细致查看小朋友的杯子、毛巾是否摆好。

班级楼道的美化布置区,由于风太大,图片和涂彩面具被吹落得到处都是,我细心地将其整理好并粘贴在原来的位置上。

细心是我们每个幼儿教师都应拥有的好品质,它不是短短几天便可以养成的,而是需要我们一朝一夕的坚持和培养。以前我不屑于做这样的小事情,通过实习我感受到,这些不起眼的小事情是培养幼儿教师责任感的必经之事,真正领悟了"不积跬步无以至千里""一屋不扫何以扫天下"的道理。

我相信在以后的日子里我一定会更加坚持和努力。

图 2-2-13　细节决定成败

图 2-2-14　细心助成长

案例 4　　　　　　　　　　热爱事业　见证成长

这次实习我来到了河北区扶轮幼儿园,在这两个礼拜的实习中我学到了很多,同时我最薄弱的"四心"之一——耐心得到了成长。

"六一"儿童节即将到来,孩子们在精心排练节目,突然他们说起话来,我连忙跑过去问他们怎么回事。原来是他们"六一"表演用的蝴蝶道具坏了,有的翅膀坏了,有的绑在手上的皮筋掉了,他们特别着急,不知道该怎么办。我对他们说不用着急,这点小事情就包在老师身上了。我拿出胶枪一个一个帮助孩子们解决蝴蝶道具的各种问题,刚开始我做得很仔细、很认真,没有抱怨,和孩子们有说有笑,可是粘了几个之后就有点烦躁了,因为我帮他们粘完后道具并不是很牢固,排练个几遍下来又坏了。因为这样,我想放弃了,可是看到孩子们着急的神情,佩服我的眼光,我又重新工作了起来。我想到了新的办法,终于把蝴蝶道具粘得特别牢固,而且我比上次还要认真,比上次还要仔细。

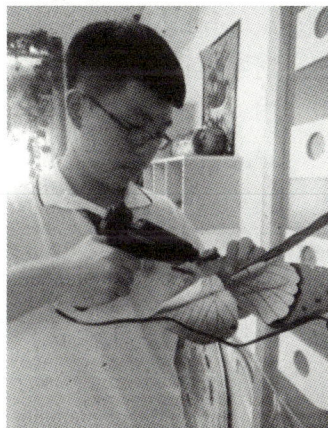

图 2-2-15　能工巧匠

我要谢谢这些孩子,是他们让我的耐心得到了明显的成长。

案例 5　　　　　　　　　　　　成长的代价

幼儿园教师要有爱心、耐心、细心、责任心,这"四心"缺一不可。这两周的实习我也都在用这"四心"来要求自己。我最大且比较明显的问题就是不够细心。

来园的第一天,带班老师告诉我最近孩子们生病的比较多,每件事都需要细心一点。由于幼儿生病的原因,我们每天都需要给食堂上报病号饭,但是上报病号饭的流程比较繁琐,所以前几次都是带班老师上报,我在旁边观察学习。那天早饭后是我第一次在没有带班老师的陪同下送餐具并上报病号饭,带班老师告诉我今天有一位孩子需要病号饭,带班老师交代的时候我还是记得的,但到了食堂之后我就把上报这回事完全忘记了。直到中午去食堂领完饭给孩子们时,我才突然想起来我没有给那位生病的孩子上报病号饭。虽然最后给这个孩子去别的班要到了病号饭,但我还是因为自己的粗心深深地自责着。

通过成长手册记录,我发现自己每次都因为不细心而出现一些失误,从那之后不管带班老师交代什么任务我都会拿一个本子记录下来,按照记录一个个地完成。包括幼儿园的每一个环节,老师怎么组织,怎么教导,都拿笔记录下来。每次午休我都会拿出"师德行为养成记录表"来进行我的养成记录,带班老师看到后告诉我这是一个很好的学习方法。很感谢师德这门课,感谢老师给我们学习的机会。

带班老师给我分享了一篇"用心培养,静待花开"的美文,让我深深地感受到,幼儿教师应该是一个人,一个大写的人,一个有"四心"的人,一个爱岗敬业、爱孩子的人。通过这门课,我将会努力学习,不断进取,做一名合格的幼儿教师,用心与孩子共同成长,用心走进孩子的世界!

四、评价

(一)评价标准

师德实践活动主题突出,内容丰富,方式方法灵活贴切,教育成效明显,成果品质高。

(二)评价案例

1. 学生自评

收获:通过寻找职业偶像的活动,使我对幼儿园一线教师平凡的工作有了进一步的了解和深深的体悟,偶像老师与普通老师的不同之处在于,遇到相同事情她们会作出不同的选择并采取不同的行为方式。究其原因是这些老师具有强烈的事业心,将孩子的安危、幼儿园的工作放在首位,将个人置之度外,这种自觉的奉献举动成为常态! 职业偶像无处不在,她们的事迹感召并激励着我们,早日成为像偶像一样的好老师!

此次实践体验活动最开心的是能够有机会发现自己、提升自己、超越自己,见证自己在幼儿教师专业素养,特别是"爱心、耐心、细心与责任心"等方面的点滴成长与进步。虽然只是实习老师,但是我们的努力付出得到了孩子们的喜爱,得到园所领导、老师的肯定及孩子家长的信赖! 我们对自己的专业和未来工作充满了信心和期待,愿意以职业偶像为榜样,为祖国的幼教事业奉献一切!

遗憾:实习时间短暂,精力有限,没能全面而深入地了解幼儿园的工作。

困惑:所掌握的专业知识有限,工作经验不足,没能独立而从容地处理个别孩子所遇到的问题。

2. 小组互评

欣赏:每个小组都能认真准备,选取幼儿园教师工作中的典型案例,生动而全面地分享职业偶像的事迹,以微视频方式呈现的效果令人震撼,感人至深! 每位同学在体验中的点滴成长与进步,真实而有趣,令大家感同身受,备受鼓舞!

建议:视频制作画面可以更清晰,可以进一步训练宣讲技巧,并控制好时间。

3. 教师点评

肯定:小组同学分享的实践活动成果主题鲜明,案例中的偶像教师事迹真实感人,达到了向同行榜样学习的目的。"体验见证成长"的交流与分享,让同学们有机会在专业实践中发现自己、了解自己并努力超越自己,体验了自我教育的过程,感受到自我成长的喜悦,初步实现了师德践行与内化的课程目标。

小组成员规划方案详实,分工明确并能通力合作,注重日常案例素材搜集整理的基础性工作。在后期制作时,所选用的信息技术手段恰当,教育效果突出。

希望:能对丰富的素材进行筛选处理,确保重点突出,并能遵守分享的时间要求。

例2 "遇见十年后的自己"——敬业践行活动

一、计划

(一)教师任务布置

1. 目标

结合热爱事业师德规范模块,举办主题为"遇见十年后的自己"体验活动。

2. 要求

通过给十年后的自己写"一封信"的方式,设想自己在职业发展领域的理想状况,从而反观自己、观照当下,找寻自己现在与未来之间的差距,进一步明确职业理想和目标,坚定职业信念,从自己做起,从现在做起,脚踏实地为实现职业理想而努力奋斗。

在小组交流基础上,召开主题班会。需要准备主题班会的方案、主持人、制作演示文稿等。

（二）践行方案设计

师德践行活动方案

活动主题:

"遇见十年后的自己"

活动目标:

职业理想教育。

活动内容:

1. 以"遇见十年后的自己"为题,每位同学给未来的自己写一封信。

2. 自愿组成 4 人小组,进行书信交流分享,成员之间在增进了解的基础上修改完善自己的职业规划。

3. 班级推荐主题班会策划与实施团队,拟定活动方案文本。

4. "遇见十年后的自己"主题班会的实施。

5. 同学分享活动感受和体会。

6. 教师点评。

步骤与进度:

1. 活动准备:

（1）组织准备:组建小组、统一思想、分工合作;

（2）制订活动方案及具体行动计划;

（3）推荐活动负责人,督促实施。

2. 活动实施:

（1）每位同学按计划完成"遇见十年后的自己"——写给自己的"一封信";

（2）小组交流分享:写给自己的"一封信",并推荐 1 名同学代表小组在主题班会上交流,其他同学修改完善自己心中的职业理想并对当下的自己进行分析,明确目标与步骤;

（3）主题班会方案及程序:同学典型发言、互动交流、情景剧表演、感受分享、教师点评;

（4）依照主题班会方案进行活动任务的分配与部署:主持人(主持词)、发言人(提纲)、情景剧表演者(脚本)、演示文稿制作人(PPT 文稿制作)、会场布置……

（5）文稿及影像整理。

3. 活动小结:

（1）汇总师德践行活动的物化成果:代表性的"一封信"、活动方案、演示文稿、活动影像资料。

（2）完成活动反思,交流活动感受。

主要方法:归纳法、行动研究法、反思法等。

物质准备:纸笔等学习用具,活动方案、电脑、手机、相机、录播教室等。

二、实施

（一）方案实施

略

（二）教师指导

发现问题1:"遇见十年后的自己"——写给自己的"一封信",个别同学没有聚焦职业理想。

指导建议:以职业理想的设计为重点内容,生活理想可以作为辅助。

发现问题 2：个别同学的设计过于理想化、抽象化、艺术化。

指导建议：认真找寻自己在职业发展的真实需求，对未来的自己进行较具体的描述。

发现问题 3：没有与当下的自己连接。

指导建议：强调活动的最终目的是唤醒并激励当下的自己——千里之行始于足下。

三、检查

案例1

遇见十年后的自己。我们可能不会像电视剧里的女主角一样凭借超能力实现穿越，但是我们也有属于自己的世界：在自己的人生剧目中我们就是主角，我们有自己的理想，我们有自己的见地，我们有自己的设计……十年后，在一条车水马龙的人行道上，我无意中遇到了十年后的我自己，我跟在她的身后，发现此时此刻的她（也就是十年后的我），背着包，手里拿着一杯咖啡行走在赶往上班的人行道上。十年后，大家都放弃了开车出行，我跟在她的身后，最后发现她进入了一家公办幼儿园……我这才明白，原来十年后的自己是一名幼儿园教师。我发现她在跟小朋友们一起开心地玩游戏，细心呵护和照料需要帮助的孩子们，耐心指导孩子们积极勇敢地面对生活……我遇见十年后的自己过得很快乐，有自己的职业，并且把这个职业当作是我的事业。生活虽然不是那么富裕，但是我也不会因为钱而发愁，所以为了遇见十年后这个简单的我，我一定要在此时此刻努力向这个梦想前行……

案例2

十年后的自己，你好！我想你现在一定为人妻、为人母，日子过得简单幸福，拥有一份稳定的工作，且工作上小有成就了吧？记得十年前的你，还是个涉世未深、内向拘谨的师范学生，现在的你已经成为从容淡定、成熟大气的幼儿园骨干教师了，你一直坚定执着地爱着孩子们，潜心地培育祖国的下一代。你认真工作时的样子真美，虽然孩子们很淘气，偶尔也会气你，但是你依旧喜爱他们纯真的模样……不管以后的工作会给你带来多少困难，都希望你能一如既往地热情拥抱它。你是一个热爱工作、热爱生活的人，一个充满无限创造力和无比幸福感的人！

案例3

致一段时间后的自己：岁月如梭，30 岁的你已经在幼儿园工作多年，身边围绕着可爱的孩子们，时而带着他们在操场上做游戏，时而在教室里折纸，总有一些顽皮的孩子将纸张折成各种形状，你用欣赏的目光注视着，耐心地倾听他们天马行空的故事，这样的专业表现在十年前难以想象。现在的我会觉得孩子们折的东西难以理解，也很难耐心听完他们的"故事"，总是急于打断他们并按我的指令行动……但如今的你学会了站在孩子们的角度去思考，接受并尽力去理解他们，适时地进行引导，坚信每个孩子都有自己的思想，有自己的创造，他们都值得尊重和呵护……

四、评价

（一）评价标准

（1）"遇见十年后的自己"——写给自己的一封信，对未来职业有设想，描绘详实而真切。（20 分）

（2）在小组充分交流的基础上，积极参与讨论并修改完善"一封信"，确保聚焦主题和要求，推荐典型代表在班会中发言。（30 分）

（3）积极参与主题班会的发言、情境展示、讨论、分享及点评活动,自我教育效果明显。（30分）

（4）主动承担班会的策划、组织、实施与总结工作。（20分）

（二）评价案例

1. 学生自评

收获:这是一次奇妙的体验,有难得与自己对话的机会,能够较深入细致地思考自己的未来。开始时没觉得有什么不同,甚至挺好玩的,但当提起笔来给未来的自己写信的时候不禁潸然泪下……小组交流的时候,同学们也是含着泪分享自己并倾听同伴的故事,主题班会的成功举办将活动推向高潮,感动并激励着每一位同学,让我们对未来更期待、更有信心,对现在更珍惜、更自律、更自觉。

我觉得大家一起以诚相待、畅想未来,这种体验方式挺好的,课堂气氛比较轻松,通过大家在课上宣读写给自己的一封信和一些精彩表演,大家都明确了自己的目标。有的同学虽然选择了这个专业,但是也许内心会有其他的目标和梦想,这是很正常的,只要找好自己想要的方向并不懈努力的话,终将梦想成真。

遗憾:对自己未来十年的生活描述过多,对职业生涯设计较少而且比较笼统。

困惑:自信心不足。

2. 小组互评

欣赏:某某组同学写给自己的一封信让人特别感动,她设计十年后的自己工作的具体场景和细节,记录着自己在专业理念与职业素养等方面的变化和专业成长,真实而美好,仿佛预见到十年后她的样子。我相信她一定能做到,梦想一定能实现!

策划组同学既专业又辛苦,整个活动非常丰富、紧凑,让大家在自然的状态下实现时间的穿越,遇见了自己也了解了同学,非常感动,深受启发。

建议:活动之前向全体同学介绍方案,确保大家的参与更积极,配合更默契。

3. 教师点评

肯定:提出这个主题活动是有一定的知识背景的,在讲师德规范,尤其是讲"热爱事业"这个专题的时候进行了师德体验活动,同学们积极参与、全情投入、穿越时空,与十年后的自己对话,并精心设计、组织实施了一次有趣又有意义的主题班会活动,更深刻地领会了"热爱事业"规范的内涵与要求,明确了自己的职业理想和目标,能自觉地与现在的自己对比,找出努力的方向,相信通过此次师德体验活动,大家齐心协力、立足现在,更有信心和决心勤奋学习、刻苦训练,为早日实现梦想而持续努力。

希望:同学们巩固此次活动的成果,定期与自己对话,通过自省实现自励。与此同时,积极参与体验活动,在实践中发现自己、锻炼自己、成长自己、超越自己。

教学总结

本节课在介绍职业与事业两个概念的联系与区别的基础上,向同学们揭示了"热爱事业"规范的内涵,让同学们掌握并将其作为一种情感体验,热爱事业指的是对党和人民教育事业的热爱和忠诚。既包含对自己选择的尊重和珍惜,对教育事业的全身心投入和无悔追求的信念和态度,也包含在对学生人格尊重的基础上,对学生思想行为的理解和学生成长的关注。作为一种行为体现,热爱事业指的是对国家教育发展和学生成长的强烈使命感和责任感。既有对教育教学工作的认真负责和精益求精的精神,也有对学生的热情关怀和无微不至的态度。

正如叶澜教授所说,教育是一个使教育者和受教育者都变得更完善的职业,而且只有当教育者自觉地完善自己时,才能更有利于学生的完善与发展。教师是一种影响人心灵的特殊职业,是最具有生命性的事业。热爱事业在教师职业中的表现为:对教师职业价值的正确理解与认识和在平凡的岗位中时刻履行教书育人职责并做出突出业绩两个方面。

热爱事业规范的重要意义主要体现在:热爱事业是教师职业的责任和使命,热爱事业是幼儿园教师职业的本质要求,热爱事业是幼儿教师专业发展的动力和途径,热爱事业是教师快乐从教的根本保证。

热爱事业的师德规范践行是本课程的重点与难点。师德规范践行需要自觉依照热爱事业规范的基本要求在工作和生活实践中体验探索。规范践行的要求包括两个方面:一方面,表现为增强热爱幼教事业的意识。包括：教师要有敬业意识、乐业意识、职业规范意识、勤业意识等。另一方面，体现在实施热爱幼教事业的行动中。包括：第一，敬业——把握"认真而不较真"的分寸。把好认真度需要遵循的工作底线：即敬畏法律、敬畏安全、敬畏法人、敬畏家长、敬畏学生、敬畏问题。第二，乐业——掌握"处理好四种关系"的艺术。尊重领导是天职，尊重同事是本分，尊重家长是常识，尊重幼儿是使命。第三，精业——养成"学习、研究、积累、反思"的习惯。第四，勤业——控制"勤奋又不盲目工作"的程度。

幼儿教师只有热爱事业，才能在工作中关爱幼儿、保教育人；幼儿教师热爱事业必然期望自己工作取得更大的成绩，而教育都不是孤立进行的，要取得成效必然要与他人团结协作；幼儿教师只有热爱事业，才能以身作则，在各个方面率先垂范，做幼儿的榜样，以自己的人格魅力和学识魅力教育影响幼儿；幼儿教师只有热爱事业，才能树立终身学习理念，并勇于探索创新，不断提高自身专业素养和专业能力水平。

通过"寻找职业偶像，体验见证成长"师德实践活动，同学们将本课所学的热爱事业师德规范的含义、职业表现、重要意义及该规范践行的具体要求等理论知识应用到实践活动中，通过寻找并提炼幼儿园一线教师身上爱岗敬业、无私奉献的典型事迹，加深了对热爱事业内涵的理解，为自己树立职业偶像和榜样。此外，通过实习教师工作亲身体验在"爱心、耐心、细心、责任心"方面的成长与进步，积极主动地践行热爱事业的师德规范，培养自己的职业精神，打造专业教师的形象，提升自己对幼儿教师职业的认同，加深对事业及幼儿的情怀，为后续的学习打下坚实的基础。

总之，"爱"是师德之源，是教育的永恒主题，没有爱就没有教育。热爱事业作为一种价值取向，是教师职业情感和职业态度的综合体现，建立在对教师这一职业所具有的社会意义的全面理解和深刻认识基础之上。教师不仅仅要把自己的职业看成是谋生手段，而是要全面透视它对学生的幸福、对民族的命运、对国家的兴旺所具有的巨大价值，才会对自己的职业心怀敬重，体会到这一平凡而普通工作的崇高和伟大，才会以为师从教而感到光荣和自豪。

反思探究

一、知识复习

（1）热爱事业的含义是什么？
（2）热爱事业对于教师来说具有哪些重要意义？
（3）热爱事业在幼儿园工作中有哪些具体表现？
（4）作为未来的幼儿园教师应当怎样培养自己对工作的事业心与责任感？

二、实训作业

（1）完成在学校发扬"奉献精神"的成长记录。
（2）搜集幼儿园教师热爱事业的案例。

拓展延伸

1. 了解古代圣贤

韩愈关于教师职业道德的思想

韩愈(768年—824年)，字退之，河南南阳(今河南孟县)人，祖籍昌黎，又称昌黎先生，唐代著名的文学家、教育家、思想家。

韩愈的《师说》集中论述了教师伦理道德问题，对于后世教师职业道德规范的建立和评价具有深远的影响。

韩愈首先阐述了教师的地位和作用。《师说》首句就提出了，"古之学者必有师"，即古时候求学的人一定要有老师。师与道是密切结合、不可分离的，"道之所存，师之所存"。生而知之是不存在的。任何一个人如果没有老师的教诲和指导就不可能顺利完成学习任务,学生从师,就是从师的"道"。"人非生而知之者,孰能无惑? 惑而不从师,其为惑也,终不解矣。"一个人不是生下来就懂得道理,就有知识的,谁能没有疑惑? 有了疑惑而不跟老师学习,那些成为疑惑的问题,也就永远不能解决了。《师说》精辟地论述了择师的标准:"生乎吾前,其闻道也固先乎吾,吾从而师之。"无贵无贱,无长无少,只要他有"道",皆可师之。韩愈认为称之为教师之人必须具备一定的条件。他把教师是否有"道"作为择师的标准,这是对儒家"德无常师,主善为师"思想的发挥。韩愈要求教师首先忠于道,才能传道。他强调"师道"正是对当时"耻学于师"不良社会风气的批判,这在当时社会背景下有着很大的积极意义。他多年任教,诚恳奖掖后进,热爱学生,深受学生的信赖与爱戴,凡经他指教过的人,莫不以称"韩门弟子"为荣。

其次,《师说》明确了教师的任务。"师者,所以传道、受业解惑也。"至今看来,韩愈对教师职责的表述仍是相当准确的。韩愈提出教师的任务主要包括三个方面:一是"传道",即进行伦理道德教育,完成人的社会化过程,是首要的任务,成为了教师任务的核心和灵魂;二是"受业",即进行专业知识文化的教学;三是"解惑",即解答学生在学习"道"与"业"的过程中的疑难问题。"传道""受业""解惑"三者是联系在一起的。在他看来,"道"在先,"业"在后,"业"是为"道"而服务的,而"解惑"是"传道""受业"所必需的。实践证明,这三个方面仍然成为教师根本任务的全面概括与真实写照,只是由于历史时代的不同,其内容有所不同,这是一个成功教师的基本职责。

最后,韩愈还论述了教育中伦理关系的核心师生关系问题。一是"弟子不必不如师",二是"师不必贤于弟子"。根本原则是"闻道有先后,术业有专攻"。这种师生关系论既肯定了教师在教育教学过程中的主导作用,又强调了学生在学习过程中的主体地位,强调了师生在学习过程中的民主和平等;既要求学生要虚心向老师学习,又鼓励学生要敢于超过老师;既提倡乐为人师,勇于为人师,又宣传不耻下问,虚心拜人为师。尊师爱生的传统得到了具体的发扬。

总之,《师说》是中国古代第一篇集中论述"师道"的文章,不失为一篇精湛的教育文献。《师说》全文虽不足六百字,韩愈却明确地阐述了教师的地位、职责及择师标准。后人在其教育思想的基础上进一步弘扬和阐发了韩愈的教师理论,推动了我国教育思想的不断丰富和发展,为我们今天从事教育事业的教育工作者提供了许多有益的思想和经验。

2. 学习身边榜样

材料一:

记北京师范大学教授林崇德

林崇德,男,汉族,中共党员,北京师范大学教授,博士生导师。1965 年毕业于北京师范大学教育系心理专业,专长为发展心理与教育心理学。荣获"国家有突出贡献中青年专家""全国劳动模范""全国十佳师德标兵""全国师德模范教师""国家杰出专业技术人才"。首届全国十佳师德标兵中的第一位。

林崇德教授始终秉持"教师的师德是学生质量的前提"的理念:爱岗敬业,教书育人是林先生为之奋斗一生的事业与理想,忠诚党的教育事业是他的信念。林崇德教授关爱学生,"严在当严处,爱在细微中"的育人观被教育界和学术界广为称颂,体现了"要有仁爱之心"的标准。2002 年北师大百年校庆时,林崇德接受记者采访时曾说过这样一段话:"如果人有来生,在我高中毕业时,我仍会把自己所有的高考志愿填上'师范',毕业后仍当教师,一名光荣的人民教师!"

林崇德:培养出值得自己崇拜的学生

材料二:

做一个好老师不容易

做一个好老师真的不容易,好老师对待工作不仅仅把它当成职业,而是视工作为事业,倾注全部精力,自发地制订出较明确的专业发展规划,这个规划的路线会是不断延伸、没有终点、不断向上、不会自我设限的。不管从教多少年,无论处在哪个年龄段,好老师都一定会对自己有所要求,要求自己不沉沦、不平庸,在平凡的岗位上,不断创造新成就。

好老师能够不断突破自我去拓展新的疆域。他们相信,永远有一些东西是未知的、新鲜的,是毋庸怀疑值得发掘的。因此,应该不断突破自我去寻找、拓展这些疆域,并发现和享受教育这项工作中最迷人的地方。

好老师能够主动出击,为自己创造机会,学会审时度势,结合自己的实际情况,利用现有条件,寻求发展空间。如在阅读中,不断完善自己的知识结构,丰富生命的底色,让专业底子更加厚实。在写作中,不断地反思、审视、总结、提炼,让那些看似平常的瞬间,那些不起眼的事件,都会有光泽、有价值和意义,是他们擦亮了生命中的每一个日子。

好老师能够拥有大格局,心神聚焦在美好事物上。他们能够寻找到工作和生活中一些美好的事物,将心神聚焦,为身心提供能量,引导精神向往明亮的地方。他们常常敞开自己的胸怀,打开自己的视野,放大自己的格局,把教育这项工作放在一个更加开阔、高远的层面上去理解、体验,去直接参与其中。让生命聚集能量、充满活力,更好地应对世界给予他们、给予教育的挑战。

好老师能够耐住寂寞,潜心打造自己的教育品牌。他们有发展自我的意愿,找准发展方向,耐得住寂寞,沉潜而执着,下决心在这个领域经过数年的刻苦钻研打造自己的专属教育品牌,享受教师工作带来的成就感和幸福感!

材料三:

教师礼仪形象塑造——握手礼

握手的礼仪中,握手时出手的先后次序是"尊者优先"的直接体现。

一、伸手的次序

上级领导到园所视察工作时,幼儿教师应待领导伸手后教师再伸手;在园所里接待幼儿家长时,教师可以尽主人之谊,先出手表示对家长的欢迎,告别时待家长伸手后再出手表示送客。平级同事遵循"长者为尊"出手的原则,社交场合应遵循"女士优先"出手的原则。

二、握手的姿势

握手的双方主动向对方走去,最佳的握手距离是一米左右。握手时的标准姿势是双腿直立,上身略向前倾,伸出右手,四指并拢,拇指张开与对方相握。千万不要坐着跟人握手,会被认为不尊重人。

三、握手的力度

握手时用多大的力合适是有一定规则的。一般来讲,对待熟人、老朋友时,握手力度可大些,以示亲热。在工作合作过程中,与对方握手力度大,可表达一种信任和希望。男士与女士握手,一般不宜过重。

四、握手的时间

在一般的交往中,握手的时间不要太短,也不要太长,一般应控制在3~5秒。时间太短,手一接触便立即松开,被认为是不热情。时间太长,则被认为是热情过度,别有企图。

五、握手时伴随的动作

握手时,双眼要正视对方,面带微笑,以示敬意。握手时身体一般是前倾,至于前倾的程度,则要看对方的情况。握手时一般要说一些客套话,不要默默无语。

六、握手礼的禁忌

1. 忌先后错序。

谨记"该出手时才出手"。如要与多人握手,也应讲究"先来后到",即先同性后异性,先长辈后晚辈,先已婚后未婚,先位高后位低。

2. 忌心不在焉。

与任何人握手,都要在握手时示好并看着对方眼睛,这不但表示对对方以礼相待,也是自己充满自信的表现。单手与人相握时,另一只手不可插在衣服或裤子的口袋里,应贴着大腿外侧自然下垂。

3. 忌不摘手套。

女士允许在社交场合戴着手套与人握手,但也视具体场合、身份而言。如果你只是职场新人,又正好与位高权重或德高望重者握手,最好摘下手套显得更为谦逊得体。手心有汗或手掌冰凉也是不太礼貌的表现,有汗的情况可趁人不注意悄悄擦掉。有的女孩常年手冰凉,与人握手时,有两种解决办法:第一,不要握得那么"实在",在与对方手掌接触的时候稍微保持一点空隙;第二,开门见山,给对方道歉。

4. 忌掌心下压。

握手时掌心下压会给对方造成居高临下甚至蔑视之意。想要表达对他人的尊重,握手时应掌心略微向上则为谦恭之意。

5. 忌用力不当。

握手时用力过猛则显得粗鲁无礼,过轻又难免有敷衍了事之嫌。

6. 忌点头哈腰。

适当的点头与身体前倾是正确的,但"过犹不及"。

7. 忌时间不当。

握手3秒为宜。与人握手时,尤其是异性,若时间过长会给对方一种错觉,感觉被冒犯——你对她别有用心。

8. 忌滥用双手握手。

双手握手一般只有几种情况:一是面对长辈、上司或贵宾,双手握手表示谦恭备至;二是久未见面的故友或至交,双手相握则表达一种深厚的情感。除此以外,一般单手握手就可表达问候之意。

9. 忌左手握手。

不管是不是"左撇子",都不能用左手握手。尤其是穆斯林和印度人,他们的左手仅用于去洗手间或为自己洗浴,只有右手才能担负起高贵的使命,因此在与他们握手时,用左手或双手都是侮辱。

10. 忌交叉握手。

职场接待,有时会与很多人握手,可按照前面提到的礼仪顺序握手,或因地制宜由近及远地依次握手。但切忌交叉握手,不管是自己双手握住不同的人,还是直接跨过正在握手的两人中间去握住另外一个人的手,都是不行的。这样很容易构成西方人忌讳的"十字架"情况,很不吉利。当然,有一种情况例外——剪彩。剪彩时,一般时间、场地有限,所以当剪彩嘉宾站成横排时,允许交叉握手。

图 2-2-16　女士先出手　　　　　　　　图 2-2-17　规范的握手礼

七、模拟练习

1. 教师示范,两位同学一组,模仿体验握手的基本姿态。

2. 情景模拟:(注意基本姿态和次序)

(1) 学前教育专业实习生第一天到幼儿园实习,受到幼儿园主任热情接待,相互握手。

(2) 幼儿教师在幼儿园接待家长。

3. 上网搜索并观看视频"握手礼仪知识"。

模块五　为人师表的意识与行为

为人师表是幼儿园教师职业的内在要求。通过本模块的学习,学生能够理解为人师表师德规范的内涵,领会该规范在幼儿园教师工作岗位上的原则及要求,掌握为人师表师德规范的践行。通过"幼师礼仪形象塑造"研修活动,学生可以初步掌握幼儿园教师礼仪形象塑造的方法,提升为人师表的责任感与使命感,强化幼儿教师形象塑造的自觉意识。

学习目标

1. 知识点:理解为人师表师德规范的内涵,领会该规范在幼儿园教师工作岗位上的原则及要求,了解幼儿园教师礼仪形象塑造的基本知识。

2. 能力点：能够分析判断为人师表师德规范的职业表现，能够运用幼儿园教师礼仪形象塑造的方法，掌握为人师表师德规范的践行能力与反思能力。

3. 态度情感：增强教师角色的归属感与自豪感，提升为人师表的责任感与使命感，强化幼儿教师形象塑造的自觉意识。

重点与难点

重点：为人师表师德规范的职业表现、师德规范践行的途径与方法——教师礼仪形象塑造。

难点：提高为人师表规范的意识，掌握教师礼仪形象塑造的技能（姿态模仿-强化训练-行为养成）。

案例导入

案例1   我是幼儿园教师，我幸福
——2018年天津市"最美幼儿教师"西青区第一幼儿园李娜老师的事迹

图2-3-1　最美幼儿教师李娜

每当看到一群孩子玩耍嬉戏，就有一种莫名的亲切感，因为我喜欢孩子。每当被问及职业，就有一种强烈的自豪感，因为我是幼儿园教师，这是我热爱的幸福事业。

教育、培养孩子是一件造就他人的善行。善行始于善心，我有一颗装满孩子的爱心，所以我喜欢听到孩子清晨爽朗的问候"李老师，早上好!"，傍晚急切的告别"李老师，再见!"，更喜欢听到孩子的悄悄话"李老师，你听我说……"

面对孩子，幼儿教师要学会倾听，观察了解孩子的特点，然后因材施教。我们班上有一个男孩，他平时不爱说话，也很少与小朋友交流。一次午餐后，我在整理区角材料，他悄悄走到我跟前，略带胆怯地说："李老师，我有一个问题问你。"看到是他提问，我蹲下身来慢慢听。"老师，如果没有太阳，还会有人存在吗?"我说："没有吧。"他继续问："你知道为什么吗?"我摇头装作不知道，"那我告诉你吧，没有太阳，植物就没有光照，失去光明，世界就没有空气，人就无法呼吸了。"我认真听着，他却高兴地跑开了。

他的主动提问和专业的回答令我惊讶不已，没想到这个平时沉默不语的孩子头脑中竟装着如此丰富的信息。"李老师，你知道长颈鹿怎么分辨男女吗?""李老师，你猜圣诞老人给我送来了什么礼物?"渐渐的，男孩变得活泼开朗起来。是我的耐心倾听打开了他的话匣子，打开了他的心灵之门，让我了解孩子眼中各具特色的奇妙世界，让我在教育过程中能够有的放矢，引领他们更具个性的成长。

从教五年，从当初的小姑娘到如今为人母，身份的转变让我对幼儿教师的工作有了更深的体会。当妈妈之后，我能够熟练地用手测体温，更重视孩子的吃饭问题，更关注孩子的穿衣冷暖。遇到问题，我会换位思考：这要是我的孩子，我会怎么做？像呵护和培养自家孩子一样去照顾幼儿园的孩子。发现问题，我会循循善诱，及时纠正；看到点滴进步，我会发自内心地喜悦。如此工作，我感觉自己的精神生活更加充实了，幸福感满满的。

幼儿园的工作虽然辛苦，但每天能看到一群天真的孩子，陪他们一起单纯、快乐地成长，这就是我努力追求的幸福。

我是幼儿园教师，我感到很幸福!

思考与讨论

1. 李娜老师采用了哪些具体行为使班上不爱交流的男孩子变得活泼开朗起来？

2. 从教五年的李娜老师积累了哪些教育经验与策略？

3. 李娜老师之所以体会到幼儿教师幸福感的源泉是什么？

4. 与李娜老师对照，你已掌握的教育行为有哪些？差距有哪些？

案例 2

上网观看视频"成就孩子,发现自我——一位教龄 31 年的幼儿教师"①,视频用了十分朴实的方式,阐述了一名普通幼儿园老师从内心抗拒到质疑,再到完全接受和热爱这个职业的心路历程,也更加生动形象地表现了幼教行业的新老传承。

思考与讨论

1. 是什么原因让 31 年教龄的赵老师对工作依依不舍?

2. 你喜欢赵老师吗? 能否描述赵老师的具体形象?

3. 赵老师给你留下最深的印象是什么?

知识呈现

案例中的李娜老师,之所以能体味到幼儿园教师工作的幸福感,源于她对工作和每一个幼儿的爱,表现在这种爱心的驱使下所采取的每一个具体行为中。她与千千万万具有专业精神的幼儿园教师一样,用点滴的示范行为和理想人格影响和感召着孩子们,成就着育人的责任与使命。正如雅思贝尔斯在《什么是教育》中所说:"教育本身意味着,一棵树摇动另一棵树,一朵云推动另一朵云,一个灵魂唤醒另一个灵魂。"教师的育人行为是教育实践的起点和关键。

为人师表是幼儿园教师职业的内在要求,对于学前教育工作具有特殊的重要意义。为人师表其实是对幼儿园教师良好师德的高度概括,也是一名合格幼儿园教师的道德底线。《教师法》第八条第一款明确规定教师应该"遵守宪法、法律和职业道德,为人师表",《中小学教师职业道德规范(2008 年修订)》第五条也提出教师要"为人师表。坚守高尚情操,知荣明耻,严于律己,以身作则",《专业标准》中明确提出了幼儿园教师应该"具有良好职业道德修养,为人师表"的基本要求。

在《天津市幼儿园教职工职业道德规范(2014 年 9 月)》中第六条规范"以身立教"要求幼儿园教师要"遵守社会公德,为人师表。关心集体,团结协作,顾全大局。衣着整洁得体,语言规范健康,举止文明大方",其核心表现可以归纳为"为人师表"。

一、为人师表的内涵

教师是太阳底下最光辉的职业,肩负着教书育人的崇高使命。为了能够完成教书育人的神圣职责,教师不仅要有渊博的学识,还应有模范的师表行为。既注重言教,又注重身教。因为教师的劳动不同于其他劳动,就其影响方式来说,它不是用工具去影响或改造劳动对象,而是要用自己的知识、智能、品格、言行等直接去影响学生。因此,教师的世界观、人生观、品格、言行等都是影响学生的重要手段。同时,教师劳动的对象是成长中的儿童、青少年,儿童青少年习性未定,身心具有较强的可塑性。教师职业工作对象的特殊性和学生成长所需要的正确导向性,要求教师在职业活动中行为具有崇高性和示范性的特点,这就决定了为人师表是教师职业道德的一个显著特点,也是教育劳动本身对教育工作者提出的特定要求。我国著名教育家陶行知先生认为,教师的全部工作实际上就是为人师表。

1. 为人师表规范的渊源

为人师表的渊源由来已久。《史记·太史公自序》载有"国有贤相良将,民之师表也",《北齐书·王昕传》述有"重其德业,以为人之师表"。可见,为人师表是在品德学问上做别人的榜样。

在我国,为人师表是历代教育家实践并推崇的教育原则,伟大的教育家孔子,在教育实践中对学生注重言教,强调身教,教育学生"女为君子儒! 无为小人儒!""多闻,择其善者而从之,多见而识之",信守"其身正,不令而行;其身不正,虽令不从",以自己良好的德性影响、教育和感化学生。正是他有为人师表之德,才有三千弟子之功,才有"万世师表"之尊。

---

① 参考网址: https://v.qq.com/x/page/g0165askx81.html(腾讯视频)

2. 为人师表规范的含义

为人师表，指教师的仪表风度、言行举止应成为学生学习和模仿的榜样。教师要言行一致、率先垂范，用自身的实际行为教育幼儿，这样才能够树立教师在幼儿心目中的威信，以达到教育的最佳效果。教师履行为人师表的规范主要表现为：在内在品质上，教师应做一个道德高尚的人，能够严于律己、知行合一；在外在行为上，教师应做到语言规范、举止文明，遵纪守法、依法执教，具备良好的心理状态，能够与同事、家长建立合作的关系。

《专业标准》中表述为："为人师表"主要是指幼儿园教师要注重通过自身的言行举止对幼儿发展发挥积极的影响和教育作用。"以自己的言为幼儿之师，以自己的行为幼儿之范"，让自身成为促进幼儿发展的最有利资源。这是幼儿园教师为人师表的含义与重要作用。因为，学前期幼儿以具体形象思维为主，且心理承受能力薄弱，自主和自理能力较低，缺乏是非判断力，无论在精神上还是在生活中非常依赖幼儿园教师，幼儿园教师的一言一行在幼儿的心目中具有无可比拟的"权威地位"，对幼儿园教师言行举止的无条件模仿是幼儿学习的主要方式之一，这就要求幼儿园教师要成为幼儿学习的"榜样"和"模范"，对幼儿进行正确的教育引导和示范。幼儿园教师必须要做到品德高尚、举止文明，才可能在自己的保教工作中实现"以德育德、以才育才、以爱育爱"的春风化雨式教育。

3. "以身立教"与"为人师表"

唐代教育家韩愈提出教师要"以身立教"，才能"其身亡而其教存"。"以身立教"是指教师以自身的人格力量教会学生如何做人。教师的人格在整个教育过程中具有不可忽视的奠基作用、催化作用、修正作用和完善作用。教师人格在教育中发挥作用也是通过由表及里的过程，与为人师表规范所包含的品质与行为两个层面有异曲同工之妙。而"为人师表"的提法更加普及，易于理解和接受。

二、为人师表的职业表现

教师为人师表可以通过三个不同层面来表现。即：从形式上说，为人师表是教师职业德性内涵的直接表达；从内容上说，为人师表是真善美的体现；从个性来说，为人师表表现为教师良好的个性修养。

1. 从形式的层面上分析

（1）为人师表是教师职业德性内涵的直接表达。德国著名教育家第斯多惠指出："教师本人是学校里最重要的师表，是最直接的最有效的模范，是学生最活生生的榜样。"教师职业是通过自己的内在品格和修养来影响和熏陶受教育者，以美德启迪美德，以正义培育正义，促进受教育者的精神成人。正是教师德性的引导与人格的昭示，直接成为教育的基础，成为引领学生精神成人的起点与内在依据。教师的为人师表能为学生的成长和发展提供精神的引导和帮助，看着学生的进步和成人，教师会为自己的付出而自豪，为自己的期待和收获而高兴，这是教师职业生活给予教师的幸福和尊严。因此，为人师表是教师德性的直接表达，是对教师最基本的道德要求。

（2）将为人师表作为教师职业德性的基本内涵，对教师而言是一种严格的自律。这种以自律为示范和榜样的教师，犹如哲学家迪福所比喻的城楼上的"大钟"。迪福认为，如果一个人自己的表不准，它所骗的只是你一个人；如果主楼上的大钟不准，那它就会骗了全城的市民。教师就是这个"大钟"，就是走时准确、不会骗人的"大钟"。教师如果能以自己的优秀言行品质为学生做出榜样，进行示范，那么这种作用虽然是无形的、潜移默化的，但它却是深沉得多、有力得多、持久得多，有时甚至会改变一个人的整体性格，影响到人的一生。正如加里宁要求教师"必须好好地检点自己，他应该感觉到，他的一举一动都处于最严格的监督之下，世界上任何人也没受着这样的严格的监督"。

案例

我国著名教育家张伯苓，1919年之后相继创办南开大学、南开女中、南开小学。他十分注意对学生进行文明礼貌教育，并且身体力行，为人师表。一次，他发现有个学生手指被烟熏黄了，便严肃地劝告学生："烟对身体有害，要戒掉它。"没想到那个学生有点不服气，俏皮地说："那您吸烟就对身体没有害处吗?"张伯苓对于学生的责难,歉意地笑了笑,立即唤工友将自己所有的烟全部取来,当众销毁,还折断了自己用了多年的心爱的烟袋杆,诚恳地说:"从此以后,我与诸同学共同戒烟。"果然,自从那天以后,他再也不吸烟了。

（3）为人师表是教师职业最基本的道德要求。不论是孔子讲的"不能正其身,如正人何",还是陶行知所说的"捧着一颗心来,不带半根草去",都入木三分地阐释了为人师表的要义。人们把教师誉为不辞劳苦、辛勤耕耘的园丁,不仅是对他们教书育人丰硕成果的赞许,更是对他们为人师表的充分肯定。

2. 从内容的层面上看

中国现代漫画大师、教育家丰子恺先生曾说过,圆满的人格就像一只鼎,真、善、美好比鼎的三足。为人师表作为一种教师职业德性的基本内涵,蕴含着丰富而深刻的道德内容,最突出的就是体现了教师对真善美理想人格的追求。

（1）为人师表蕴含着真。"真"就是诚实守信,公平正直,言行一致,表里如一。陶行知先生说:"千教万教教人求真,千学万学学做真人。"作为教师,最基本的德性就是自己要求真,从而激励学生求真,学做真人。加里宁强调诚实在为人师表中的作用:"无尚诚实"是肩负重任的教师必须具备的基本条件之一。教师的一举一动对学生而言都是一本无字的教科书,任何虚伪的假象都逃不过学生的眼睛。教师在待人处事上必须做到"贵诚实,守信义",使自己成为最好的"诚信教科书"。公平正直是教师人格的脊梁。教师要处处以事情本身的是非曲直来决定自己的态度和方式,一视同仁地看待不同的学生,努力为学生做出公平正直的榜样。与此同时,教师还应该"言必信,行必果",以自身言行一致、表里如一的品格影响学生。

（2）为人师表包含着善。教师为人师表的善是指,把促进学生的健全发展当作自己职业人生的目的,并为之无私无悔地奉献;善待每一个学生,关爱每一个学生,帮助每一个学生,让教育的和煦阳光普照每一个角落,用"落红不是无情物,化作春泥更护花"的奉献精神来诠释教师职业"善"的内涵。

（3）为人师表体现着美。教育是一门艺术,艺术的重要表现是美。为人师表作为教师德性的基本内涵,必须体现着美。这个"美"是内在美与外在美的和谐统一。

行为美,最重要的标志是行为端庄、遵纪守法。教师要把学生培养成为对国家有用的人才,教师本身应该成为行为适宜、遵纪守法的模范,与此同时,教师优雅大方的举止也在传递着丰富的教育意蕴。

案例

一名学生在回忆"印象最深的老师"时写道:"我初中的数学老师李老师也是个已有几十年教龄的资深教师,在教学上,他有非常丰富的经验,因此,我们班的数学成绩在全年级段中较为突出,如此优秀的老师,理应受到同学们的尊重。但是那时候我们总是在私底下嘲笑李老师,我们嘲笑的是李老师的一些行为礼仪,有时候,他课上到一半嗓子不舒服了,就直接把痰吐到地板上,我们都觉得恶心极了,可他自己还能泰然地继续上课。不仅如此,李老师因为吸烟有很重的口气,我们觉得他的口气难闻,便很少在课后问他问题。"我认为李老师的行为举止是有违教师基本礼仪规范的,教师礼仪是礼仪在教育行业履行职能工作过程中的具体运用,是教师必须遵行的行为规范,虽然李老师是一位拥有很高教学水平的老师,但是他的外在形象尤其是个人卫生上的不足却会使他的教学效果及在学生心目中的威信有所下降。可见,老师的不良习惯给学生带来"深刻的印象",造成消极影响。

语言美,包含着重要的教育契机。美好的语言往往反映着教师良好的知识素养和思想情操。正如古人云:"慧于心而秀于言。"教师内修于心,外秀于言,给学生以美的感染力和良好的话语示范。

案例

2007年5月18日。中国音乐文学学会第七次年会在湖北荆州市隆重举行。趁会议间隙,著名词作家阎肃和东方歌舞团创作中心编剧宋小明来到古城街头游览,有位带个孩子的少妇突然看到电视上经常露面的阎老时,一脸惊喜地说道:"呀,那是阎肃!"见妈妈这么激动,那个只有三四岁的孩子就问:"妈妈,阎肃是什么东西?"清脆的童音引得阎老转过身来。就在孩子妈妈尴尬得不知如何作答时,阎老随即走到孩子面前,蹲下身子摸着孩子的小脸说:"孩子,阎肃他不是东西,他就是我呀!"听到这话,孩子十分开心地"哦"了一声,在场的人也都禁不住笑了起来;孩子的妈妈呢,更是一个劲地表示歉意。

眼前就是当事人,要不要回答孩子这个本已让人尴尬的难题呢?只要我们设身处地,恐怕都能感受到孩子妈妈当时面临的困窘之境:不说吧,孩子肯定还要穷追不舍;说"阎肃不是东西,就是这位爷爷",亦显得不够礼貌。庆幸的是,善解人意的阎老随之将难题简易化:他不仅态度和蔼友善,而且还用"自辱"的话语给了孩子一个满意的答案。诚如同行者宋小明所说:"阎老的这个自嘲幽默,既认真地回答了孩子的问题,又化解了孩子妈妈的尴尬,更是以语言文学的方式完成了一个文人品格的塑造!"

有位诗人说得好:"教师的语言,如热情在燃烧,似激情在澎湃,更是真情在流淌。"教师的语言之所以能成为艺术,就是因为它是以善意和尊重为原则,所以有人说,教师的语言能传达出人类一切最美好的情感。

仪表美,是教师一种无言的教育方式,具有特殊的教育意义。整洁、大方、端庄是每位教师仪表美的标准,是教师风度的具体体现。教师的一举一动都应显得端庄大方,喜怒哀乐皆有分寸。

案例

在南开学校内,竖立着一面大立镜,镜子上方有刻在木匾上的"容止格言",学生们每天上学来都要根据容止格言的规定,面对大立镜检查自己的仪容和举止,容止格言共四十个字,由教育家南开学校的创始人严范孙先生亲自书写,全文为"面必净,发必理,衣必整,钮必结,头容正,肩容平,胸容宽,背容直;气象:勿傲,勿暴,勿怠;颜色:宜和,宜静,宜庄"。意思是说:作为一名学生,脸一定要洗干净,头发一定要梳理整齐,衣服一定要穿整洁,钮扣一定要系上,头要正,双肩要平,胸要挺起,后背要直。气象是指精神面貌,不要骄傲,不要浮躁,不要懈怠。颜色是指仪容举止应该温和,应该安静,应该庄重。作为南开的学生,周恩来终其一生,都始终保持着这种从外表到内在完全一致的形象和气质。

案例

某幼儿园成立了已经十余年了,场地大,硬件好,价格也很实惠,很多家长都是在朋友的力荐下选择这个幼儿园。一日,一位妈妈带着自己的女儿来园参观,这名家长朋友的孩子也在该幼儿园,这次就是通过朋友推荐才来考察的,准备将女儿送进幼儿园接受早期教育。妈妈进来看了一圈后对硬件设施很满意,便决定要报名入园。正当办公室老师带领家长有说有笑地走向接待室准备填写入园信息时,一名生活老师端着孩子的午饭面无表情地从对面走过来。可能是刚做完卫生,她敞着怀穿着园服,头发有些凌乱,当家长示意孩子跟老师打招呼后,这名教师只是生硬地点了一下头便急匆匆地走过去了,家长的笑容也僵在脸上,寒暄了几句后,便以要和爸爸商量商量的理由离开了。事后一周,幼儿园老师再给家长打回访电话时,妈妈已经给孩子报了另外一家幼儿园。妈妈的理由很简单,孩子害怕老师,家长也觉得老师不像其他幼儿园老师那样和蔼可亲……可见,不被尊重的人文环境,再好的硬件设施也无法弥补孩子人格教育的空缺。

3. 从个性心理的层面上看

(1)为人师表表现为良好的个性修养。一个好的教师应具有健康的个性品质,有着广泛的兴趣、坚强的意志、开朗的性格、稳定的情绪,这本就是对学生有影响的教育资源,为学生提供了良好的示范。因此,教师的良好个性修养是为人师表的重要体现。

（2）为人师表表现为广泛的兴趣。广泛的兴趣不仅是教师自身幸福生活的条件，也是有助于学生个性发展的教育手段，更是师生在更广泛的领域里建立共同语言、融洽师生感情、培养教师威信的有效途径。

（3）为人师表表现为坚强的意志。教师的工作是艰巨繁重的劳动，不仅需要热情和兴趣，而且需要教师的良心、意志和觉悟。教师的意志作为教师个性品质的重要内容，是重要的师表风范。教师沉着自制，善于支配情感，对自己所从事的事业抱有明确的目的和坚定的信念，无论是顺境还是逆境，总是充满必胜的信心，在困难面前保持顽强的毅力和坚忍不拔的精神，会对学生产生潜移默化的积极影响。

（4）为人师表表现为开朗的性格。性格是一种重要的教育因素，它在教育过程中表现为热爱人生、热爱事业、精神饱满、胸怀坦荡、积极乐观的精神状态。这些性格有利于产生巨大的人格吸引力，并且有利于克服逆境时的心理挫折。

（5）为人师表表现为稳定的情绪。稳定的情绪是教师人格成熟的重要标志，不仅有利于教师的身心健康，更对学生身心的健康发展起着重要的示范作用。

> **案例**
>
> 　　著名教育家蔡元培先生善于用自己的人生感悟与修养教育和影响他的学生。曾经有一位北大学生对成功充满着渴望和憧憬，但是他在生活中却屡屡碰壁，一无所获。沮丧的他便给时任北大校长的蔡元培先生写了一封信，希望能够得到指点。蔡元培在百忙中给他回了信，并约了一个时间让那位学生到办公室面谈。学生激动地来到校长的办公室。没等他开口，蔡元培先生就和蔼可亲地与他交流并亲自泡茶给他喝。受宠若惊的学生端起茶杯喝了一口。几片茶叶稀疏地漂浮在水面上，水也是惨白惨白的，没有一点绿色，喝到口中也像白开水似的，没有一点茶的味道。学生的眉头不禁一皱。蔡元培好像并没有注意到学生的表情，依旧畅谈甚欢。学生极不自然地听了很久，好不容易等到蔡元培稍稍停顿一下，忙找了个理由告辞。蔡元培眯着眼若有所思地微笑道："急什么，把茶喝了再走，这可是一杯极品的绿茶。千万别浪费了。"学生无奈地又端起了茶杯，礼节性地喝了一口。这时，一股清香浓郁的味道沁人心脾！学生发现：茶叶已经沉浸入杯底，杯中的水已是一片碧绿，像翡翠般灿烂夺目，办公室散发着清新的香气！蔡元培满含深意地问道："你明白了吗？"学生恍然大悟，惊喜地喊道："我明白了，你的意思是说，想追求成功就要像这绿茶一样，不能只停留在表面；凡事都要静下心来，认认真真，踏踏实实地沉浸其中。"的确，生活就是一杯绿茶，只有静下心来沉浸进去的人，才能领略到成功和幸福的甘醇！

三、为人师表的重要意义

善之本在教，教之本在师。教师责任大于天，肩负着开启民智、传承文明的神圣使命，承载着千万家庭的梦想与希望。作为受人尊敬的教师，应该恪守教师职业道德，身体力行，以身作则，率先垂范，为人师表，担负起国家与民族赋予教师职业的神圣使命。为人师表是教师职业道德的显著特征和在职业活动中形成的美德，更是教师崇高的道德责任。教师的行为本身是一种无声的教育力量，在教育实践中这种"无声"胜似"有声"。润物无声，教育无痕，教师的身教更为重要。

（一）为人师表是教师职业的内在要求

1. 为人师表是由教师劳动的示范性特点所决定的，反映了教育劳动的特殊要求

教师从事的教育劳动，有一个重要特点即示范性，正是这种示范性决定了教师必须为人师表。教师在教育劳动中的特殊地位和学生"向师性"的心理特点，决定了教师对学生有一种特殊的影响力。因此，教师在教育劳动中所表现出来的劳动态度、精神风貌、工作作风、学识才干、思维方式、道德品质都会对学生产生潜移默化的影响，起着重要的示范作用。教师在各方面做好了，是对学生最好的献身教育。人民教育家叶圣陶说，一个学校的教师都能为人师表，有好的品质，就会影响学生，带动学生，使整个学校形成一个好

校风,这样就有利于学生的德智体美劳全面发展,对学生的成长大有益处。因此,教师职业道德必然要求教师在职业劳动中以身作则,为人师表,在各方面都成为模范。

人们道德观念的萌生,道德行为的表现,道德品质的养成,都源于实践中的学习和模仿。教师的一言一行、一举一动都会在学生的心灵深处烙下印记,正如加里宁所说"他的品行和生活习惯,他对每一现象的态度都这样或那样地影响着学生",对学生举止行为起着潜移默化的作用,成为学生的行为典范。

2. 为人师表是由身教胜于言教的育人规律所决定的,反映了教育规律的要求

教书育人是教师的神圣职责,育人是教师的最终目的,教师的教育活动就是实现这一目的的整个过程,其中伴随对学生进行"言教"和"身教"。教师的"言教"从时间、内容、场所、方式、环境等方面来讲都是有限的,"身教"却是无限的,教师同学生交往之时就是教师行"身教"之时,学生崇拜教师、仰慕教师,在接受的教育中更多的是来自教师无声的"身教"。教师的举手投足、一颦一笑都会给学生留下印象,产生影响。从这个角度讲,教师无处不在、无时不在对学生进行身教,具有显现的广泛性。

要使教师的教育更有说服力,要使学生真正接受老师的教育,要使教育收到良好的效果,教师就必须在对学生进行言教的同时进行身教,而且身教常常胜于言教,这是整个教育工作,特别是思想教育工作的一个规律。为此,要求被教育者做到的,教育者自己必须首先做到,否则被教育者是不会信服的。教师对学生的要求首先付诸行动,这等于向学生昭示:这样做是应该的、可行的。教师良好的行为本身就是对学生的一种殷切的期望、热忱的召唤、无声的命令,对不良行为则是一种无声的谴责和鞭策,它是催促学生向善去恶的一种强大教育力量。教师若是用自己也不相信、做不到的要求去教育学生,学生绝不会认真对待的;如果教师口是心非,言行不一,只能使学生产生一种被愚弄、被欺骗的感觉,造成他们对思想教育的逆反心理,甚至会影响整个教育事业的威信。正因如此,以身作则,为人师表,已作为教育工作者的基本要求,成为教师职业道德的一条重要规范。

3. 为人师表是树立和维护教师威信的需要

教师的身教不可能来自教师的一时热情,而是需要教师具有一贯性和职业倾向性。因为,"身教"说到底是教师以自己的外在行为和表现向学生施教,一方面这些外在表现是以教师的内在素质为依托,另一方面,在通常情况下,外在行为是内在素质的外化,这种"内在的外显"是一种无意识的自然流露。而无意识的行为要有意识地对学生产生影响,教师内化职业道德要求,内聚内在素质,形成职业习惯,使自己的行为带有职业倾向,对教师树立和维护教师威信打下坚实基础。

教师在教育活动中对学生施以教育、传授知识的过程,是一种特殊的人与人之间交往的过程,是师生之间的思想、意志、情感、知识等进行复杂而奇妙的互相影响和作用的过程。一个教师平时在学生心目中的威信如何,学生是否热爱他、钦佩他、尊重他,直接影响到教育工作的成效。教师个人的威信是他对学生进行教育和教学工作的重要条件。如果一个教师在学生心目中有很高的威信,那么无论是他对学生进行思想品德教育,还是进行知识的传授,学生都会由于钦佩他的人格,进而乐意听从他的教导,相信他所传授的知识,教师对学生的教育工作就会取得事半功倍的效果。相反,如果一个教师在道德学识上常常出现"破绽",教育威信很低,甚至受到学生的轻蔑,那么他的教育和教学工作就会事倍功半,即使他讲的和要求学生做的都是金科玉律,学生也不会信服,甚至消极抵触。由此可见,教师的教育威信在教育劳动中的重要意义,而教师教育威信的树立取决于教师的为人师表。

4. 为人师表也是全社会对教师提出的要求

教师不仅应该成为学生的师长,而且应该成为社会上人们的表率。教师道德不仅影响学生,而且通过学生影响整个社会。所以历代社会都对教师要求很高,把教师视为全社会人们的榜样,特别是在知识经济"科教兴国"的今天,随着教育在整个社会发展中作用的不断提高,对教师职业道德的要求也就越高,教师应当成为全社会成员中道德素质较高的人,成为人们道德向善的榜样。

(二) 为人师表对于幼儿园教师尤为重要

为人师表,这是《专业标准》对幼儿园教师的角色定位。

为人师表对幼儿园教师极其重要。因为幼儿园教师的工作对象是3—6岁的儿童,这一年龄阶段的儿

童好奇心强,好模仿,易受教师的感染影响,幼儿以具体形象思维为主,缺乏是非判断能力,对教师无限信任和尊重,幼儿园教师的一言一行在他们心目中具有无可比拟的"权威地位",对幼儿园教师的言行举止的无条件模仿是幼儿的主要学习方式之一,这就要求幼儿园教师要成为幼儿学习的"榜样"和"模范",对幼儿进行正确的引导和示范。以美好的、正面的、阳光的形象向幼儿展示世界的真、善、美,为幼儿树立较为完美的教师形象。因此,遵循《专业标准》的要求,每一位幼儿园教师都应当增强为人师表的责任感和使命感,在关爱与尊重幼儿,促进幼儿全面、健康发展的过程中,自尊自律,名副其实地承担起幼儿健康成长的启蒙者和引路人的职责。

四、 为人师表的要求

幼儿园教师为人师表是由其自身的修养与行为所决定的。在《专业标准》中提出:幼儿园教师的个人修养在这里主要体现为胜任本职工作所必须具备的性格特征、积极的心理倾向、创造性的认知方式、丰富的情感、坚强的意志、高尚的道德品质以及规范的行为方式等人格特征的综合体。而其中的"富有爱心、责任心、耐心和细心。乐观向上、热情开朗,有亲和力。善于自我调节情绪,保持平和心态",特别是"衣着整洁得体,语言规范健康,举止文明礼貌"的具体内容正是为幼儿教师为人师表提出了具体要求,是衡量幼儿园教师专业化的形象直观标准。

(一) 树立为人师表的规范意识

幼儿园教师要作风正派、品德高尚。作风正派、品德高尚是教师以身作则、言传身教的总体要求和重要保障。这是由教育的重要性和教师职业的崇高性所决定的。作风正派、品德高尚最重要的在于幼儿园教师的自我教育和自我锻炼,即为幼儿园教师就要加强自我教育和自我锻炼,从点滴做起,达到慎独境界,使自己成为作风正派、品德高尚的人,成为"人之模范"。

幼儿园教师要遵守公德、率先垂范。作为"学为人师,行为世范"的教师,遵守公德、率先垂范是义不容辞的责任。教师不仅要教育学生、教育公民遵守社会公德,而且要以自己的道德行为示范、引导社会成员,使全社会增强社会公德意识,遵守社会公德规范,养成文明健康的生活方式。

(二) 塑造为人师表的教师形象

幼儿园教师的形象应该是令幼儿敬慕的,是幼儿心中美的化身、善的代言、真的模范。幼儿园教师每天都是以核心人物和重要他人的身份亮相在幼儿面前,接受着幼儿细致敏锐的"监督和检阅",幼儿园教师的衣着打扮、言行举止都成为幼儿模仿的对象。幼儿园教师应该让自己的形象符合优雅的举止、文雅的谈吐、典雅的着装、淡雅的仪容、稳定的情绪与健康的心态等专业要求。

1. 优雅的举止形象塑造

举止是一种无声的语言,又称第二语言或副语言。它是映现一个人涵养的一面镜子,也是构成一个人外在美的主要因素。不同的举止显示人们不同的精神状态和文化教养,传递不同的信息,因此举止又被称为体态语。正如达·芬奇所言:"从内心了解人的内心世界,把握人的本来面目,往往具有相当的准确性与可靠性。"

举止礼仪具备以下四方面的作用:首先,举止礼仪比有声的口头语表达的内容更丰富、美好和生动。例如,"听其言,观其行"。其次,举止在人们的交往中有着无言的沟通作用。再次,举止能够表达有声语言所不能表达的真情。例如,"眉来眼去传情意,举手投足皆语言"。最后,举止有助于展示风采,树立美好的自我形象。古语道:"质胜文则野,文胜质则史,文质彬彬,然后君子。"(《论语·雍也》)弗兰西斯·培根曾说:"就形貌而言,自然之美要胜于粉饰之美,而优雅行为之美又胜于单纯仪容之美。"

幼儿教师优雅的举止形象塑造需要遵循的基本原则为文明、优雅和敬人。文明指举止自然、大方,具有较强的文化教养,切忌野蛮。优雅指举止高雅、美观、赏心悦目,切忌粗俗。敬人指举止尊重他人,为人友好、善意,切忌高傲,瞧不起人。

幼儿园教师塑造优雅举止形象的要求为：

（1）与幼儿交谈尽量采用蹲姿，脊背保持挺直、臀部靠近右脚踝，大腿内侧紧闭，外侧膝盖高于内侧膝盖，避免弯腰翘臀的姿势。

（2）站姿应挺拔，膝盖并拢，双脚呈"丁"字或"V"字。

（3）坐姿注意背部挺直，坐在座位2/3处，腿、臀、腰三点分担身体的重心，女教师膝盖并拢，男教师双膝分开的程度不超过肩宽。

（4）行姿优雅，步态稳重，步幅均匀。

（5）安抚幼儿时可采用拥抱或者抚摸头发的方式，动作应温柔。

（6）规范手势：持物、递物、指示引导、夸奖、鼓掌、握手等。

（7）幼儿园教师塑造举止形象时，需要注意不要用冒犯的手势礼仪禁忌，包括：容易误解的手势，不卫生的手势（挖鼻孔、掏耳朵等），不稳重的手势（张牙舞爪，手势过于频繁），失敬于人的手势（用手指的食指指人等）。举止禁忌包括弯腰驼背、左摇右晃、叉腰倚门、双臂抱于胸前、双手叉腰或插在衣服口袋里、双脚开立过大、稍息抖腿等不雅身姿。

2. 文雅的谈吐形象塑造

言为心声，语为人镜。语言，是思维的外壳，是人们之间交流思想情感、传递信息、进行交际、开展工作、建立友谊、增进了解的最重要的一种形式。它反映人的知识、阅历、才智、教养和应变能力。俗话说："良言一句三冬暖，恶语伤人六月寒。"语言在人际交往中具有重要的作用。为此，教师就得着力在语言上下功夫、花气力，力求做到语言规范、生动活泼、文明健康、富于韵味，给人以如沐春风、如饮甘泉之感。

教师谈吐文雅具体需要注意语言美，切忌使用低级庸俗、粗鲁无礼的污言秽语；应根据说话的不同场合，不轻易随心所欲地阐发观点，切忌将情绪化、偏激的个人观点带到课堂上，应该力求循循善诱、和蔼可亲。谈吐礼仪的主要内容包括有：声音美、礼貌用语、表达礼仪、沟通礼仪等。

幼儿园教师文雅的谈吐形象塑造需要遵循的基本原则为：

（1）交谈内容的遵循原则。

① 语言要文明。不讲粗话、脏话、黑话、荤话、怪话、气话。

② 语言要礼貌。多使用礼貌用语："您好""情""谢谢""对不起""再见"。

③ 语言要准确。发音准确、语速适度、口气谦和、内容简明、少用土语、慎用外语。

（2）交谈主题的遵循原则。

① 宜选的主题：既定的主题、高雅的主题、轻松的主题、时尚的主题、擅长的主题。

② 忌讳的主题：个人隐私、捉弄对方、非议旁人、倾向错误、令人反感。

（3）谈话方式的遵循原则。

① 双向共感。

② 神态专注（表情认真、动作配合、语言合作）。

③ 措辞委婉。

④ 礼让对方（不要始终独白，不要导致冷场，不要随意插嘴，不要与人抬杠，不要否定他人）。

⑤ 适可而止。

幼儿园教师塑造文雅谈吐形象的要求为：

① 积极使用礼貌用语，在入、离园时能亲切地与幼儿、家长交谈。

② 对幼儿尽量减少禁止性和命令性语言的使用，多用"请"字。

③ 同事之间多使用敬语。

④ 幼儿园教师塑造谈吐形象时，需要注意不要冒犯的礼仪禁忌包括：不讲粗话脏话、不强词夺理、不恶语伤人；切忌音量过大、语速过快；切忌态度急躁、生硬，言辞否定、讽刺、独角戏表达、主观判断等。

3. 典雅的着装形象塑造

服装是指所穿衣服总称，被视为人的"第二肌肤"。服装具有实用性、装饰性、社会性的功能。着装，即指服装的穿着。严格地说，它既是一门技巧，更是一门艺术。着装是一个人基于自身的阅历、修养和审美品位,在对服装搭配技巧、流行时尚、所处场合、自身特点进行综合考虑的基础上,在力所能及的前提下,对服装所进行的精心选择、搭配和组合。

孔子曾言:不饰无貌,无貌不敬,不敬无礼,无礼不立。穿着得体,不仅能赢得他人的信赖,给人留下良好的印象,而且还能够提高与人交往的能力。作为教师就要做到着装朴实而不失典雅、美观而不失大方、整洁而不失风格,举止合宜、沉着稳健,既给人以庄重之感,又给人以美的享受。教师要从自己的职业特点出发,注重衣着装束,多一份自信,多一份对学生的尊重,以端庄的举止、优雅的仪表诠释良好的道德修养,对学生产生教育作用。

幼儿园教师典雅的着装形象塑造需要遵循的基本原则为:个体性、整洁性、整体性、文明性、技巧性等。幼儿园教师着装的个体性体现在:服装应符合自己的年龄、性别、身份、身材、肤色、气质、性格、审美、场合、时间、活动目的等个人因素。幼儿园教师着装的整体性体现在:服装穿着应注意颜色、款式、质地、风格以及上下、内外搭配要规范、协调、美观的整体效果。幼儿园教师着装的整洁性体现在:服装穿着要干净、平整、完好,体现主人良好的生活习惯和作风。幼儿园教师着装的文明性体现在:选择适宜自己年龄和身份的服装,切忌过薄、过分暴露、过分透明、过分短款、过分束身、过分奇异的服装。幼儿园教师着装的技巧性体现在:服装的选择与穿着能够发挥和显现自己的优势和长处,使服装真正为人服务,体现幼儿教师的风采和魅力。这需要教师对自己有一个较全面较客观的认识,加强内在的修养,不断提高自己的审美情趣,掌握人体与服装方面的专业知识和技能,穿出格调、穿出品位、穿出特色。

幼儿园教师塑造典雅着装形象的要求为:

(1)园服穿着合身无破损,保持清洁,符合规范。如无统一园服,应遵循便于活动、色彩柔和的原则选择工作服装。

(2)外出拜访和接待参观时,遵循三色原则,符合季节、场景的要求,端庄、大方而正式。

(3)配饰选择:可以佩戴项链,不建议佩戴胸针、耳钉、戒指等带有尖锐棱角和细小部件的饰物。

(4)幼儿园教师塑造着装形象时,需要注意不要冒犯的礼仪禁忌包括:款式及颜色搭配不当,过分华丽闪亮,过分时尚或前卫(忌着装过紧、薄、短、小、透、露),过多累赘的装饰物。

4. 淡雅的仪容形象塑造

仪容通常是指人的外观、外貌。其中,容貌是人的仪容的重点。仪容包括的主要身体部位有头发、面容、手臂和腿脚。良好的仪容礼仪就是迈向职场的第一张名片。得体的仪容是人精神状态的最直接反映,也对自己有着积极而强烈的心理暗示,有利于提升教师的职业自信。

幼儿园教师淡雅的仪容形象塑造需要遵循的基本原则为:健康、清洁、得体、美观。塑造淡雅仪容形象的要求为:

(1)做好面部及身体外露部位的基础清洁工作,尤其关注头发、眼睛、耳朵及指甲。

(2)淡妆上岗,妆容讲究自然、清新,给人以良好的精神面貌。

(3)发式简洁,前不遮眉,后不过肩,颜色适宜。

(4)指甲修剪平整,不留长指甲、不染有色指甲油。

(5)幼儿园教师塑造仪容形象时,注意不要冒犯的礼仪禁忌包括:勿当众整理,勿在幼儿面前化妆,勿使妆容及气味妨碍幼儿,勿残缺妆容,勿借用他人化妆品,勿对他人仪容评头论足。

5. 善于情绪管理,确保稳定阳光

幼儿园教师形象最重要的因素是表情,而表情的自然平和流露取决于幼儿教师健康的心理状态,也会直接影响到幼儿的健康心理的发展。《专业标准》中特别强调幼儿园教师要"乐观向上、热情开朗,有亲和力",并且"善于自我调节情绪,保持平和心态"。因为,幼儿园教师面对的是幼小而心灵敏感脆弱的幼儿,从事的保教工作平凡而琐碎,在年复一年周而复始的工作中,如果幼儿园教师不能以积极乐观的心态去面对工作,必然会因为繁琐的劳累带来心理的抑郁,一旦幼儿园教师表现出这种消极的心理状态,就一定会影响到幼儿的心理状态,一个压抑而阴郁的教师绝对教育不出活泼开朗的幼儿。因此,幼儿园教师必须随时调整自己的情绪,调动自己的激情,坚持以开朗、包容、悦纳的心态面对生活和工作中的困难,以平和、积极的心态面对幼儿,用自己阳光、热情的状态去影响和感染幼儿。

善于调节自己的情绪并使自己的情绪处于稳定的状态,是幼儿园教师需要具备的专业个人修养。稳定的情绪不但会影响到幼儿园教师自身的心理状态和教学效果,也对幼儿安全感的形成有重要意义。发展心理学研究表明,在儿童生活中对他们有重要影响的人如果对他们持有一致的态度,有利于幼儿形成健康的人格。情绪起伏不定的教师只会让幼儿无所适从,缺乏安全感。情绪稳定也可以帮助幼儿园教师保持教育的自信,使教育工作永远处于一种朝气蓬勃的氛围之中。

教育工作还是一个具有应激性的职业。幼儿园教师随时要面对来自幼儿、家长、同事以及自身家庭等各个方面的要求,这些要求不尽合理甚至有的时候是互相冲突的,难免会让幼儿园教师感到烦恼和压力,从而带来情绪上的波动,这就要求幼儿园教师要具有心理调控能力,通过身体锻炼、做自己喜欢做的事情等各种方式舒缓自己的压力和紧张的情绪,使自己的情绪基本处于一个稳定平和的状态。

幼儿园教师应该保持积极的心态。幼儿园教师积极的人生态度表现为胸怀远大理想,热爱教育事业,具有积极向上的价值追求,拥有理智而稳定的心理特征、良好而健康的生活方式及行为习惯。幼儿园教师应该具有良好情绪的控制能力,学会进行积极的自我心理调适,不做情绪的俘虏,在幼儿面前,应该善于控制自己的消极情绪,不把沮丧、怨怒发泄在孩子身上;对幼儿充满信心,保持必要的耐心,当遇到突发事件时,能够从容冷静、处变不惊;要有较强烈的自我调适能力,正确对待生活中的不如意及工作中的不顺心,及时有效地克服和化解不良情绪,适时适度调节好自己的心态。

五、 践行为人师表的途径

师德规范的践行与养成需要通过一定的途径和必要的方式方可实现,为人师表规范需要通过以下途径实践:

提高认识。充分认识到自己的仪表举止是教师身教的重要内容,自己的一举一动都富有教育内涵,对教育对象产生重要影响。

加强修养和学习。教师应独善其身,使自己的行为举止符合师德规范的要求。

严格自律。教师自己要有自控能力和自律精神,不能在教育对象面前表现不良嗜好,更不能向教育对象转嫁不良情绪,尤其不能迁怒于学生,否则就失去了教师在行为举止方面应有的节制和教养,愧对"人之模范"的尊称。

勤于反省。"多见阙殆,慎行其余,则寡悔",在日常工作中自己的仪表举止是否得体端庄、是否对教育对象有着正确的导向,教师要经常反躬自问,反躬自省。

💻 研修活动

"幼师礼仪形象塑造"——师表践行活动

一、 计划

(一) 教师任务布置

1. 目标

结合"为人师表"规范专题,以6~8人为一小组,开展"幼师礼仪形象塑造"——师表践行活动的师德体验与实践活动。

(1)认知体验:网上搜寻"教师礼仪"展示视频,结合教材进行礼仪形象塑造基本知识的学习与模拟训练。

(2)实践体验:小组集体进行"幼师礼仪形象塑造"——师表践行活动展示。

2. 要求

(1) 6~8人为一小组,2周完成。

（2）小组设计"幼师礼仪形象塑造"——师表践行活动方案（包括活动目标、活动内容、时间、地点、步骤与进度、任务分配、物质准备、注意事项）。

（3）物化成果：活动方案，活动过程素材文档，"幼师礼仪形象塑造"——师表践行活动情境展示，PPT背景演示文稿，活动总结。

（二）践行方案设计

师表践行活动方案

活动主题：

幼师礼仪形象塑造——师表践行活动

活动目标：

"为人师表"师德规范的践行。

活动内容：

1. 以小组为单位进行幼师礼仪形象（举止、谈吐、着装、仪容）塑造及行为训练；

2. 以小组为单位将幼师礼仪形象与情景模拟创编成 5 分钟展示（在两个幼儿园工作情景下，进行礼仪形象展示，需要不少于 5 种的队形变化）；

3. 小组提交文本方案（展示脚本）；

4. 展示时需将"形象展示"配上音乐、PPT 及解说。

时间与地点：

6 月 21 日—7 月 1 日　　教室或报告厅。

步骤与进度：

1. 活动准备：6 月 21 日前。

（1）自愿组成小组并进行成员分工；

（2）小组共同讨论并制订活动方案；

（3）搜集素材并进行基本姿态训练。

2. 活动实施：6 月 21 日—6 月 25 日。

（1）小组进行"幼师礼仪形象"基本姿态和常用手势的训练；

（2）小组进行动作及队形编排训练；

（3）幼儿园工作岗位情景的选择与角色扮演的训练；

（4）音乐、背景 PPT、解说词的编制。

3. 活动展示与小结：6 月 28 日—7 月 1 日。

（1）以小组为单位进行"幼师礼仪形象塑造"——师表践行活动展示；

（2）各小组成员之间交流分享自己在"为人师表"体验中的成长体会；

（3）班级为单位进行观摩学习；

（4）班级为单位对"幼师礼仪形象塑造"的展示进行小组评议。

主要方法：

观察法、演练法、反思法、归纳法。

物质准备：

纸笔等学习用具、手机影像拍摄、多媒体视听工具、活动方案等。

注意事项：

1. 做好团队建设与分工合作；

2. 把握实践活动的主题与目标；

3. 注意体验活动步骤及时间要求；

4. 注意礼仪形象塑造的规范性、职业性与艺术性。

二、实施

"幼师礼仪形象塑造"——师表践行活动实施

设计思路：通过礼仪形象塑造与展示，践行为人师表的幼儿园教师师德规范。

创新点：将举止礼仪、着装礼仪、仪容礼仪作为主要内容，创编幼师礼仪形象展示套路，再以情景剧方式展现谈吐礼仪及未来幼儿教师的综合素质。

团队成员：郭×怡、刘×琪、费×越、张×、张×洁。

队形设计：横排、纵排、四边形、三角形（正、倒）、菱形、"八字"形等交叉进行。

场景道具：椅子、文件夹、胸牌、制式校服、化妆品（淡妆）、音效、PPT 背景等。

主要内容：

1. 规范姿态——站姿、坐姿、走姿、蹲姿等不同类型姿态的静态与动态展示。

2. 常用手势——持物、递物、指示、引导、握手、鼓掌等不同类型手势的静态与动态展示。

3. 仪容礼仪——幼师规范的淡雅的发型与妆容展示。

4. 着装礼仪——幼师规范的制式校服、运动服穿着展示。

5. 谈吐礼仪——幼师姿态展示时伴随语言的展示，幼师在情景模拟（幼儿园晨检、组织幼儿户外游戏）时文雅沟通语言的展示。

三、检查

该师德规范践行活动的成果分享，检查环节的主要内容包括：小组活动方案、小组姿态训练、小组情景模拟展示、小组展示 PPT 文稿、活动反思等。

案例 1：　　　　　　　　　　　　实景照片

1. 活动方案照片。

图 2-3-2　师表践行方案

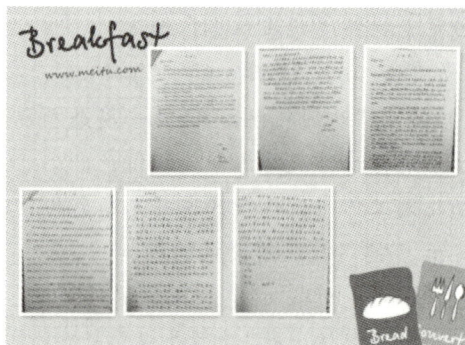

图 2-3-3　师表践行收获

2. 基本姿态照片。

图 2-3-4　优雅的站姿

图 2-3-5　端庄的坐姿

图 2-3-6　礼貌地递物

图 2-3-7　微笑致意

3. 情景模拟照片。

图 2-3-8　幼儿教师联系家长

图 2-3-9　幼儿园户外活动

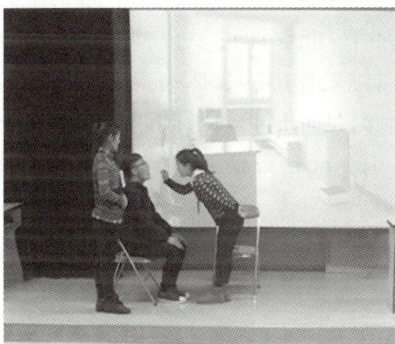

图 2-3-10　幼儿园晨检

图 2-3-11　幼儿园晨间接待

四、评价

（一）评价标准

1. 设计方案（40%）

评价要点：主题突出、内容丰富、方式方法灵活贴切、效果明显，重点检验学生的策划能力、合作能力、创新能力等。

分值：设计思路 10%，内容 10%，流程及分工 10%，创新 8%，场景道具 2%。

2. 幼儿教师礼仪套路展示（60%）

评价要点：重点检验学生对教师礼仪形象的塑造能力（实践力）、规范形象的再现能力、团结合作能力、专业知识的应用能力与迁移能力、创新能力等。

分值：举止礼仪 30%（规范性 10%，多样性 10%，艺术性 10%），谈吐礼仪 10%（规范性、适宜性），着装礼仪 10%（规范性、适宜性），仪容礼仪 10%（规范性、适宜性）。

（二）评价案例

1. 学生自评

通过"幼师礼仪形象塑造"——师表践行活动，使我们对教师职业道德中的为人师表规范有了较深入的理解和真切的感受。作为教师不仅在思想上认同为人师表的重要性，更重要的是能够体现在日常的点滴行为和整体形象中，看似简单甚至平日忽视的细节，落实到自身的教师形象上是这么的困难！此次体验活动让我掌握了教师形象塑造的方法与技能，特别是行为举止的强化训练，纠正了不良行为习惯，与小组成员共同设计并展示，让自己的外在形象有了很大改善，自信心增强；特别是幼儿园情景展示环节让我们扮演角色，将幼儿教师为人师表的师德规范自然而然地渗透到教师的教育教学活动中，初步感受到教师的尊严与幸福！这样的活动太有价值了，今后我一定将体验活动的成果应用到日常生活以及未来的工作中，打造自己专业教师的素养和优雅形象！

困惑：个别举止动作不够娴熟，动作不够规范、不够自如。情景模拟的环节，小组成员之间的配合不够默契。

2. 小组互评

欣赏：每组所呈现的幼师礼仪形象都非常有特色；同学们的举止动作规范、队形变换丰富，情景模拟与角色扮演非常真实有趣，富有感染力。让我们真切感受到幼儿教师的形象魅力，这种体验式的学习，令我们记忆深刻，收获颇丰！

建议：同学们可借鉴的素材有限，个别礼仪行为不规范、不娴熟，同学们对幼儿园教师工作缺乏深入的了解，个别情境设计与实际情况不符。

3. 教师点评

肯定：各组同学在"幼师礼仪形象塑造"——师表践行活动的"方案设计"环节基本达到主题突出、内容丰富、方式方法贴切的要求。在"幼师礼仪形象塑造与展示"环节，能够通过举止、谈吐、着装、仪容形象塑造和幼儿园情景展示，体验为人师表规范的主要内容及其在岗位工作中的具体表现，加深对规范内涵的理解，掌握践行为人师表的方法和技能，提高了践行规范的自觉性，从而增强对教师职业的角色认同，进一步坚定了矢志从教的信心与决心。同学们在体验活动中所表现出来的自主学习能力、实践能力、团结合作能力以及创新能力为今后的学习工作打下坚实的基础。

希望：同学们能够巩固课堂学习成果，进一步加强教师礼仪规范的行为训练，在日常生活中强化师德意识，持续践行规范，争取养成师德习惯。

教学总结

"教师是太阳底下最崇高的职业"，教师应该在道德品质和学识上以身作则，自觉率先垂范，为人师表。捷克教育家夸美纽斯说："教师的急务是用自己的榜样来引导学生。"幼儿从教师那里耳濡目染地获得精神上、知识上、能力上、态度上、道德及行为习惯上的营养，为其健全人格的发展带来重要影响。因此，教师要具备高尚的道德情操，为人师表，方可为幼儿做出榜样。

本节课在介绍"为人师表"渊源的基础上，向同学们揭示了为人师表规范的内涵，《专业标准》中表述为：为人师表主要是指幼儿园教师要注重通过自身的言行举止对幼儿发展发挥积极的影响和教育作用。为人师表规范的职业表现广泛且丰富，从形式上表现为：为人师表是教师职业道德内涵的直接表达，是教师一种严格的自律，是教师职业最基本的道德要求。从内容上表现为：为人师表蕴含着真、包含着善、体现着美。从个性心理层面上表现为：为人师表表现为良好的个性修养、广泛的兴趣、坚强的意志、开朗的性格、稳定的情绪等。

为人师表规范的重要意义体现在：为人师表是教师职业的内在要求，为人师表是由身教胜于言教的育人规律所决定的，为人师表反映了教育规律的要求，为人师表是树立和维护教师威信的需要，为人师表也是全社会对教师提出的要求，为人师表对幼儿园教师极其重要。

为人师表师德规范践行是本课程的重点与难点。师德规范践行需要自觉依照为人师表规范的基本要求在工作和生活实践中体验探索。规范践行的要求包括两个方面:一方面,表现为树立为人师表的规范意识;另一方面,体现在塑造为人师表的教师形象中,具体包括塑造幼儿园教师优雅的举止、文雅的谈吐、典雅的着装、淡雅的仪容、稳定的情绪、健康的心态等。教师践行为人师表规范的途径可以通过提高认识、加强修养和学习、严格自律、勤于反省等方面实现。

通过"幼儿教师礼仪形象塑造"——践行为人师表规范的体验活动,同学们将本课所学的为人师表师德规范的含义、职业表现、重要意义及该规范践行的具体要求等理论知识应用到实践活动中,通过团队精心策划方案、幼师礼仪形象塑造与展示两个环节,让大家亲身经历幼儿园教师礼仪形象塑造的过程,展示幼儿教师的专业风采,从而在为人师表规范的意识与规范践行的技能方面取得很大进步,基本实现了基于幼儿园工作岗位的为人师表规范知行合一的教学目标,更重要的是学生的职业角色认同感、归属感、成就感有了显著增强,为后续的学习打下坚实知识与方法的基础。

总之,为人师表是教师职业道德的特殊要求,是社会对教师的期待,也是教师自身专业化发展的需要。教师的言传身教、表里如一,不仅成为学生的道德榜样,更是社会的道德楷模。

反思探究

一、知识复习

(1) 为人师表的含义是什么?

(2) 举例说明为人师表的职业表现。

(3) 履行为人师表规范的时代意义是什么?

(4) 幼儿教师应该如何践行为人师表的师德规范?

二、实践作业

(1) 结合幼儿教师仪容仪表、举止谈吐的礼仪要求,请自查问题并制订整改方案,填写教师礼仪形象塑造的成长记录。

(2) 搜集幼儿教师"为人师表"的案例。

拓展延伸

1. 了解古代圣贤

朱熹关于教师职业道德的思想

朱熹(1130—1200),字元晦,后改为仲晦,号晦庵,安徽婺源(现属江西)人。中国南宋哲学家、教育家、宋代理学集大成者。他一生热爱教育,50多年授徒讲学,培养的学生多达几千人,其中有名可查者就有378人。他集儒学教育思想,特别是教师职业道德思想之大成,提出了较为系统的教师职业道德理论。

朱熹十分重视教师的躬行实践的教育意义,主张"知行合一"。朱熹在"白鹿国学"的基础上,建立白鹿洞书院,订立《学规》,讲学授徒,宣扬道学。在潭州(今湖南长沙)修复岳麓书院,讲学以穷理致知、反躬践实以及居敬为主旨。朱熹用《大学》"致知在格物"的命题,探讨认识领域中的理论问题。在认识来源问题上,朱熹既讲人生而有知的先验论,也不否认见闻之知。他强调穷理离不得格物,即格物才能穷其理。朱熹探讨了知行关系。他认为知先行后,行重知轻。从知识来源上说,知在先;从社会效果上看,行为重。而且知行互发,"知之愈明,则行之愈笃;行之愈笃,则知之益明"。"格物致知"是朱熹认识论的核心,把道德看作天道的体现。即通过道德修养,追求"至诚"的境界,以感应天地,达到"天人合一"。

在教学上朱熹提出了在"博学""审问""慎思""明辨""笃行"的完整的教学过程中,学思结合,知行一致;要求师生"言忠信,行笃敬,惩忿窒欲,迁善改过""正其宜不谋其利,明其道不计其功"。他对师生的道德修养方法,提出要注意做到"立志""主敬""存养""省察"功夫,志向明确,目的专一,身心集中,要经常反省,检查自己的言行,才能在事业上和德性上达到很高的境界。朱熹创立了"朱子读书法",即循序渐进、熟读精思、虚心涵泳、切己体察、着紧用力、居敬持志。这是由朱熹的弟子对朱熹读书法所作的集中概括。其中循序渐进,包括三层意思:一是读书应该按照一定次序,前后不要颠倒;二是"量力所至而谨守之";三是不可囫囵吞枣,急于求成。熟读精思即是读书既要熟读成诵,又要精于思考。虚心涵泳中的"虚心",是指读书时要反复咀嚼,细心玩味。切己体察强调读书必须要见之于自己的实际行动,要身体力行。着紧用力包含两方面的意义:一是读书必须抓紧时间,发愤忘食,反对悠悠然;二是必须精神抖擞,勇猛奋发,反对松松垮垮。"居敬持志"中的"居敬",强调读书必须精神专注,注意力高度集中。所谓"持志",就是要树立远大志向,并以顽强的毅力长期坚守。

朱熹还主张因材施教、循序渐进。他在《四书集注》中多处表达了这一思想。他说,"有成德者,有达材者""此各因其所长而教之者也""圣贤施教,各因其材,小以小成。大以大成,无弃人也"。朱熹在总结前人教育经验和自己教育实践的基础上,基于对人的生理和心理特征的初步认识,把一个人的教育分成"小学"和"大学"两个既有区别又有联系的阶段,并提出了两者不同的教育任务、内容和方法。朱熹认为8~15岁为小学教育阶段,其任务是培养"圣贤坯璞"。鉴于小学儿童"智识未开",思维能力薄弱,因此他提出小学教育的内容是"学其事",主张儿童在日常生活中,通过具体行事,懂得基本的伦理道德规范,养成一定的行为习惯,学习初步的文化知识技能。在教育方法上,朱熹强调先入为主,及早施教;要力求形象、生动,能激发兴趣;以《须知》《学规》的形式培养儿童道德行为习惯。朱熹认为15岁以后的大学教育,其任务是在"坯璞"的基础上再"加光饰",把他们培养成为国家所需要的人才。朱熹认为,与重在"教事"的小学教育不同,大学教育内容的重点是"教理",即重在探究"事物之所以然"。对于大学教育方法,朱熹一是重视自学,二是提倡不同学术观点之间的相互交流。朱熹关于小学和大学教育的见解,为中国古代教育思想增添了新鲜的内容。

朱熹对学校师生关系的不和谐提出了尖锐批评:"师生相见,漠然如行路之人。"他决心发扬孔子热爱学生的精神,对学生充满深厚的感情,一日不讲学一日不快乐,"讲论经典,商略古今,率至夜半。虽疾病支离,至诸生问辩,则脱然沉疴之去体",展现了一个活生生可敬的教师形象,在他晚年被贬时,仍讲学不息。

2. 领略伟人风采

南开"镜箴"与
周恩来的气质

3. 学习身边榜样

苦寒换得梅花香
——2013年天津市"最美幼儿教师"津南区第一幼儿园郑娜老师的事迹

图2-3-12 涓涓师爱

图2-3-13 循循善诱

　　郑娜,津南区第一幼儿园从教12个春秋的青年教师。12年来,她凭着靓丽的外形、清甜的声音、微笑的面容、淡定的性格、勤勉的态度、执着的追求,诠释着一位现代幼儿教师完美的形象,赢得了孩子们的爱戴、家长的信赖、同事的认可、社会的赞誉。工作中她焕发着朝气,流露着赤诚,张扬着个性,尽显着教师风范,让自己的青春在这个不悔的生涯中流光溢彩,用平凡的事迹谱写着教坛生涯的辉煌,装点着这份足以让她幸福而自豪的事业。

　　她的事业美丽得犹如一树烂漫的梅花,无论你采撷哪一朵、哪一枝,都会给人留下一串串醉人的芳香。

　　把涓涓师爱融入幼教事业,是园领导给郑娜的新年寄语,更是同事们对她高度而客观的评价。与孩子共处的经历使她越来越深刻地体会到:爱不仅是亲吻微笑、温言软语,也不仅是呵护备至、抚摸拥抱,爱更是对每个孩子的尊重、关注、支持、引领。

　　她是一名"妈妈",一个拥有几十个孩子的"妈妈",她为能够拥有这样的一个称谓而感到骄傲。当孩子第一次来到幼儿园陌生的环境时,都渴求母爱,都希望得到老师犹如母爱般的照顾。在和孩子相处的每一天里,她用自己独特的方式与每个孩子交流:一句关切的话语、一个肯定的眼神、一个友好的微笑、一个亲昵的抚摸、一个暗示的手势……让孩子们从这些无处不在的小细节中感受到妈妈般的呵护。从教12年,她教过各种类型、各种性格的孩子:有父母离异的、家庭困难的、性格孤僻的……但在郑老师的眼里,孩子们都是平等的,她对每个孩子的爱也都是相同的,她把每一个孩子都视为自己的儿女。

　　辰辰的父母常年在外打工,家庭并不富裕,辰辰从小由奶奶看管。奶奶说:"家里虽然条件不好,也要让孩子上好的幼儿园,受好的教育。"于是,郑娜老师就给孩子更多的关怀,常常利用下班时间,带他出去玩。每次为自己的孩子买衣服都会给辰辰买一件,为了保护家长的自尊,她每次都把衣服吊牌剪下,说是孩子穿小的,希望家长别嫌弃。虽然只教了他两年,但是每年郑娜老师都会去他家探望。所以奶奶逢人就讲:"辰辰遇上了个好老师。"

　　班里有个单亲家庭的孩子,从小失去母爱。郑娜老师总是像妈妈一样给予照顾、关注、呵护,让孩子从老师这儿找回久违的母爱。一次,看到老师的嗓子哑了,这个孩子悄悄地给老师的杯里倒满水,双手递给郑老师!他过生日时,郑老师为他准备了生日蛋糕,全班孩子一起唱生日歌为他庆祝。他感动不已,悄悄地趴在郑老师的耳根说:"老师,你是妈妈!"在孩子的眼中,她就是一位母亲,一位能给自己带来知识、带来快乐、带来保护、带来幸福的"天使妈妈"。

　　班上有个孩子优越感强,性格怪异,发起脾气来大哭大嚷:"我要叫我爸爸来打你。"并用力挥动手臂,以超长的大哭来坚持自己的"主张"。郑老师觉得没有不好的孩子,只有不称职的老师。一切从沟通开始,他们从相遇相识相知,慢慢拓展到孩子的家庭教育环境和方法,无论是孩子的进步或过失,都及时向家长汇报,与家长共同分享孩子成长快乐的同时,还不断向家长传递教育理念,做到携手共管。

　　郑娜,有一份聪明的才智和对专业的悟性。她潜心钻研,勇于实践,不断的探索使她在教学改革中逐渐形成了自己独特的风格。她积极参与各种形式的教科研活动,注重研究幼儿教育发展动态、趋势,自觉加强骨干教师的示范作用和辐射作用,与教师们共同探讨适宜的教学策略和教学方法。注重学人之长,将教育理念与教学行为相互联系,不断反思,总结经验。在教研组长工作中,努力营造大胆创新探究的教研氛围。教研中,她采取了对青年教师具有针对性的"信、扶、研"的三字教导法;针对青年教师教学经验薄弱的现状,在赏识信任中及时肯定他们教学中的巧、精、活、细。采用谈心交流方式相互学习、共同提高。当青年教师有教学困惑时,她就毫不保留地将自己积淀的教育教学小窍门、好方法传授给青年教师,热情地给予帮助。在她的带领下,教研组积累了许多研究成果,并在全园推广,让老师们共同分享。她指导的青年教师音乐活动"雨点跳舞"在全区"新秀杯"创优活动评比中获一等奖。教研组教师指导的多名幼儿参加津南区歌唱比赛获一等奖。

　　郑娜老师在12年的工作中始终用自己的行为演绎着她青春的风采。曾记得,在市幼儿教师"新秀杯"比赛中,说课、演讲、答辩,讲坛即舞台,她含英咀华,娓娓道来,流露赤诚,让青春在她挚爱的事业中流光溢彩;怎能忘,在区优秀教育活动评比中,纸笔即天地,写作、答题、剪纸,她激扬文字,情真意切,巧夺天工,让生命在这精湛的才智中荟萃芬芳。

　　"仰之弥高,钻之弥坚。"从事幼教12年,郑老师一直在教学一线工作,以其勤勉的态度、执着的精神,不断攀缘,追求卓越,赢得了广大师生的尊敬与爱戴。她曾在市第二届幼儿教师"新秀杯"创优活动评比中获一等奖;多篇论文在天津市获一、二、三等奖;在区优秀教育活动评比中获一等奖;指导多名幼儿在创意美术大赛中获全国金奖,并评为全国优秀指导教师;指导青年教师说课评比获区级一等奖;多次参加区师德演讲比赛获一等奖;参加区教师技能技巧大赛获一等奖;参加国家和市幼儿园骨干教师培训圆满毕业;多次承担全区观摩活动,得到领导老师们一致好评。

这累累硕果里流露着她成功的喜悦、拼搏的潇洒、从教的赤诚,然而,没有苦读寒窗、笔耕不辍的苦寒,哪里去体味梅花绽放般的芳香! 没有躬身践行、学海遨游的寂寞,哪能感悟成就大器者的欣慰!

从教多年的她已经逐步摆脱了生涩,走向成熟,但在她的内心深处,这份真挚的童心和这份美丽的情愫却依然永恒。她全身心地致力于哺育桃李的事业之中,呕心沥血,孜孜不倦,在幼教工作中彰显自己神奇的青春风采,在平凡的岗位上描绘出华美的教育篇章。

学习单元三
对幼儿的态度与行为

"对幼儿的态度与行为"是"专业理念与师德"所包含的四个领域之一,该领域是从幼儿园教师关爱幼儿、尊重幼儿、信任幼儿等层面,对一个合格幼儿园教师所应该具备的专业理念和师德进行了规定。

本单元主要由"关爱幼儿"模块组成,通过深入阐释关爱幼儿师德规范的含义,列举规范在现实工作中的职业表现,提出加强关爱幼儿规范学习与践行的重要意义,提出关爱幼儿的规范要求,为规范践行提供依据和遵循。

模块六　关爱幼儿的意识与行为

关爱幼儿是幼儿教师职业性的体现,这种职业特性不仅需要通过专业知识的学习了解幼儿身心发展特点,还需要投入自己的情感,更加需要提升自己的职业意识,在从事幼教的岗位上将这种意识转化为具体行为。只有知情意行的统一才能将关爱幼儿贯彻过程始终,成为一名合格的幼儿教师并逐步迈向优秀教师的行列。

学习目标

1. 知识点
(1) 理解关爱幼儿的内涵,了解其基本要求。
(2) 理解关爱幼儿是幼儿教师职业道德的重要组成部分。

2. 能力点
(1) 运用关爱幼儿的师德理念结合所学专业知识,践行关爱幼儿的具体行动。
(2) 掌握爱心、耐心、细心与责任心在工作中的具体应用,关爱幼儿的健康成长。

3. 态度情感
(1) 改变原有的情感倾向,形成接纳与包容"一切幼儿以及幼儿的一切"的良好心态。
(2) 坚定矢志从教的决心,善于观察及感悟身边优秀幼儿教师的做法,并逐渐树立关爱幼儿的理念,培养关爱幼儿的职业情感。

重点与难点
重点:关爱幼儿的内涵及重要意义。
难点:在学习与生活中践行关爱幼儿的理念。

案例导入

淘淘是一个性格活泼的小男孩,嘴甜,情商也高。一次活动后他和硕硕去洗手,结果趁着老师不注意的时候他俩将水龙头全部打开,把水泼了一地,也弄湿了自己。刚刚参加工作的小李老师进来一看就有点慌张,一方面担心地面湿滑幼儿会出危险,且水又打湿了幼儿担心幼儿感冒;另一方面又生气幼儿浪费水资源。于是她大声数落着两名幼儿,可淘淘玩开心了根本收不住,还泼了小李老师一身水。小李老师见机马上把水龙头关掉,将淘淘和硕硕揪出了盥洗室,让他俩站在一边,淘淘这时转动小脑袋马上对着小李老师笑了起来,还一边帮小李老师捏着胳膊一边说:"淘淘这孩子最淘气,可别气坏了漂亮的李老师,我帮您按摩,手艺好着呢!"这时小李老师再也绷不住生气的模样,扑哧一声笑了出来,摸摸淘淘的头说:"就你鬼精灵,下次不许搞蛋了!"淘淘立刻点头又抱住了小李老师的胳膊,还趁机讨了一个拥抱才和硕硕回到座位。转天,盥洗室里又响起了哗哗的流水声,小李老师一看是硕硕,她问昨天已经批评了他俩怎么还要再次犯错,硕硕低着头半天才说:"我也想要小李老师抱抱。"小李老师若有所思地叹了口气……

问题:本案例中小李老师是否做到了对幼儿平等相待?关爱幼儿与批评幼儿冲突吗?从硕硕的反应看,小李老师平时的工作中可能存在什么问题?

📝 知识呈现

著名的人民教育家陶行知先生曾说过:真教育是心心相印的活动,唯独从心里发出来,才能打动心灵的深处。作为一名幼儿教师首先要有"爱孩子"的情感,才能延展出关爱幼儿的专业理念并在实际工作中践之于行。

一、关爱幼儿的内涵

关爱幼儿是《专业标准》中的原文表述,来自专业理念与师德维度中的第二点"对幼儿的态度与行为",关爱幼儿是一种专业态度,也是幼儿教师儿童观的集中体现,直接影响到幼儿教师实施教育的理念、路径、方式和实际行动。

关爱幼儿,就是指幼儿教师要关心爱护每一个幼儿,对每一个幼儿都诲人不倦。幼儿教师对幼儿的关爱应该与其他人对幼儿的关爱不一样,这是一种带有教育意蕴的,区别于一般人文关怀的"教育之爱"。《专业标准》将"关爱幼儿"作为幼儿教师的专业素养提出来,具体规定为:"关爱幼儿,重视幼儿身心健康,将保护幼儿生命安全放在首位。"

对幼儿生命安全的守护是幼儿教师不可推卸的责任,在任何时候只要幼儿的人身安全受到威胁,幼儿教师都要挺身而出。同样,身心同步健康成长才是学前教育追求的目标,所以幼儿心理健康工作同样不可忽视。

二、关爱幼儿的职业表现

我国目前还没有颁布幼儿园教师的职业道德规范,参照《中小学教师职业道德规范》中第三条"关心爱护全体学生,尊重学生人格,平等公正对待学生。对学生严慈相济,做学生良师益友。保护学生安全,关心学生健康,维护学生权益。不讽刺、挖苦、歧视学生,不体罚或变相体罚学生"的要求,再结合《国家中长期教育改革和发展规划纲要》(2010—2020年)中"把促进学生健康成长作为学校一切工作的出发点和落脚点"的要求,将幼儿教师关爱幼儿的职业表现归纳为以下几方面。

(一)在对待幼儿的态度与行为上做到热爱幼儿,尊重幼儿

幼儿教师在日常工作中需要与幼儿密切接触,教师对待幼儿的态度与行为上应切实做到"爱一切幼儿,爱幼儿的一切",以爱为起点、以尊重为基础开展工作。

幼儿教师的教育对象有着独特的身心发展特点,但相对幼儿教师而言又处于绝对弱势,很容易受到幼儿教师的影响甚至操控,因此教师的一言一行都要谨慎,在对待幼儿的态度与行为上表现为:

1. 用身体姿态和眼神热爱和尊重幼儿

水只有在两端高度差不多的情况下才可能来回流动,交流也是如此。幼儿教师在日常工作中与幼儿进行交流时应尽量放低身体姿态,可以采取半蹲或者坐的姿态,这样高度与幼儿大致相同,减少对幼儿的

身高压迫感,在此基础上的交流才是平等的。冰心说:"世界上没有一朵鲜花不美丽,没有一个孩子不可爱。因为每一个孩子都有一个丰富美好的内心世界。"幼儿教师要走进幼儿的内心世界,善于运用眼神去亲近幼儿,建立良好的师幼关系。一首经久不衰的著名儿歌《我爱老师的目光》就唱出了幼儿对老师目光的渴求,在孩子们心目中老师的目光就像阳光和月光般温暖孩子们的心房。幼儿教师与幼儿交流时眼睛要直视幼儿的眼睛,要保持"严而不厉、爱而不溺"的神态,眼中时常流露出温柔的光芒。一位学前教育专业的学生在下园实习后曾感慨道:孩子们说喜欢我,因为我爱笑。我觉得其他老师也爱笑啊,但是孩子们说我的眼睛都在笑。幼儿的心灵是纯净又敏感的,小小年纪已经看得出老师是否真的在"笑"。因此,幼儿教师都应尝试着以真诚的眼神和幼儿进行交流,让心与心在碰撞中交融。

图 3-1-1　蹲下来交流

2. 以包容的心胸接纳幼儿

接纳是以尊重为基础的,只有尊重幼儿之间的差异性才能接纳幼儿的多样性。每个幼儿都希望自己被教师和同伴认可与接纳,感受到自己被同伴、教师和集体所需要,这就是归属的需要。首先教师要无条件地接纳每一个幼儿,无论他是男孩还是女孩,无论他的外表漂亮与否,无论他是否聪明。现实中幼儿教师往往偏爱那些乖巧、漂亮、聪明的幼儿,这是本性却并不专业。其次,教师要引导幼儿同伴间的接纳,了解每个人的独特性,与他人的不同之处,以自身的爱心、宽容和接纳影响并教育幼儿。泰戈尔曾说:爱是理解的别名。教师对幼儿的理解和包容所起到的示范性作用远远大于语言的教导,这就是言传身教的力量。温岭虐童案发生时,北京师范大学的一位心理学教授在接受采访时曾说:比被虐儿童更让人心疼的是目睹这一过程的幼儿,他们幼小的心灵里会埋下"暴力可以有效解决问题"的种子,在成年以后的暴力犯罪率会大大增加。因此,幼儿教师需要在日常工作中谨言慎行,避免对幼儿产生负面的导向作用。组织一些有意义的集体活动,可以让幼儿在活动中发挥自己的作用,找到自身的价值,建立在集体中的归属感。

3. 以公正的态度平等对待幼儿

"有教无类"是先贤孔子一生的教育追求,他打破"学在贵族"的局面,设立私学,广招各阶层学员,开创了我国教育事业的新局面。现代社会,国家以法律的形式保障未成年人的权利。《未成年人保护法》总则中第二条中规定:未成年人享有生存权、发展权、受保护权、参与权等权利,国家根据未成年人身心发展特点给予特殊、优先保护,保障未成年人的合法权益不受侵犯。未成年人享有受教育权,国家、社会、学校和家庭尊重和保障未成年人的受教育权。未成年人不分性别、民族、种族、家庭财产状况、宗教信仰等,依法平等地享有权利。这些历史与现实无不在强调和保障"平等"这一权利。

平等权利的实现有赖于幼儿教师在日常工作中以公正的态度对待每一名幼儿。一位母亲曾经愤怒地将自己的孩子从某一知名连锁幼儿园退园,原因是入学当天,老师张口问孩子的第一句话竟然是:"宝宝,你家开的什么车?"这位母亲气愤于幼儿教师的"势利眼",尽管这个幼儿家境富裕,她也不想让孩子从小生活在趋炎附势的环境中早早失掉童真,并且她有着更深层次的担忧,这种教师能公正地对待幼儿吗?一旦幼儿之间出现纠纷,未经"校准"的天平将对孩子造成无可避免的伤害。

公正的态度体现在情感的平等和机会的均等。情感的平等指的是幼儿教师面对不同性别、民族、种族、家庭财产状况、宗教信仰、性格、智力发育程度的幼儿付出同样的感情,给予同样的关心和照顾。案例中硕硕仅仅因为渴望一个拥抱就甘心再次犯错误,这就是因为小李老师在同样的情况下付出的情感不平等,这也是许多新入职教师要注意的问题。另外,幼儿教师要给予幼儿同等的参与机会,无论是幼儿参加集体教育活动、座位编排方式、幼儿教师提问、针对幼儿的个别指导还是一日常规的班级管理工作,都应该力求机会均等。比如"值日生"越来越成为幼儿园班级中的敏感话题,如何评选值日生,值日生都做什么,值日生如何轮换成为了孩子和幼儿教师共同关心的内容,因为总有一些不和谐的声音说"老师喜欢他(她),才让他(她)当值日生"。这里不仅有幼儿教师班级管理的知识与技巧,更是公平公正的体现。

（二）在对待幼儿的保育和教育工作中保教并重，关注差异

保教并重是幼儿教师工作特性的体现，但由于幼儿的学习与发展规律是不以成人意志为转移的，幼儿教师应在对待教育和保育工作的态度上做到保教结合，关注差异，为幼儿的健康成长保驾护航，在实际工作中表现为：

1. 认真做好保育工作

大多数师范生对待保育工作仍有偏见，认为它不能体现幼儿教师的专业性，只是"纯体力劳动"，不肯花费心思钻研保育工作，想尽办法脱离保育岗位。其实，保育工作占据了幼儿一日生活的"半壁江山"，关系着幼儿的身体健康甚至生命安全。实习生在实习结束返校后曾深情讲述了一个触动人心的场景：

案例

实习生在幼儿午餐结束后，照例去洗擦桌子的抹布，打好清洁皂后，她用双手相互揉搓，起了泡沫。此时，班里的保育老师刘老师过来，看到她正在洗抹布，开口问道："小锦老师，这两天都是你洗的抹布吗？"实习生说："对啊。"当时她心里很开心，以为刘老师要表扬她工作认真，因为她都是"纯手工"洗抹布，不偷懒。结果，刘老师没说什么就走了出去。实习生回头看了一下，她进入睡眠室给孩子们铺床做午睡准备了。

一会儿，刘老师又走进盥洗室说："小锦老师，麻烦你去看看水桶里面还有没有水，没有的话给孩子备一些，注意水温别太凉。"实习生点点头，依言行事。回来后，刘老师把她叫进盥洗室说："小锦老师，你看看这几块抹布有什么区别？"实习生说："我觉得用洗涤灵水和净水洗抹布比温开水洗抹布要干净。"刘老师说："你观察得很仔细，因为我使用搓衣板洗的前两块抹布。我们双手的力量不如搓衣板的力量大，我也是试验了一段时间才得出的这个结论，然后我就买了搓衣板。"实习生当时觉得自己脸红了，然后低下头"哦"了一声。

下午，趁着孩子们睡觉的时间实习生悄悄问刘老师："刘老师，您怎么发现我洗的抹布不干净的？"刘老师笑了笑说："因为不透亮，你别忘了我做了试验啊。不过，小锦老师，你已经做得很好了，能认认真真地用双手搓洗抹布，从不敷衍。"夸得实习生有点不好意思，她接着问："刘老师，您是不是年年都是优秀教师，像学校里的三好学生一样？"刘老师说："我没想那么多。就觉得擦桌子的抹布和孩子们的手、口直接相关，也是健康的一道屏障，就尽我所能地做好吧。"

图 3-1-2 照顾幼儿用餐

这就是一名保育教师对待保育工作的态度，刘老师认真负责、善于钻研，对自己有着高标准、严要求的专业素养，展示了爱是默默付出、不辞辛劳的职业精神，凸显了以高度责任心完成工作，于无微不至处关爱幼儿的师德情操。

2. 在活动中与幼儿保持互动

关爱幼儿是通过幼儿教师与幼儿之间的良好互动实现的，师幼之间的良好互动不仅能对幼儿起到有效的教育作用，还能引导幼儿之间的交往，促进幼儿良好品质的形成。

案例

某幼儿园中班的幼儿正在排队喝水，一名小男生不管周围的抗议声淘气地插队进来，A老师将他拉出了队伍进行批评，小男生不服气地哭了。第二天，这名小男生依然插队，B老师静观事态进展，等到该男生接水时B老师挤到他前面抢先接了水，小男生很生气。此时，B老师和他一起走出队伍并对他说："我抢到你前面接水，你特别不高兴吧？"小男生点点头。接着，B老师将自己的水倒给他说："老

师知道你只是口渴了,但是大家都口渴了,如果每个人都不排队接水,接水的秩序就会混乱,等待喝水的时间就会越来越长,就会越来越口渴。你刚才只是太着急喝水,忘了大家也都口渴了对不对?"小男生抬起头用力地点了点。B老师说:"老师给你提个醒,相信你就能记住了。咱们也可以一起想个办法让喝水的秩序好起来。"小男生笑了,拿起水杯认真地喝起了水。之后,B教师和全班幼儿一起讨论喝水的排队秩序,并最终商定通过粘贴小脚印的方式确定排队人数,以小组为单位排队接水,而且还邀请插队的小男生帮助她一起完成粘贴小脚印的工作。

　　对比A、B两位幼儿教师的行为就会发现,A老师的做法"关爱"了其他幼儿却将插队的小男生隔绝在了集体之外;B老师则既帮助小男生改正了错误,又从理解幼儿的角度对犯错幼儿进行了引导和教育,并让他自然地融入集体。关爱幼儿并非对幼儿的错误行为不予理会,也不是简单批评,而是用自己的专业知识发现症结所在,在与幼儿的交往中有效解决。一名出色的幼儿教师会非常重视一日生活对幼儿的教育价值,不仅能在生活中发现教育契机,而且能够通过与幼儿的互动实现教育目的,让幼儿得到成长,将关爱幼儿落在实处。

3. 尊重幼儿之间的差异,激发幼儿的潜力

　　幼儿的发展有着多样性和独特性,存在差异是必然的现象,幼儿教师应该在实际工作中践行"以人为本"的理念,尊重这种差异,以适当的方式满足幼儿身心发展的不同需求,激发幼儿的潜力,保护幼儿的良好品质。

案例

　　班里正在进行幼儿的小组活动,颢颢在的那一组是手工组,手工组的活动是"跳跃的小青蛙",内容是剪下一只小青蛙然后进行简单折叠并粘贴在一片纸质的荷叶上面。活动进行得很顺利,最后要粘贴的时候颢颢非要把青蛙的一只腿扯下来,只粘贴三条腿,而且他也一定要其他的小朋友扯下青蛙的一条腿,还大声嚷嚷着:"青蛙跳的时候就是三条腿的,你们都没看过青蛙跳,就是就是,必须扯下来一条腿,今天做的是跳跃的青蛙。"说着就扯下了自己手中青蛙的一条腿,然后又去争抢组里其他小朋友的青蛙。同组的幼儿都护着自己的手工作品不让颢颢扯,然后向老师告状说:"颢颢抢我们的青蛙,还大声说话!"老师说:"老师看到了。"然后拉住了正在争抢别人东西的颢颢说:"现在老师要请颢颢说一下自己的理由,为什么你要做三条腿的青蛙。"同时,老师还用一手轻轻抚摸着颢颢的后背让他平静自己的情绪。颢颢说:"我在绘本上看到青蛙是三条腿,可是爸爸说青蛙是四条腿,后来我们去农家院的时候看到了青蛙,青蛙在跳的时候真的是只能看到三条腿的,今天做的就是跳跃的青蛙。"老师问:"你是从侧面看到了青蛙的跳跃,如果你从青蛙上面看到青蛙跳跃了呢?那就能看到青蛙跳跃的全貌啊,仍然还是四条腿。颢颢观察真仔细,我们都应该向颢颢学习仔细观察大自然的好习惯。可是颢颢你也要学会尊重别人,别人和你看到的不一样是因为观察的角度不一样啊。老师支持你今天做一只侧面看到的跳跃青蛙,你是不是也要尊重其他小朋友做一只从上面看到的跳跃的青蛙。"颢颢笑了,点点头。接着老师帮助颢颢一起将三条腿的青蛙粘贴在了"荷叶"上,还摸了摸颢颢的头,对他笑了笑。

　　这位幼儿教师没有急于维持秩序让活动尽快完成,而是关注了出现不同观点的颢颢并给他讲述理由的机会,这种做法既保护了颢颢的观察力和探索力,又保证了活动顺利进行,展示了钻研专业、敬业善思的职业精神,凸显了保护幼儿探索力、以幼儿为本的关爱幼儿的师德情操。

三、关爱幼儿的意义

(一)关爱幼儿是幼儿教师专业性的体现

　　幼儿教师对幼儿的关爱是"教育之爱",这种爱有别于一般的人文关怀,是幼儿教师经历了专业学习之

后用专业保教知识关心和爱护幼儿的行为。当越来越多的虐童事件暴露在聚光灯下后,人们首先质疑的就是涉事教师的职业资质。这并非意味着拥有幼儿教师资格证的教师不会成为施暴者,但是没有专业素养的幼儿教师在面对幼儿的一系列有悖于"乖孩子"行为时更容易失去理智,因为缺乏科学的儿童观指导就不能尊重、接纳和引导、教育幼儿。因此,关爱幼儿是幼儿教师专业性的体现。

(二) 践行关爱幼儿有助于幼儿教师养成敬业奉献的品质

爱因斯坦曾说过:一个人的价值,应该看他贡献什么,而不应当看他取得什么。关爱幼儿的核心是"爱",有了这一前提才能实施关爱的行为。爱是奉献,是给予,是个人价值的实现过程,也是自我成就的重要途径。著名心理学家弗洛姆曾说:"'给予'是潜力的最高表现。正是在'给予'行为中,我体会到自己的强大、富有、能干。这种增强了生命力和潜力的体验使我倍感快乐。我感到自己精力充沛,勇于奉献,充满活力,因此也欢欣愉悦。"幼儿教师在付出关爱的过程中不断将师德内化于心外显于行,逐渐形成自己认同的职业品质。

(三) 关爱幼儿有助于形成良好的班级文化

美国心理学家布鲁纳曾说:教师不仅是知识的传播者,而且是模范。学龄前的幼儿具有较强的行为模仿性,在他们眼中幼儿教师就是模范,幼儿教师的行为方式就成为了幼儿眼中的榜样。幼儿教师关爱幼儿的行为会成为幼儿与幼儿之间互动模仿的榜样,班级文化氛围逐渐形成,幼儿在良好的心理环境中成长也是身心健康发展的要求之一。

四、 践行关爱幼儿的要求

关爱幼儿是专业理念指导下的实践性要求,是有理念也有行动的纲领指南,是爱心、耐心、细心和责任心在常规工作中的具体体现。

(一) 以真诚的爱心去关怀幼儿

爱心是幼儿教师工作的起点,没有热爱幼儿的前提,一切工作都无从谈起。爱,是人类最朴实的情感,但是幼儿教师的爱心是带有专业特性的无私之爱,只有对幼儿付出爱心才能去积极主动地回应幼儿需求,与幼儿进行互动。全国模范教师石利颖老师曾在工作中出现腿部擦伤的情况,她所在班级的幼儿都会主动地去关怀她,有的幼儿帮她揉膝盖,有的幼儿主动搬板凳,还有的幼儿轻轻地往她膝盖上吹气,这都是幼儿发自内心的关心,但这何尝不是石老师对幼儿关怀的真实写照与回应。只有以真诚的心去关怀幼儿,才能以爱心滋润幼苗的成长。

(二) 以恒久的耐心去教育幼儿

耐心是指心里不急躁,不厌烦。一时的热情很容易让人投入地去做好一件事,可是能够持久地做好一件事却是依靠耐心来达成,正如著名哲学家培根所言:"耐心是高尚的秉性,坚韧是伟大的气质。无论何人,若是失去耐心,便失去了灵魂。"由于学龄前儿童身心发展的特殊性导致很多琐事要循环往复地去做,成人看似简单的洗手动作幼儿却要学习很久才能掌握要领,幼儿教师要采用多种方法再利用各种各样的机会让幼儿反复练习,同时还要防止幼儿玩水、打湿衣袖或者洗后不擦手的情况出现,没有恒久的耐心是无法投入精力去想出有效方法来解决问题的,更不要提教育工作中会面对幼儿层出不穷的状况。

(三) 以慈母般的细心去照顾幼儿

细心是对工作的态度也是具体的行动。在《专业标准》中曾提到要"重视幼儿身心健康,将保护幼儿生命安全放在首位"。一位幼儿教师在教育随笔中曾写到一个案例:

案例

　　这次环境布置,我为小朋友准备了许多特别的体育玩具,其中跳高的木头架子就是其中的一种。当第一天把它拿出来时,那些男孩子都兴奋不已。看到他们玩得那么高兴,我也乐在其中,心想:这个玩具总算没白做,孩子的兴趣正是我们老师最大的回报。

　　我正沉浸在喜悦中,忽然,一位老人从我教室门口经过,他严肃地说:"你这个不能这样跳!"他边说边把跳高架子换了一个方向,继续说:"你这样跳万一小朋友跳不过去,竹子绊一跤,头磕在地上就太危险了,如果这样竹子反对着小朋友,跳不过竹子也会很容易掉下去,就不会有危险了。"我连连点头,是呀,其实之前我已经考虑到这个问题,可真到拿出来玩时,我怎么偏偏忘了呢,我怎么这么粗心,我不停地责备自己。当时还有几位家长在场,我的心里真是羞愧万分。万一真的出现那种情况,我该怎么办?

　　这使我感到:幼儿园里无小事,孩子的事再小也是大事。孩子年幼体弱,在各个环节中都可能出现安全事故,这就要求我们幼儿教师处处留心、细心,安全意识要时刻放在心中,万事以安全为首,千万不要做马大哈,不要因为我们的一个小小的疏忽而造成无法挽回的后果。做事细心不仅是一个人应该具备的生活习惯,更是幼儿教师必备的工作习惯,也是对我们的更高要求,以后一定要谨记。

　　由此可见,细心不仅是工作的理念更是具体的行动指南,只有时时刻刻细心地照顾幼儿,才能让幼儿免于事故、远离伤害。

（四）以高度的责任心去引导幼儿

　　著名教育家马卡连柯曾说过,教师的威信首先建立在责任心上。再反观媒体曝光的幼儿教师"虐童"事件,就可以看出这些幼儿教师无一不在用极端的手段去建立自己的威信,但却不能真正奏效,原因就在于他们没有责任心。幼儿教师是"仁以为己任"的事业,用于漪老师的话来解读就是"将付出视为自己的责任",没有幼儿教师的辛勤付出就不能换来幼儿的身心健康发展,这就不再是技术而是升华为了艺术。只有始终将"幼儿为本"的理念融于脑、记在心才能在实际行动中建立教导幼儿的责任感,为幼儿的健康成长保驾护航。

💻 研修活动

知识卡片:
夸奖幼儿的艺术

"小儿难教,我来体验"——关爱践行活动

一、计划

（一）教师任务布置

1. 活动主题
小儿难教,我来体验

2. 活动目标
（1）了解3～6岁幼儿的身心发展特点。
（2）感悟耐心对成为一名优秀幼儿教师的重要性。
（3）反思自己对关爱幼儿的原有理念,并尝试做出行为改变。

3. 要求
（1）按照教师提供的亲历事件记录模板,回忆自己以前的实习经历或者利用周末实习(家里有学龄前幼儿也可以)和半日下园的契机,选取与幼儿和自己的耐心有关的事件填写一篇亲历事件记录。
（2）选取亲历事件中对自己触动最大的一件,与本单元的知识相结合,在反思环节写下对耐心的理解。

（3）如实记录自己做出的行为改变。

（4）4 人组成一个小组，每个小组都可以给自己取一个特别的名字。

（5）在 4 人小组内将彼此的事件记录和行为改变进行分享，每组推荐 1 人在大组进行案例分享，其余 3 人分别负责填写"讨论记录表""优秀案例推荐表"和"优秀案例解构表"。

（6）4 人小组在课上的分工如下：一人在上课时进行优秀案例的全班内分享，一人介绍讨论的情况，一人宣读"优秀案例推荐表"，一人讲解"优秀案例解构表"。

（7）每一小组需要提交的电子文本包括：课后三天提交一份本次实践活动的方案；下次上课前提交 4 份观察记录表（每人一份）；下次课上提交一份"讨论记录表""优秀案例推荐表"和"优秀案例解构表"。

（二）践行方案设计

案例 1： 炫彩糖组活动策划案

活动主题：

小儿难教，我来体验

活动目标：

推选炫彩糖组优秀案例。

活动内容：

1. 建立沟通平台：本周末前组建炫彩糖组微信群。

2. 完成亲历事件记录表：小组组员按照要求完成每人 1 篇亲历事件记录表并填写好电子版以备老师查阅。

3. 线上推优及分工确定：周日晚上将自己感受最深的一篇发送至小组讨论群进行线上讨论和小组推优。同时，按照老师要求确定分工。

4. 搜集资料：确定分工后根据各自的内容搜集资料。

5. 面对面讨论：周一晚 7：30 本组全体成员带着各自填写好的表格到 412 教室，讨论各自遇到的问题。

6. 拍照留下资料：周一晚上商讨时，优秀案例当事人负责拍照留存资料。

时间与地点：

线上讨论随时进行，面对面讨论在 412 教室，周一晚 7：30。

步骤与进度：

1. 活动准备：理解本单元的内容，各自填写"亲历事件记录表"。

2. 活动实施：认真参与实践，小组研讨及填写各种表格。

3. 活动小结：听取小组互评及教师点评。

主要方法：

讨论法。

物质准备：

手机（拍照用），多媒体设备（展示文稿便于浏览）。

注意事项：

1. 各小组成员按进度完成任务。

2. 讨论时以友好、协商为原则。

3. 及时留存照片等资料。

案例 2： 乐柠组活动策划案

活动主题：

小儿难教，我来体验

活动目标：

推荐并解构乐柠组优秀案例。

活动内容：

1. 确定小组名称：小组名称为乐柠组，意为"为酷热夏日增添一丝冰凉和酸爽"。

2. 确定小组分工：在每人完成1篇"亲历事件记录表"前先进行讨论，看是否在以往经历中有合适的案例。

1人重点负责搜集案例，3人成为推优小组。若其他人有更好的发现可以在友好协调的基础上更换分工。

3. 分析表格：小组分析教师给出的模板"亲历事件记录表""优秀案例推荐表""讨论记录表"和"优秀案例解构表"，有困难共同解决。

4. 确定推优方式：小组推优可以讨论进行，出现意见分歧最终可以采用投票法决定。

5. 解构优秀案例：优秀案例解构可以通过课上的研讨进行，先行听取其他小组的宣讲。

时间与地点：

小组讨论与推优在课前两天进行；面对面讨论在课上进行。

步骤与进度：

1. 活动准备：确定各自实践地点，讨论各种表格模板。

2. 活动实施：开展实践及小组讨论。

3. 活动小结：听取其他小组的点评和教师点评。

主要方法：

讨论法。

物质准备：

手机。

注意事项：

1. 文本都用电子版。

2. 分工更换需在小组内通报并获得通过。

二、实施

本部分提供亲历事件记录表模板和优秀案例推荐表模板，学生需在下一次上课前提交亲历事件记录表，在课上以小组为单位提交优秀案例推荐表。

案例1　　　　　　　　　炫彩糖组亲历事件记录及优秀案例推荐

亲历事件记录表

组别：炫彩糖组　记录人：吴×霞

亲历事件记录表模板和优秀案例推荐表模板

时间	周六下午	地点	家中
人物	我、亲弟弟(3岁)	事件主题	乱弹琴

事件经过：

　　我在家里用钢琴练习老师留的作业，弟弟拿着玩具枪跑过来冲着我"哒哒哒哒"一通乱叫，我没有理睬他，继续练琴。他转身跑出去，然后悄悄藏在门旁边看着我，我察觉到了但是没有抬头。他马上又冲进来拿着枪对着我的手腕"哒哒哒哒"打了几下，我转手掐住他胳膊大吼道："你给我一边去，没看见我练琴呢嘛！"弟弟哭了，我也没心思弹琴了，直直地看着他，他哭得很大声，我有点心疼，就走过去抱起他，对他说："姐姐在练琴，你自己玩一会儿，等姐姐练习好了咱们就一起玩儿。"弟弟还是继续抽抽搭搭，不情愿地走到客厅，妈妈给他打开了电视看动画片，我回到屋里继续练琴。

　　过了没到五分钟，弟弟又跑进屋子里，用他的小手在钢琴上面乱按一通，还看着我笑，我马上就皱眉了，但是我没有扬手打他。

反思：

　　我想起了课上学到的知识，耐心是幼儿教师的必备素质，如果我对自己的亲弟弟都没有耐心，更别提将来对待幼儿了。所以，我决定换个思路。我想，弟弟可能是只想和我亲近一下，让我陪陪他，并不是恶意要捣乱。

行为改变：

　　我让弟弟坐到琴凳上来，然后像老师教我们一样教他弹琴的指法，他用小脑袋蹭了蹭我的脖子，身子扭来扭去，没一会儿就不想弹琴了。弟弟说："姐姐，你一会儿练完琴能带我出去么？"我说："可以啊，只要姐姐专心练琴，很快就能完成作业，然后就带着你出去玩。"他说："好！我去看动画片了。"然后转身去了客厅，我练习了半小时后就带着他出去玩了。

亲历事件记录表

组别：炫彩糖组　　记录人：刘×玥

时间	周日	地点	亲戚家
人物	我、表妹（3岁）	事件主题	没糖也吃饭

事件经过：

　　我和妈妈一起去姑姑家做客，姑姑的女儿叫佳佳，今年才3岁，是个很挑食的姑娘。吃饭一直靠大人喂，还总是用糖果诱惑着才肯吃一点。

　　姑姑的婆婆今天出门了，只有姑姑自己在家，妈妈和姑姑吃饭的时候一直谈事情，佳佳总是打断我们还不肯吃饭。妈妈说我是学前教育专业的，让我试试，姑姑就放心地把佳佳交给了我，我和佳佳两个人在小桌吃饭。我觉得自己没问题，因为我本来就不是急性子的人。于是，我拿起勺子笑着说："佳佳，今天的胡萝卜很好吃的哟，你试试。"接着，把饭菜送到佳佳嘴边，佳佳马上扭头，用小眼睛斜着看我，嘴巴闭得紧紧的。于是，我换了一种策略，将碗里的蘑菇递了过去，佳佳依然不肯吃。换了红烧肉、烧茄子、炒西葫芦都是一样的结果，送到嘴边就扭头，一脸不情愿。这时姑姑说："给她块大白兔奶糖吃，吃完就能吃一些饭，这孩子太费劲了！"佳佳依然斜着眼睛看我。我有点纠结，我自己还饿着肚子，一心喂佳佳吃饭，却一口没有喂进去，我有点挫败感。而且，哪有就着糖吃饭的孩子？佳佳已经有了好几颗虫牙，前门牙都缺了一块了，再吃糖可不行。再说，以后去了幼儿园不可能一边吃糖一边吃饭。我妈都说我是专业的，解决不了问题算什么专业呢？

反思：

　　我用糖果解决问题实在脸上挂不住，即使不能彻底解决问题，也需要努力让佳佳有一点改变，我需要从身边人、身边事开始。耐心不仅是性子不着急，还有遇到问题需要冷静，要懂得想办法，我想到了"幼儿卫生与保健"课程中老师讲到的知识，但是需要换个方式讲给佳佳听。

行为改变：

　　我对佳佳说："宝贝，你知道人为什么生病吗？那是因为感染了细菌，有一种细菌叫作牙细菌，它可非常厉害！"佳佳开始用正脸对着我，用有点好奇的眼神看着我。我说："牙细菌就藏在你的牙齿上，你看不到，这种细菌最喜欢糖果，它把糖当成自己的武器，会慢慢打掉你的牙齿，那样你就不能吃东西了。"佳佳瞪大了眼睛。我接着说："不过，姐姐这里有更加厉害的武器，可以帮你一起打败牙细菌。你想不想要？"佳佳说："要！要！"我马上递上一勺菜说："那就是蔬菜和饭！这些食物里面有一种武器叫'钙'，它可以帮助牙齿长得很强壮，然后不吃糖就可以了！"佳佳马上吃了一口饭菜，我很高兴。咽下去以后，佳佳说："我喜欢吃糖，甜甜的。"我说："可以吃啊，但是不能和饭一起吃，否则姐姐教你的秘密武器就不管用了。如果你实在想吃，每天可以吃一块，吃完再漱口也能帮你打败牙细菌。"佳佳点点头，这顿饭佳佳吃的依然不多，还挑食，但是没有在吃饭的时候吃糖。饭后姑姑对我说："你这个小老师可以啊！"我高兴地笑了。

优秀案例推荐表

组别	炫彩糖	被推荐人	刘×玥
被推荐案例	没糖也吃饭	涉及关系	表姐妹

评语：

　　我们共同认为"没糖也吃饭"事件，通过反思，耐心是幼儿教师的必备素质，是专业知识在实践运用过程中的必然要求，从而改变了以往简单、直接、不以科学素养为前提的吃饭的方式，以幼儿喜欢的讲故事方式加之科学保教知识的灵活运用的专业素养解决了问题，展示了准幼儿教师关心幼儿身体健康、将幼儿安全放在首位的敬业的精神面貌，凸显了关心幼儿、耐心教导、勇于实践的情操。

　　特此一致推选其作为炫彩糖组的优秀案例，参与全班的案例分享。

评价人签字	

案例2　　乐柠组亲历事件记录及优秀案例推荐

亲历事件记录表

组别：乐柠组　　记录人：张×

时间	5月30日	地点	河西一幼分园
人物	中班幼儿	事件主题	偏题的提问

事件经过：

　　作为教育实习的一部分，我要给幼儿上课。上课开始我先和孩子们问好，孩子们和老师相互打招呼。由于换了新老师，孩子们有点陌生，但他们还是挺安静的，即使这样我还是要提醒孩子们的常规："孩子们，把你们的小手放在腿上，小后背竖起来，小眼睛看老师，老师数三下，我看谁能调整得最好。"接下来我们开始教学内容。导入问题："孩子们，你们有没有在天津的什么地方玩过啊？"孩子们回答得五花八门："我去过上海，我坐过飞机……"我愣在原地，因为这和我预想的回答不一样。我蹲下来看着孩子们说："老师去了大悦城对面的南市食品街，我看到了很多美食，老师回家以后就赶快把东西给你们做好带来了，你们想不想知道啊？"这时我马上播放了自己的幻灯片进行展示，当我讲完天津美食，介绍炸糕还有麻花的时候，孩子就有点坐不住了。开始有说话的孩子，也有回头看别的东西的孩子，注意力没有在我身上。紧接着我就开始了讲狗不理包子，但是我换了一种方式。我用提问的方式问他们："孩子们，你们看这白色的皮，鼓鼓的肚子，这是什么东西啊""这个我吃过，这是包子。""你们有没有发现这个包子的褶很多，我请一个小朋友数一下。"我请了一个小朋友，让他带着其他小朋友一起数。互动的办法让我的教学很顺利地完成了。在最后，我们玩了一个"我说你拿"的游戏，我把材料都放在桌子上，然后请小朋友们上来，根据我的指示自己拿相对应的食物，这样的效果还是很好的。

（续表）

反思：
从我自己的教学上来看，我认为老师的教案以及备课是非常重要的，因为你需要很好地掌握课程的方向以及孩子们问题的回答，孩子们的回答很有可能让你的课程偏离主题，就像我的导入，由于我问的问题范围太大，孩子们的回答就会偏题，所以要很清楚地掌握课程的内容，在上课时不要一味地自己讲，要有提问，互动，调动孩子的积极性。一开始我的教学中孩子们就会坐不住，干什么的都有，所以我就明白了下次的教学要在互动中完成，在游戏中提升，必须特别熟悉教案备课内容和提问，教师要在课堂上灵活变通。

行为改变：
一开始由于我一直只顾自己说，孩子们的注意力不集中，然后我改变了方式，运用互动的方式以及提问，让孩子们跟我互动，吸引了他们的注意力，很好地回答了我的问题，并且顺着我的问题来完成教学，在游戏中掌握了食物的名称。

优秀案例推荐表

组别	乐柠	被推荐人	张×
被推荐案例	偏题的提问	涉及关系	师幼关系
评语： 　　我们共同认为"偏题的提问"事件，通过反思，耐心是幼儿教师开展教育活动的前提要求，是灵活变通的源头，从而改变了以往控制不住互动场面、把握不了课程进程这一易犯错误的方式，以幼儿感兴趣的图片、学科交叉的灵活运用的专业素养解决了问题，展示了实习教师了解幼儿、学以致用、善于变通的精神面貌，凸显了多样灵活、耐心执教的情操。 　　特此一致推选其作为乐柠组的优秀案例，参与全班的案例分享。				
评价人签字			

三、检查

　　本部分提供讨论记录表和优秀案例解构表的模板，学生可以依据模板进行课下讨论和案例解构的相关准备，以便下次课上发言使用。

案例1　　　　　　　炫彩糖组讨论记录及优秀案例结构

讨论记录表

时间	6月3日晚7:30	地点	412教室
方式	线下	组别	炫彩糖组
被推荐案例	没糖也吃饭	涉及关系	表姐妹
讨论内容： 　　对于推荐的优秀案例大家意见比较一致，认为"没糖也吃饭"的案例里面详细记录了事件的发生过程，体现了当事人思考和转变的心理状态，而且行为改变较大，符合这次实践作业的要求。 　　行为改变方面，有的推选委员会成员认为"乱弹琴"事件更加鲜明，而且体现在日常生活的细微之处，就日常生活中发生的事件进行思考本就是实践的真实性所在，也认为这样的事件更加感人，能让人印象深刻，但是缺少了相对专业的指导，更像是姐姐用的小心机。 　　综上原因，最终同意一致推荐"没糖也吃饭"作为炫彩糖组的优秀案例在课上进行分享。 　　记录人：				

优秀案例解构表

组别	炫彩糖	被推荐人	刘×玥
被推荐案例	没糖也吃饭	涉及关系	亲属
涉及本单元知识点	1. 对待幼儿用多种方法进行引导，没有采用原来给糖吃的方法哄幼儿吃饭。 2. 将耐心与自己所学过的专业知识相结合，体现了教育就是生活。 3. 保持与幼儿的有效互动，在故事情境中让幼儿在没糖的情况下也能吃饭。		
内心的纠结	1. 原来吃饭的时候用糖哄一哄就行，不用特别费心。 2. 自己是学前教育专业的，如果不能呈现出专业的方法会很没面子。		
内心的成长	1. 学龄前幼儿特殊的身心发展特点要求幼儿教师具有耐心，这是工作性质的必然要求。 2. 幼儿教师的工作是要"全能王"，要将自己的专业知识与实际问题的有效解决相结合。		
行为改变评价	1. 不爱着急的个性并非耐心，耐心是一种专业品质。 2. 克服自己饿着肚子仍然对幼儿耐心劝导，是一种选择和取舍。 3. 耐心与专业知识相结合才能产生力量。		
推选人签字			

案例 2　　　　　　　乐柠组讨论记录及优秀案例解构

讨论记录表

时间	6月4日晚7:00	地点	415教室
方式	线下	组别	乐柠组
被推荐案例	偏题的提问	涉及关系	师幼关系

讨论内容:
　　"偏题的提问"是在实习过程中经历的事件,本组成员全部参加过实习并经历过上课,这个课程在发生提问偏题的时候还能顺利进行下去,离不开张×的反应灵活和临场不乱,但是我们都认为这是在她对待幼儿有充分耐心的前提下才有的行动。

　　行为改变方面,在发生提问偏离原来预想,可能不能顺利进行的关键时候张×马上转变提问方式,借助了数学教育的内容,将幼儿的注意力锁定在活动上,最终保证活动效果。

　　综上原因,最终同意一致推荐"偏题的提问"作为乐柠组的优秀案例在课上进行分享。

　　记录人:

优秀案例解构表

组别	乐柠	被推荐人	张×
被推荐案例	偏题的提问	涉及关系	教师与幼儿
涉及本单元知识点	1. 与幼儿保持有效互动,在活动中关注幼儿的情绪反馈。 2. 灵活掌握活动现场情况,有变通。 3. 蹲下来与幼儿交流是对幼儿的尊重,也是平等交流的一种体现。		
内心的纠结	1. 幼儿没有按照预想的"套路"进行,有点慌乱。 2. 蹲下来与幼儿交流,不知道老师反复强调的身体姿态在这种场合中是否有用。		
内心的成长	1. 备课不仅要准备材料和思路,还要对幼儿进行充分了解。 2. 适当而正确的身体姿态,在幼儿教师的工作中是必须的。		
行为改变评价	1. 改变提问方式,吸引幼儿注意力。 2. 改变身体姿态,与幼儿进行平等交流。 3. 在活动中,保持互动并坚持利用游戏完成课程,取得良好效果。		
推选人签字			

四、评价

(一) 评价标准

(1) 小组能够在指定时间内递交完整的任务文本。

(2) 学生自评有过程记录(线上线下均可),注重彼此交流活动心得并言之有物。

(3) 小组互评内容应涉及活动的全部流程以及各部分内容。

(4) 教师点评后愿意听取意见和建议并积极优化活动质量。

(二) 评价案例

评价案例1: 炫彩糖组

1. 学生自评。

(1) 顺利完成了老师布置的任务。

在实习前就递交了策划书,然后每一步也是按照策划书中规定的时间节点来完成,很有成就感。

(2) 小组推优顺利。

小组讨论得比较顺畅,用线上提交和查看的方式避免了尴尬,大家也能畅所欲言。

（3）两个案例无法取舍。

两个案例都很好，都是利用周末的时间和契机进行的亲身体验，评价不知道是否符合老师的要求。

2. 小组互评。

（1）炫彩糖组策划书写得很详细，分工明确。

（2）优秀案例推荐和解构达到了老师的要求。

（3）最后的优秀案例推荐还是线下面对面沟通比较好，更有利于交换相互的想法。

3. 教师点评。

（1）炫彩糖组态度认真、流程上很严谨。

从策划书的撰写开始就能看出这是大组集中讨论后的作品，策划书上将每一步骤都规定得很详细，有具体的时间节点，并且执行有力。

图 3 - 1 - 3　相互交流心得

（2）推荐的优秀案例具有典型性。

"没糖也吃饭"利用身边的资源进行了工作体验，是将专业与实践相结合的有效尝试，体现了耐心对于幼儿教师的重要性，达到了自我教育和反思并且做出改变的目的。

（3）发现的问题。

两个案例都很好，并且两个案例有相同性，都是在日常生活中进行的体验活动，也有反思，但是反思的过程不一样，这就是对知识的领悟以及与实践的结合程度不同。

评价案例 2：乐柠组

1. 学生自评。

（1）我们进行得比较快，气氛好，都是线上操作，很灵活。

（2）案例的专业性很强，是有理论功底的案例解构。

（3）案例推优的时候应该面对面，沟通效果会比较好。

2. 小组互评。

（1）乐柠组顺利完成了老师布置的任务，而且看起来比较轻松。

（2）乐柠组认真分析了表格，所以案例解构得比较详细。

（3）案例很有代表性，是当之无愧的学霸组。

3. 教师点评。

（1）这个组分工比较灵活。

策划书上写明了各有重点的任务，其实是偷懒的表现，因为这样就可以有人专门负责提供案例，其他人只停留于完成其他任务就行了。

（2）案例选择和分析的角度。

"偏题的提问"这个案例在本课上解构的重点在于教师对待幼儿的态度，并非是教师的专业功底，这篇更像是专业课领域的一次实践和反思。触动实习生的反思点也应该是教师的耐心对临场应变的重要影响，虽然"优秀案例推荐表"上体现出来了，但是"亲历事件记录表"里面的反思和行动改变都偏离了本学科的分析视角，应该要始终围绕耐心这一主题。

另外，理解教师要求也有偏离，要求是通过耐心的体现和锻炼让行为有所改变，此篇没能较好地呈现行为的改变。

（3）乐柠组的推优方式有待改进。

最后的推优方式在学生自评和小组互评的时候都已经指出了，建议采用面对面的方式。科技时代带来了沟通方式的多样，但并不能因此取代传统的面对面沟通。乐柠组认真分析了老师给出的表格模板是个很好的开端，如果能面对面地讨论进行推优，效果会更好。

教学总结

幼儿的发展涵盖身心两方面，身心和谐的发展才能让人在幼年时期为一生的健康成长打下坚实的基

图 3-1-4 陪伴美工活动

础。幼儿教师的职责就是将关爱幼儿的理念与实践始终贯彻于工作,为幼儿的健康成长保驾护航。

1. 关爱幼儿是幼儿教师职业道德的核心素养。

关爱幼儿的理念是在充分认识幼儿身心发展特殊性的基础上形成的专业理念,体现着幼儿教师的专业性,是幼儿教师职业道德区别于其他教育阶段职业道德的核心素养。

具备关爱幼儿的理念才能在工作中时时处处考虑到教育对象的独特性,在自律、自省、自我要求的基础上实现幼儿教师职业道德的养成,为成为一名优秀的幼儿教师而不断努力。

2. 关爱幼儿践行于幼儿在园一日生活的保教工作。

践行是一种能力,《专业标准》中曾指出:"教师的专业能力是教师专业化在教育实践中的集中体现,教师的核心能力就是教育能力。"幼儿教师的教育能力体现在幼儿在园一日生活的保教工作中,优秀的教师能够灵活运用专业知识,在同等物质条件的基础上通过自身的态度和管理方式为幼儿创造安全、温馨的心理环境,形成良好的班级氛围。

3. 践行之后更加明辨——学生研修活动效果评价。

"博学之,审问之,慎思之,明辨之,笃行之",这句话出自《中庸》,它很好地诠释了从"学"到"习"的过程,仅仅停留于"学问思辨"远远不够,还要身体力行。研修活动就是一个充分利用自己身边的资源,创造一切条件将课堂知识与自己的专业相结合,初步体验幼儿教师这一职业的心路历程的方式。在教师任务布置阶段,通过小组方式进行活动可以很好地锻炼学生的团队合作能力和方案撰写能力,同时这也是对学生宏观掌控能力的锻炼和提升。提供实施阶段样表可以将活动实施过程较为清楚地呈现,让学生明确自己在完成这项活动时应做的工作。特别是优秀案例解构表的使用,将课上的知识点与实施者内心活动和心灵成长紧密相连,这是将知识内化于心的过程,并且通过行为改变再次正向强化了课堂知识的内容。

反思探究

一、知识复习

(1) 什么是关爱幼儿?

(2) 幼儿教师应该有哪些关爱幼儿的行为表现?

(3) 关爱幼儿的意义是什么?

(4) 如何将"爱心、耐心、细心和责任心"与幼儿教师的日常工作相结合?

(5) 小组讨论:在校园生活中是否可以培养自己的爱心、耐心、细心和责任心?可以通过何种方式培养?

二、实训作业

在班内组成关爱幼儿研习小组,利用半日下园实践的学习机会,每人认真填写"亲历事件记录表",每月进行一次小组学习研讨,并以小组为单位制作"关爱幼儿园地"手抄报,小报需图文并茂,在学期末上交,作为平时成绩之一。

拓展延伸

《军军的心事》一文可以作为教育故事进行课后欣赏,也可以作为资源进行教学活动,对于学有余力的学生,教师可以利用本文进行相关活动拓展。

军军的心事

军军今年5岁了,他跟随父母的工作来到了这座城市,作为插班生进入了中一班。这个皮肤黝黑的小男生性格腼腆、内向,小小的眼睛里不时闪现着紧张和惶恐。他不怎么爱说话,一张口就带着浓浓的乡音,总会引来其他小朋友的哄笑,然后他就会抿住厚厚的嘴唇,很久都不再说话。

为了能让军军尽快融入集体生活,几位带班老师没少费心思,终于两个月以后,军军适应了集体生活,普通话也说得越来越标准,偶尔会展现小小的顽皮。随着母亲节的临近,主班老师布置了一个作业"给妈妈的礼物",前提要求每位小朋友的妈妈要给自己的孩子写一封信,听到这些军军的眉头皱了起来,用小手捂住自己的脸颊把头低了下去。随后几天军军的情绪一直不高,眼神里藏着心事。主班老师问军军是否将作业告知了妈妈,他每次都是摇摇头不说话。三位老师都不放心,想联系军军的妈妈了解一下情况,刚好那天放学的时候是军军的妈妈来接他,这是主班老师第一次看见军军妈妈。她看起来只有二十岁出头,穿着工地上建筑工人的衣服,头发也没有绾好,上面落满了灰尘,脚上穿着一双拖鞋,脚后跟上面还沾着泥土,眼中尽是疲惫,脸上也没有笑容。军军看到妈妈来接他很是惊喜,一下子冲到妈妈面前,扬起笑脸,军军妈妈看到自己的孩子并没有俯身抱起军军,只是挤出一丝微笑,接过了军军的书包,但是将自己的手在衣服上抹了抹才拉起了军军的手。这一幕如雕刻般印在了主班老师的脑海中,随后她才深入走进了军军的生活。原来军军的父母都是建筑工地的工人,两人只有初中文化,在工地上靠搬砖为生,收入微薄,却要负担军军姥爷的瘫痪治疗费用,爷爷外出拾荒补贴家用,奶奶负责照顾病人和接送军军,生活的重担几乎压垮了两个年轻人,能将军军送入幼儿园已经是他们能为孩子做的最好的教育支持。主班老师认真回想了军军近来的表现,打算找到他的"心事",回想起在一次绘画活动中军军一直拿着笔在写一些看不懂的符号,问过军军后他说自己写的是字。想到这里主班老师做了一个决定……

主班老师决定自己代替军军的妈妈给他写一封信,主班老师将信件写好放入信封内,还画上了漂亮的装饰,第二天军军来园的时候老师悄悄告诉他,妈妈已经将信件给了自己。军军眼睛瞪得大大的,很惊喜,从那以后军军又回到了偶尔小顽皮的状态。

几天后,老师收集好了全班的信件开始逐个为小朋友读信。轮到"军军妈妈"的信封,小朋友们都被漂亮的信封吸引了,主班老师打开信纸深情地读道:"军军,妈妈和爸爸一直奔走在各个工地,没有时间好好陪着你度过周末,没有精力为你做一顿丰盛的晚餐,没有空闲欣赏你的画作,也没能为你读睡前故事伴你入睡。但是你知道吗?每个周末我和爸爸加班的时候都会想着你,因为这样我们才更有力量去工作;把你的画作拍照存在手机里,这样我们才有信心为你心中的家去打拼;每次你入睡后我会悄悄亲吻你的脸庞,因为你的睡颜让我对未来充满希望。你知道吗?我们不觉得累,因为抬头看见的太阳就像你,你友善、体贴,只是不善于用语言或者行动去表达,妈妈和爸爸想告诉你,我们爱你,虽然你每次看到的爸爸妈妈都是满身泥土;虽然我们不能每天肆意拥抱你;虽然我们没有多么丰富的知识去回答你的问题,但我和爸爸看得到你每一次的进步,看得到你每一天的成长。亲爱的孩子,我们希望你能成为一个对社会有贡献的人,但我们首先希望你能成为一个快乐的、健康的、开朗的、向上的孩子,而且你知道吗?妈妈和爸爸也爱你,全家人都爱你,像你爱我们一样的爱你。"读完信,军军再也抑制不住自己的情绪,扑倒主班老师的怀里大声哭了出来,主班老师也紧紧地搂着军军,泪流满面。

此后,军军开朗多了,也会向别人主动说起自己的爸爸妈妈,向小朋友介绍自己在工地上的见闻,眉头不再紧皱,笑容也逐渐多了起来,并且在建构领域展现出了非凡的天赋,成了班里的小小建筑师。

幼儿教师的
语言艺术技巧

专业用语100句

学习单元四
对保教工作的态度与行为

《专业标准》中提出"幼儿保育和教育的态度与行为",应从坚持保教结合的原则、遵循幼儿的学习方式组织保教活动、重视环境和游戏对幼儿发展的作用以及充分利用各种资源来实现家园共育。

本单元包括两个学习模块,根据天津市教委研究制定《天津市幼儿园教职工职业道德规范》,"科学保教"即遵循幼儿身心发展规律,注重养成教育和品德教育,以游戏为基本活动,科学安排幼儿一日生活,因人施教,引导幼儿个性健康发展。"尊重家长"即热情服务家长,主动与家长沟通,善于听取家长建议,积极为家长提供科学育儿指导,共同促进幼儿健康成长。

本单元通过学生践行研修活动的方法,让学生了解"科学保教"和"尊重家长"的内涵等相关知识,培养学生的师德意识与行为,提高自觉践行的能力,增强对幼儿园教师的职业认同感。

模块七　科学保教的意识与行为

本模块介绍了科学保教的概念以及职业表现,提出了践行科学保教的具体要求。在研修活动中,同学们结合自身的实习经历,对于如何更好地做到保教结合进行了深入的探讨。本模块提供了大量的案例,采用案例法和讨论法进行学习,理论联系实际,对于学生更好地理解概念有很强的指导作用。

学习目标

1. 知识点:理解保育与教育二者之间的关系,掌握科学保教的内涵,正确认识保教结合的职业表现。
2. 能力点:能够在实际工作中践行科学保教的职业道德规范,培养学生保教结合的能力。
3. 情感态度:端正学生对保育工作和教育工作的态度,提升学生的职业认同感。

重点与难点

重点:科学保教的内涵,正确理解保育和教育二者之间的关系。

难点:正确理解保育和教育二者之间的关系,践行科学保教的规范要求。

案例导入

小班开学不久,班里的王老师就发现了明明在吃饭的时候会比较特别。

这一天,要到中午开饭时间了,明明显得有些紧张,他在椅子上不停地晃动,一会儿看看王老师,一会儿看看保育老师,好像有心事一样。王老师观察到了明明的举动,就走过去蹲下来,拉起明明的手问:"明明,你怎么了? 好像有心事。"明明低着头不肯说话,王老师继续说:"你悄悄告诉我好不好,我来帮助你。"明明看了看王老师,小声说了一句:"我不想在幼儿园吃午饭。"王老师听了轻声重复了一遍:"哦,不想在幼儿园吃午饭啊。为什么呢?"明明又继续低下头,咬着嘴唇不说话了。王老师问道:"是因为幼儿园的饭不好吃吗?"明明摇了摇头。"那是因为什么呢?"王老师继续关切地问,一脸迷惑的样子。"我……不……喜……欢……吃……慢……头。"明明费了好大的劲,从牙缝里挤出了这么几个字。"哦,原来是这样啊,不用担心了,咱们今天中午的主食是米饭。"明明听完以后,终于松了一口气,可是王老师却陷入了沉思。

其实王老师早就发现了明明一到吃饭时间就会左顾右盼,显得有些坐立不安的样子。每次中午吃面食的时候,明明总是眉头紧锁,盯着自己碗中的食物,一副犯难的样子。

原来,幼儿园的食物种类非常丰富,每一餐都有不同的主食和副食搭配,基本每天都会有面食和米饭,比如中午是米饭搭配蔬菜和肉,晚上就会是面食搭配蔬菜,所以几乎每天都会吃一顿面食。但是王老师发现,明明几乎只能接受一种主食,那就是米饭,每次只要一吃馒头或者面条之类的面食,明明就只吃菜,最后主食都剩下了。王老师和保育老师曾经几次劝说明明把馒头或者面条吃下去,但是都尝试无果。有一次明明真的试着吃了几口,但是就是在嘴里含着,咽不下去,最后只能都吐了出来。

王老师很担心这样下去会影响孩子的身体健康,而且因为不喜欢吃幼儿园的面食,进而影响到明明来幼儿园的情绪,于是决定在放学的时候找明明的家长聊一聊。经过和家长的交流之后,王老师终于明白了明明为什么会出现这样的情况。明明的妈妈说,明明从出生之后一直是姥姥带,饮食习惯比较单一,因为姥姥一家人都喜欢吃米饭,所以明明从小到大主食几乎只吃米饭。明明的妈妈曾经对姥姥的喂养方式提出过质疑,担心长期这样的话孩子会拒绝吃面食,所以应该从小让明明尝试更丰富的主食,以免明明养成挑食的习惯。姥姥听了也曾经在明明一岁的时候给他吃过一次馒头,但是明明不喜欢吃,而且一吃到嘴里就干呕,吓得姥姥再也不敢喂馒头了,费劲喂面食不如让明明吃米饭来得容易,久而久之,姥姥就不再喂他吃面食了,所以在明明上幼儿园之前,主食都是米饭。于是就出现了在幼儿园的这一幕。

问题:

1. 如果你是幼儿园的老师,面对这样的情况,你会怎么做呢?
2. 有人说,这是保育老师负责的事情,不用王老师操心,你同意这样的说法吗?

吃饭的问题看起来是保育问题,但是要对孩子进行健康教育,培养正确的饮食习惯,实际也是个教育的难题。科学保教是幼儿园教师职业道德规范的一项重要内容。

知识呈现

一、科学保教的内涵

科学保教的说法由来已久,我国颁布的有关于幼儿教育和幼儿园管理的相关条例中多次提到科学保教、保教结合。保育和教育相结合作为幼儿园教育的基本原则已经得到了社会的认可和重视。

(一)政策索引

《幼儿园管理条例》中指出:"幼儿园应当保障幼儿的身体健康,培养幼儿的良好生活、卫生习惯;促进幼儿的智力发展;培养幼儿热爱祖国的情感以及良好的品德行为。"

《幼儿园工作规程》中指出:"幼儿园的任务是:实行保育和教育相结合的原则,对幼儿实施体、智、德、美诸方面发展的教育,促进其身心和谐发展。"

《幼儿园教育指导纲要(试行)》中指出:"在体育活动中,培养幼儿坚强、勇敢、不怕困难的意志品质和主动、乐观、合作的态度。""在共同的生活和活动中,以多种方式引导幼儿认识、体验并理解基本的社会行为规则,学习自律和尊重他人。""与家庭、社区合作,引导幼儿了解自己的亲人以及与自己生活有关的各行各业人们的劳动,培养其对劳动者的热爱和对劳动成果的尊重。""充分利用社会资源,引导幼儿实际感受祖国文化的丰富与优秀,感受家乡的变化和发展,激发幼儿爱家乡、爱祖国的情感。""适当向幼儿介绍我国各民族和世界其他国家、民族的文化,使其感知人类文化的多样性和差异性,培养理解、尊重、平等的态度。""在幼儿生活经验的基础上,帮助幼儿了解自然、环境与人类生活的关系。从身边的小事入手,培养初步的环保意识与行为。"

《未成年人保护法》提出:"幼儿园应当做好保育、教育工作,促进幼儿在体质、智力、品德等方面和谐发展。"

《胡锦涛在全国教育工作会议上的讲话》中提到："要求普及学前教育，重点发展农村学前教育，遵循幼儿身心发展规律，坚持科学保教方法，加强学前教育管理，保障幼儿快乐健康成长。"

（二）概念解读

《专业标准》是幼儿园教师实施教育教学的基本规范，其从坚持保教结合的原则、遵循幼儿的学习方式组织保教活动、重视环境和游戏对幼儿发展的作用以及充分利用各种资源实现家园共育等对幼儿教师的专业素养、职业道德规范进行了规定。

《专业标准》对幼儿园教师提出"注重保教结合，培养幼儿良好的意志品质，帮助幼儿形成良好的行为习惯"的要求。保教结合是由幼儿的身心发展特点所决定的。保育和教育是幼儿教育的重要组成部分，二者密不可分，保中有教，教中有保。

科学保教强调了"科学保"和"科学教"，二者缺一不可，互相结合。科学保教要求幼儿教师在保教结合的过程中要掌握科学的方法，把促进儿童的身体健康、养成儿童的生活卫生习惯以及自理能力的养成放在与儿童的知识技能学习和智力发展同等重要的位置。[①]

具体包含三个层面的意思：一是幼儿园不仅有教育问题，还有保育问题；二是幼儿园的保育工作和教育工作有着同等重要的地位；三是保育和教育必须互相结合，互相联系，互相渗透。保教结合之所以成为幼儿园教师必须执行的工作原则，主要是由其教育对象——幼儿的身心发展特点所决定的。学前期的幼儿在保护生命安全的能力、身体活动能力、自我照料和独立生活能力以及识别危险物品和防御能力等方面都较差，他们缺乏生活经验，有时难以避免生活中的危险，这些都决定了幼儿园教师对幼儿所实施的教育既需要在生活上精心照料和安全保护，也需要有必要的知识启蒙和能力培养。

二、科学保教的职业表现

科学保教如果落实到幼儿教师的职业中，应该从以下几方面入手：

（一）保中有教

保育工作是幼儿园日常工作的重要组成部分，幼儿园的保育是指教师对3—6岁儿童创设适宜的环境，提供满足其生存和发展的物质条件，并给予精心的照顾，从而帮助幼儿健康成长，培养其独立生活的能力。保育的每个环节都少不了对幼儿的教育，如果只有保育没有教育，那么幼儿园的老师就如同保姆一般，不符合当下幼儿教育的要求。比如早上入园晨检，既有保育工作——检查幼儿的身体健康，又有教育工作——提醒一些嗓子发红的幼儿要记得多喝水。如果发现有的幼儿口袋里有异物，会让幼儿及时取出，告诉幼儿要注意安全，避免发生危险。在午餐时，既有保育工作——帮助幼儿分菜、添饭，又有教育工作——提醒幼儿吃饭时要专心，不能挑食，告诉幼儿每一种食物的营养成分是什么以及对身体有哪些好处。在集体教学活动中，既有保育工作——提醒需要上厕所的幼儿不要影响其他小朋友，又有教育工作——明确活动内容要实现的目标以及在活动过程中对教育机会的关注。

（二）教中有保

教育离不开保育，保育是教育的必备前提，如果保育都没做好，更谈不上教育。幼儿园的每一项教育活动中都包含着保育。比如小班幼儿入园，要先培养其良好的生活习惯，教会幼儿如何穿衣服，如何喝水，这既是教育也是保育。通过学习，幼儿不仅掌握了基本的生活技能，同时也了解了基本的健康知识。

（三）科学地选择保教内容和方法

《关于深化教育体制机制改革的意见》强调，在培养学生基础知识和基本技能的过程中，强化学生认

---

① 张海丽. 幼儿教师职业道德[M]. 北京：清华大学出版社，2017.

知、合作、创新和实践四个方面的关键能力。著名学前教育专家刘占兰曾说："在幼儿阶段,应重视培养幼儿的独立思考和表达表现,与他人合作和自我表现的意识和能力,以及幼儿的创新能力,激发他们的好奇心、想象力和创新思维,养成创新人格,鼓励幼儿从小勇于探索、大胆尝试、创新创造。还要培养幼儿的实践能力,让幼儿从小就乐于积极动手实践和解决实际问题。此外,还要特别关注幼儿的身心健康和全面发展。"这就要求幼儿园教师科学地选择保教的内容,要符合幼儿的年龄发展特点,并且是幼儿感兴趣的和成长需要的内容。保教的方法也显得至关重要,3—6岁的幼儿最喜欢游戏,游戏是其有效学习的手段,在游戏中孩子们可以学会:如何与同伴相处,规则的重要性,如何进行角色扮演,如何设计故事情节,如何解决困难。所以教师在保教活动的设计中要重视游戏的重要性,通过游戏的方式来实现保教活动想要达到的目标。

三、科学保教的意义

科学保教是从保教观的角度对一个合格的幼儿园教师所应具备的专业理念和师德进行规范。树立正确的保教观,理解科学保教的内涵和特点,直接决定了幼儿园教师的保教工作质量,对幼儿的成长有着至关重要的影响。

首先,要真正理解科学保教的含义,做到保教结合,这有利于保护幼儿的安全。要安排好幼儿的一日生活,做好幼儿的疾病预防和膳食营养,培养幼儿的良好生活卫生习惯和良好的道德品质,帮助幼儿积累各方面的经验,发展各方面的能力。

其次,科学保教是指导幼儿园教师进行一日生活各环节安排的重要原则。幼儿园教师应按照科学保教的要求,将保教结合具体落实到日常生活、教学活动以及游戏活动等各项活动之中,真正做到教中有保,保中有教,相互渗透,有机结合。

最后,科学保教对指导家园合作有着重要的意义。幼儿教育离不开家长和幼儿教师两方面的配合,将科学保教的理念渗透到家园合作中,培养家长的科学保教观念,有助于家长更好地理解和支持幼儿园的工作,教师可以更好地将保教结合原则贯穿在幼儿园教育的方方面面。

四、践行科学保教的要求

《专业标准》中的"幼儿保育和教育的态度与行为"对幼儿教师提出以下基本要求:注重保教结合,培育幼儿良好的意志品质,帮助幼儿养成良好的行为习惯。

幼儿教师应该注重保护幼儿的好奇心,培养幼儿的想象力,发掘幼儿的兴趣爱好。重视环境和游戏对幼儿发展的独特作用,创设富有教育意义的环境和氛围,将游戏作为幼儿的主要活动。重视丰富幼儿各方面的直接经验,将探索、交往等实践活动作为幼儿最主要的学习方式。重视自身日常态度言行对幼儿发展的重要影响与作用。重视幼儿园、家庭和社区的合作,综合利用各种资源。

(一) 注重保教结合,培育幼儿良好的意志品质,帮助幼儿养成良好的行为习惯

《幼儿园教育指导纲要(试行)》指出:"要培养幼儿坚强、勇敢、不怕困难的意志品质和主观、乐观、合作的态度。"这就要求幼儿园教师应该把对幼儿意志力的培养融入其每日的生活和教育活动中。幼儿园每日的教育活动内容丰富,有手工活动、音乐活动、阅读活动等,当然也有综合性的活动,而这些活动需要教师提前进行设计和有效的组织,从而实现预期的活动目标。

意志力的培养不是一蹴而就的,就像水滴石穿,需要长年的积累,点滴融入儿童的教育活动中。意志力体现在生活的方方面面,比如幼儿在穿衣服系扣子的时候,需要耐心和坚持,尤其是刚开始学习的时候,系上第一个扣子比较容易,好不容易又系上了第二个,等到第三个扣子的时候有的幼儿就放弃了,这就需要教师给予鼓励,帮助幼儿克服畏难情绪,只有长期坚持才能养成良好的行为习惯。

案例

选区活动时间,三岁半的木木正在积木区搭积木,他先是平铺了一层,然后开始在积木上面垒高,他说自己要搭一个大高塔。他非常有耐心,前面搭得很顺利,一层、两层、三层。从第二层起,每一层只有一块积木,当他搭到第七层的时候,积木有些轻微的晃动,他开始小心翼翼地继续往上摆,结果摆到第八层的时候,积木突然倒塌了。木木非常失望,气得用手拍打散落在地上的积木,一直在旁边观察的张老师走了过来,一边安慰木木一边鼓励他直至完成作品。

(二)注重保护幼儿的好奇心,培养幼儿的想象力,发掘幼儿的兴趣爱好

《专业标准》中指出:"好奇心是推动幼儿获得新知的主要动机,而想象力是创新的源泉。保护好幼儿的好奇心有助于培养幼儿的创造性思维能力,又可以让幼儿对周围的世界保持浓厚的兴趣,激发幼儿探索的愿望。"幼儿期是好奇心发展的高峰期,培养幼儿的好奇心是教师的责任,也是科学保教的重心所在。俗话说"兴趣是最好的老师",幼儿教师应保护幼儿的好奇心,激发幼儿的兴趣,创设符合幼儿年龄特点的情境,由此来引导幼儿进行学习和探索。

案例

一个母亲,因孩子把她刚买回家的一块金表当成玩具给摆弄坏了,就狠狠地揍了孩子一顿,并把这件事告诉了孩子的老师。不料,这位老师却幽默地说:"恐怕一个中国的'爱迪生'被你枪毙了。"这个母亲不解其意,老师给她分析说:"孩子的这种行为是创造力的一种表现,你不该打孩子,要解放孩子的双手,让他从小就有动手的机会。"

"那我现在该怎么办?"这位母亲听了老师的话,对自己的行为后悔不迭。

"补救的方法是有的,"老师接着说,"你可以和孩子一起把金表送到钟表铺,让孩子站在一旁看修表匠如何修理。这样,钟表铺就成了课堂,修表匠就成了先生,你的孩子就成了学生,修表费就成了学费,你孩子的好奇心也得到了满足。说不定,他还可以学会修理呢!"

这个故事中的那位老师就是我国著名的教育家陶行知先生。

案例

新学期开学,小一班的主班老师王老师和保育老师张老师正在为本学期的主题课程内容发愁,因为幼儿园进行教学改革,将原来老师设定主题活动内容改为由孩子的兴趣出发,生成活动内容。

所以,王老师在开学第一天就组织了一次活动,和孩子们一起回顾假期生活,王老师让每个孩子都说说自己在假期期间做了什么,有的孩子分享了和爸爸妈妈去国外旅游的经历,有的孩子讲述了自己和家人去大草原旅游的场景,有的孩子介绍了整个假期和妈妈一起制作的美食。王老师和张老师发现,当小朋友讲到美食的时候,所有孩子的注意力全部被吸引了过来,有的孩子还提出了各种问题,比如:"你妈妈做的面包是什么口味的? 你们有没有一起做冰淇淋呢?"于是,王老师和张老师四目相对,两人不约而同地笑了,她们终于发现了孩子们感兴趣的话题,为保教活动的开展提供了有价值的主题线索。

(三)重视环境和游戏对幼儿发展的独特作用,创设富有教育意义的环境和氛围,将游戏作为幼儿的主要活动

《3-6岁儿童学习与发展指南》的"说明"中明确指出:"幼儿的学习是以直接经验为基础,在游戏和日常生活中进行的。要珍视游戏和生活的独特价值,创设丰富的教育环境,合理安排一日生活,最大限度地

支持和满足幼儿通过直接感知、实际操作和亲身体验获取经验的需要。"这强调了游戏和环境在幼儿成长中所起到的重要作用。

《专业标准》中指出幼儿园的环境是指幼儿园内幼儿身心发展所必须具备的一切物质条件和精神条件的总和。它是由幼儿园的全体工作人员、幼儿、各种物质器材以及各种信息要素,通过一定的文化习俗、教育观念所组织和综合的一种动态的、教育的空间范围和场所。① 这里所指的环境既包括物质环境,也包括精神环境,既有保育又有教育,二者互相结合,互相渗透。只有为幼儿提供符合其年龄特点的,满足教育需求的保教环境,才能更好地促进幼儿的发展。

游戏是幼儿的学习过程和学习方式,幼儿喜欢游戏,能在游戏中体验到快乐和满足,这就要求幼儿教师要充分认识到游戏的价值,以游戏的方式来开展保教活动。比如幼儿在喝水的时候需要排队接水,有的孩子在排队的时候往往没有耐心,特别着急,不愿意等待,这个时候教师可以和孩子玩"小火车"的游戏:假设每一个孩子都是一辆小火车,现在连在了一起,每一辆小火车都需要加水,这样这列长长的火车才能跑得快。一个小小的游戏,不仅让等待接水的过程变得更有趣,同时也能促使孩子多喝水。

案例

李老师虽然只有二十多岁,但却是一位经验丰富的"老"教师,因为不管多调皮、多没规矩的孩子,只要交到她手里,要不了多久,都会变得"乖乖的"。为此,新来的小郭老师很是好奇,通过一段时间的观察,她终于发现了李老师的"秘密武器"——常常利用游戏来教导孩子们:看到孩子们没有正确的坐姿,有的把脚伸得老远,有的小腿成了"括号",小手动动这儿,摸摸那儿,七扭八歪,注意力很难集中起来,李老师立刻说:"我当狗妈妈,小朋友们当狗宝宝,现在,大灰狼来了,请大家把'门'锁好(指两脚并齐),看好家门(指小手握住),千万别让大灰狼进来噢!"刚刚还吵吵闹闹的教室里一下就变得安静了,孩子们一边做,一边大声说:"小狗'咣当'把门关上,小手'咔嚓'把门锁好。"再比如,李老师还会用游戏的方法教孩子摆放桌椅:"我和你是朋友,碗和勺子是朋友,桌子和谁是朋友?"小朋友听了说:"桌子和椅子是朋友。""对,桌子和椅子是朋友,它俩谁也不分离(指桌子腿和椅子腿对齐)。"睡觉时,李老师会说:"两只小鞋是朋友,它俩谁也不分离。"小朋友都把小鞋摆得整整齐齐的。教孩子们叠衣服时,李老师也会边做边说:"先让衣服立正站好,再让衣服半臂看齐,最后弯了腰,衣服叠好了。"教孩子们收跳绳时,李老师会说:"这根跳绳真有趣,它会变魔术,一根变两根,两根变四根,四根一弯腰,变成兔宝宝,耳朵穿圈里,一拉就系好。"就这样,孩子们很快就学会了系绳。

案例

一天放学,明明的妈妈上楼来接明明,她悄悄和主班张老师反映,最近明明每天回到家都要妈妈和他玩"三只小猪和大灰狼"的游戏,让妈妈扮演大灰狼,他扮演小猪,而且这个大灰狼得听小猪的,大灰狼想偷偷吃零食,小猪就告诉他零食要少吃,零食没有营养还不健康。大灰狼想多睡一会儿懒觉,小猪也不肯,小猪说,睡懒觉对身体有害处。

张老师一边听着明明妈妈的讲述,一边会心地笑了。张老师告诉明明妈妈,最近班里一直在围绕三只小猪的故事让孩子们进行表演游戏,会和保育老师一起把保育的相关知识贯彻到表演活动中,比如:大灰狼来找三只小猪,可是大灰狼很坏,要不要给他开门呢?如果妈妈没在家,这个时候三只小猪该怎么保护自己呢?再比如:猪弟弟不爱吃胡萝卜,可是胡萝卜特别有营养,猪哥哥怎么想办法能让猪弟弟爱上胡萝卜呢?诸如此类,每天孩子们在班里玩得特别开心,他们以为只是在做游戏,没想到老师们已经把知识内容融合到了游戏中。

---

① 教育部教师工作司.幼儿园教师专业标准解读[M].北京:北京师范大学出版社,2014.

（四）重视丰富幼儿多方面的直接经验，将探索、交往等实践活动作为幼儿最主要的学习方式

《3-6岁儿童学习与发展指南》解读中指出："幼儿的学习就是幼儿通过自己特有的方式与周围环境互动的过程，是幼儿主动地探索周围的社会环境、自然环境和物质世界的过程。"

幼儿天生就会学习，幼儿的学习方式是游戏，而不是通过书本来学习，幼儿通过生活中的实际操作和亲身体验，来感知和探究未知的世界，不断积累经验，从而建构起自己对世界的理解和认识。

认识和了解幼儿的学习方式是幼儿教师开展科学保教的重要依据。教师在幼儿主动探究的过程中扮演的是观察者、引导者和合作者的角色，从而实现幼儿的全面发展。

案例①

有一天，一群孩子又说又笑地围成一个圈，圈中间是一盆水，水里浮着一些玩具，我们学校（蒙台梭利的"儿童之家"）有一个两岁半的小男孩，他独自一个人待在外围。很显然，我们看到他充满了好奇。我在远方很有兴趣地观察着他。他首先走近那群孩子，试图挤进去。但是他不够强壮，接着他站在那里看了看周围，他脸上的表情非常有趣。我希望有一架照相机把这个表情照下来。他看到了一张小椅子，很显然，他打算把它放在这群孩子的后面，然后到椅子上，他开始向椅子走去，脸上闪烁着希望。但是，这个时候，教员用双手轻轻地抱起孩子，把他举过其他孩子，让他看到这盆水，说："来，可怜的孩子，你也可以看到的。"

毫无疑问，小男孩看到了浮在水中的玩具，但他却没有享受到用自己的力量解决困难的乐趣。看到那些玩具并不算什么，而他所做的努力将开发他的内心智慧。在这个事例里，教员阻碍了孩子的自我教育，没有给他任何的补偿机会。这个小家伙打算让自己成为一个征服者，但他发现自己被压制在一双手臂之间，无能为力。让我感兴趣的是孩子脸上那高兴、焦急和充满希望的表情，但是现在它慢慢消失了，留在脸上的只是孩子知道别人会为他做任何事情的傻傻的表情。

案例

一天下午，中二班的孩子们正在进行区域活动。主班王老师和保育员张老师都在细心地观察着孩子们的表现。其中在娃娃家的玲玲和小旭两个小女孩的表现引起了两位老师的注意。

玲玲拿起娃娃区的娃娃对小旭说："这个娃娃是我的孩子，今天我来扮演妈妈。"

小旭也丝毫不肯相让，一边用手摸着自己的头，一边说："我比你高，我才能演妈妈，因为妈妈都是高的。"

玲玲撅起小嘴，不高兴地说："不对，爸爸才是高的，你比我高，你应该演爸爸。"

小旭一把抢过玲玲手中的娃娃，大声吼起来："我才是妈妈，我家里妈妈最高。我不要演爸爸，我没有爸爸。"

玲玲一听小旭的话有点呆住了。

保育员张老师看到这样的情景有点着急，怕两个小朋友起冲突，想要冲过去帮助两个小朋友解决纷争，没想到被王老师一把拉住了，王老师示意张老师继续看下去。

玲玲缓过神来之后，小声地问道："你为什么没有爸爸？"

小旭低着头摆弄着手里的娃娃说："我妈妈说，我爸爸到很远很远的地方去了，从我生下来就没见过爸爸。"

---

① ［意］玛利亚·蒙台梭利.蒙台梭利早期教育法［M］.万信琼，译.北京：中国发展出版社，2004.

玲玲走过去拉住小旭的手说："那我来演爸爸,你来演妈妈好吗? 我可以把爸爸借给你,等放学的时候让你认识一下我的爸爸。"

小旭抬起头看着玲玲,眼里闪烁着晶莹的泪珠,脸上露出了开心的笑容。

（五）重视自身日常态度言行对幼儿发展的重要影响与作用

模仿是幼儿一种重要的学习方式,从幼儿一出生,他们就开始模仿父母的一言一行,等到上了幼儿园以后,教师就是孩子主要的模仿对象。幼儿园老师的一言一行、一举一动都深深地印在孩子的脑海中,老师随口说出的一句话,都可能对孩子有着深刻的影响,所以我们常说,孩子就像一面镜子,从孩子身上能看到老师的一言一行对孩子的影响,有时候孩子说出的话,就是老师常挂在嘴边的话,孩子的一个行为,可能就是老师平常的习惯性动作,这就对幼儿教师提出了更高的要求。幼儿教师必须时刻注意自己的言行举止,用幼儿教师的标准严格要求自己,用高尚的品德,为幼儿做好人生之初的榜样作用。

案例

活动开始了,教师请幼儿轻轻搬椅子到老师身旁来。这时,有的幼儿抱着椅子,有的幼儿推着椅子,有的幼儿拖着椅子往老师身边挤,活动室一片混乱。看到这幅情景,教师轻轻走到一位推着椅子的幼儿跟前,抱起他的椅子,说:"哎呀,小椅子,对不起,你的腿很疼,是吗? 我帮你揉揉。"教师充满关爱的神情和言语引起幼儿的注意,活动室一下子静了下来。"老师,我不推椅子的。""老师,我会抱起椅子的。"……推着椅子和拖着椅子的幼儿小心翼翼地抱起椅子,轻轻将椅子放下。教师做出询问小椅子的样子,说:"现在小椅子很高兴,他说谢谢大家爱护他。"

案例

开园至今,我园师生一直保持一个良好的礼仪习惯,那就是早上各班教师统一在一楼大厅迎检,做晨间接待工作。家长是禁止进入班级的。入园的时候孩子们会主动与老师鞠躬问好,小朋友们相互之间也会问早、问好。刚开始实行这项规定的时候,老师们为了让孩子们能够做到,除了进行相应的礼貌教育还特意练习了这个环节。但是第二天早上迎检的时候我发现,有的班级明明做了礼貌教育,还加强了练习,可孩子的表现却不如老师所期待的那样。然而中二班的这项工作却开展得特别出色。通过观察我发现,中二班的老师是这样做的:早上见到孩子以后主动上前跟小朋友鞠躬问好,小朋友看到老师向自己问好,也向老师鞠躬问好。于是我在中午会上把这件事跟老师们做了分析,老师们都觉得这样做很有道理,全园的老师早上都开始主动先跟孩子们问好。慢慢的,过了一个月,我发现有改变了,孩子们不等老师问好,就积极主动地向老师们鞠躬问好了。

（六）重视幼儿园、家庭和社区的合作，综合利用各种资源

著名的教育家陈鹤琴先生说过:"幼儿教育是一种很复杂的事情,不是家庭一方面可以单独胜任的,也不是幼稚园一方面能单独胜任的,必定要两方面共同合作方能得到充分的功效。"

中共中央在《进一步加强和改进学校德育工作的若干意见》中明确指出:"学校教育、家庭教育、社会教育紧密地配合,学校应主动同家长及社会各方面密切合作,使三方面的教育互为补充,形成合力。"

《幼儿园教育指导纲要(试行)》中指出:"家庭是幼儿园的重要合作伙伴。""充分利用自然环境和社区的教育资源。"家园共育已经是全社会达成的共识,要实现家园共育需要幼儿园教师和家长的通力合作,这就要求幼儿教师要尊重家长,主动与家长取得联系和沟通,向家长宣传科学的育儿理念,及时地向家长汇报幼儿在园期间的生活和学习,取得家长的配合,使科学保教的目标不仅能够在幼儿园实现,也能够获得

家长的认可,将科学保教延伸到幼儿的家中。

案例

最近,幼儿园里发生了一件事情。在家长开放日活动那天,全园的小朋友和家长都在一起做游戏,一起互动,大家都非常愉快。唯独有一位孩子的妈妈,面带愁容,和孩子寸步不离,生怕孩子有一点闪失。一会儿怕孩子摔倒,一会儿摸摸孩子的头,一会儿给孩子整理一下衣物,整个注意力全在孩子身上,任何活动都不让孩子参加。他们班的王老师,看在眼里,记在心上,主动走上前去,微笑着和家长打招呼,并耐心细致地把孩子日常的表现和一天的生活细节讲得清清楚楚,得到了家长的认可。于是她进一步和家长探讨教育孩子的方式方法,让家长意识到这样溺爱孩子,只能让孩子变得越来越孤僻、忧郁、生活不能自理,不能融入集体,后果是非常严重的。同时,王老师又亲切地抚摸着孩子的头,鼓励孩子,孩子渐渐地开朗起来,妈妈的脸上也露出了笑容。王老师的言谈举止处处体现了老师的亲切和蔼,她引领孩子,让孩子把从前的依赖妈妈转化为相信老师,依靠老师。

一张笑脸,一声致谢,一声问候,一句道歉。如果我们不用亲切的语言,不是耐心细致的讲解,不是关心爱护的抚摸,怎能换来家长的信赖,孩子的依靠。

总之,我们要以良好的师德形象为孩子们树立好榜样,以自己的人格力量,为创造和谐社会贡献一份力量。

案例

新学期开学以后,豆豆升入了中班,这个一直开朗活泼的小女孩,开学以后有了一些变化。班里的老师发现,豆豆在没事的时候总爱咬衣领,比如在集体活动时间,老师正在前面讲故事,豆豆听着听着就咬上衣领了。再比如午睡,刚上床还没有睡着的时候,豆豆也在咬衣领。班里的两位老师都观察到了豆豆的变化,私下里交流和思考是什么原因导致豆豆有了咬衣领的毛病。细心的老师们还观察到,最近每天放学来接豆豆的人是爷爷,而之前一直是妈妈,于是老师把豆豆叫到身边来关切地问她:"豆豆,最近都是谁送你上幼儿园啊?"豆豆回答:"是爷爷。""那晚上谁来接呢?"老师继续问道。"也是爷爷啊。"豆豆低着头说。老师抚摸着豆豆的头说:"妈妈最近工作太忙了吧,所以让爷爷来接你。"豆豆摇摇头说:"不是,是妈妈生小宝宝了。"老师笑着说:"哦,原来是生宝宝了,那豆豆当姐姐了。"豆豆一脸不屑的表情,说:"我才不要当姐姐,我不喜欢小宝宝。"老师满脸疑惑地问:"为什么不喜欢小宝宝啊?他以后长大了可以和你一起玩。"豆豆有一点失落地低着头轻声说:"有了小宝宝,妈妈就不爱我了,幼儿园放学也不来接我,晚上也不陪我睡觉了,每次妈妈给我讲故事的时候,小宝宝就要吃奶,妈妈就不能给我讲故事了。每次妈妈要陪我玩的时候,小宝宝就哭了,妈妈就赶紧跑过去抱他,他总是和我抢妈妈,我不喜欢他。"老师听了豆豆的话,了解了豆豆家里最近因为新成员的到来所发生的一些改变,估计豆豆咬衣领和这件事情有关,于是老师决定给豆豆的家长打个电话,把孩子在幼儿园的情况,以及孩子最近心理和行为上的变化告诉家长,引起家长更多的关注。豆豆的妈妈听说了豆豆在幼儿园的表现之后,很自责地告诉老师,因为自己生了老二之后,对豆豆的关注少了,以前豆豆晚上都是和妈妈一起睡,现在因为妈妈要照顾弟弟,所以豆豆都和姥姥一起睡。妈妈因为照顾老二有时心情不好,也会把这些不良情绪发泄到豆豆身上,豆豆妈妈表示一定会改变自己的做法,对豆豆给予更多的关注和爱。

老师在了解了情况之后,在班里开展了一次活动,名字就叫"家里有了小弟弟",教育小朋友如何和自己的兄弟姐妹相处,如何帮助家长照顾弟弟或者妹妹。在生活中,老师会有意地给豆豆安排一些工作,分散他的注意力,慢慢的,老师发现豆豆咬衣领的时间变少了,豆豆来幼儿园以后脸上的笑容也越来越多,有时还会和老师分享弟弟的一些趣事。

研修活动

"我眼中的保教结合"案例分享会

一、计划

（一）教师任务布置

1. 目标

3～5名同学一组,在实习过程中搜集保教结合的案例,挑选优质案例进行分享。

2. 要求

（1）3～5名同学为一小组,2周内完成。

（2）小组设计"我眼中的保教结合"案例分享会的活动方案,具体内容包括：活动目标、活动内容、活动分工、材料准备等。

（3）物化成果：活动方案、保教结合案例文本、活动照片等。

（二）践行方案设计

师德践行活动方案

活动主题：

"我眼中的保教结合"案例分享会

活动目标：

搜集实习过程中的保教结合案例。

活动内容：

1. 在实习的两周时间内,用心观察所在班级老师的师德表现,搜集保教结合的案例。

2. 以小组为单位进行案例分享,小组成员结合案例分析教师的行为提示和保育员的行为提示,完成"保教结合参照表"。

3. 小组成员整理案例文本,最后每组选出一名同学在全班进行分享。

保教结合参照表

案例简述		
保教结合行为提示	教师"教"中"保"	
	保育员"保"中"教"	

时间与地点：2021 年 5 月 24 日—6 月 4 日,幼儿园实习基地。

步骤与进度：

1. 活动准备：5 月 24 日——5 月 28 日。

(1) 自行分组并确定团队成员分工;

(2) 小组成员讨论制订活动方案;

(3) 小组成员分别搜集保教结合案例。

2. 活动实施：5 月 29 日——6 月 3 日。

(1) 小组成员分享保教结合案例;

(2) 小组选择一个案例完成保教结合案例表。

3. 活动小结：6 月 4 日。

(1) 在班内召开"我眼中的保教结合"案例分享会;

(2) 用小组自评和组间互评以及教师点评的方式进行评价;

(3) 制作"我眼中的保教结合"案例集。

主要方法：反思法、讲述法、讨论法等。

物质准备：纸、笔、表格、手机拍照等。

注意事项：

1. 把握好活动的进度,控制每次活动的时间。

2. 深刻领会保教结合的原则,挑选有代表性的案例。

二、实施

(一) 案例分享

老师，我想回家睡觉

小班开学一个月以后,班里的小朋友基本都适应了幼儿园的生活。有一天,王老师发现小石头一到午休时间,就闹着要回家,不想在幼儿园睡觉。好几次其他小朋友都睡着了,只有小石头还在自己的床铺上翻来覆去的,一会儿看看天花板,一会儿看看老师,一直睡不着。王老师走到石头的床边,问石头,为什么不睡觉,小石头轻声地说："我睡不着,我想妈妈。"王老师接着坐到了石头的旁边,把手搭在石头身上说："妈妈在上班,老师陪着你,你睡吧。"一边说着,一边用手轻轻拍着石头的肩膀,不一会儿,小石头就睡着了。保育员刘老师也发现了这个问题,接下来两位老师该如何从保教结合的角度来解决这个问题呢？

(二) 小组讨论

A 同学：应该每天哄着石头睡,因为他属于睡眠依赖型的孩子,需要帮助孩子度过午睡的困难期。同时在班里开展一些关于睡眠的教育活动,帮助孩子正确地认识睡眠的过程,有的孩子睡不着就着急,当睡不着的时候应该想一些办法来帮助孩子尽快地进入睡眠状态。我觉得在睡前老师可以给孩子们放睡前故事听,同时如果班级光线太强,可以设置一些遮阳板,遮挡一下阳光,帮助孩子尽快入睡,这样才体现了保教结合。

B 同学：我实习的时候,班里也有一些小朋友总是辗转反侧,睡不着觉,有的孩子偷偷地盯着老师,老师如果不说他,他就一直不肯睡,像是故意在引起老师的关注。这时候我们班里的老师一般会提醒这些小朋友,让他们闭上小眼睛,尽快睡觉,有的孩子提醒也不管用,老师就会坐到小朋友的床边,把手搭在他的身上,不一会儿他就睡着了。我觉得石头也是这种类型的孩子,老师一开始的时候可以像妈妈一样拍他睡觉,同时也要告诉石头要慢慢学着自己独立睡,然后老师把手搭在他的身上,或者坐在旁边陪一会儿,一直到石头能独立睡觉,这样有一个过程。老师和家长也做好沟通,在家里也一点点培养石头独立睡觉的习惯,这样家园合作,保教结合,帮助石头度过午睡困难期。

C同学:石头由于家人不在身边,缺乏安全感,造成午睡困难,老师应适当地陪伴,帮助孩子建立安全感,同时在睡前可以适当播放一些轻音乐,帮助孩子进入午睡状态,时间久了,孩子们就知道了,一放摇篮曲等轻音乐就代表要睡觉了,就会形成一种条件反射。

(三)完成保教结合参照表

案例简述		老师,我想回家睡觉
保教结合行为提示	教师"教"中"保"	(1) 了解幼儿睡不着觉的原因,安抚其情绪 (2) 和家长沟通,了解幼儿在家午睡的情况 (3) 通过绘本阅读或者设计相应的教育活动来帮助幼儿缓解"想妈妈"的情绪
	保育员"保"中"教"	(1) 用轻拍、陪伴等方式帮助幼儿入睡 (2) 播放轻柔、舒缓的音乐或睡前故事10~15分钟,帮助幼儿入睡 (3) 检查幼儿的衣物、被子是否舒适 (4) 如果班级光线太强,可以考虑拉窗帘或者设置挡光板等方式来营造睡眠氛围

三、检查

案例1

保教结合参照表

案例简述		丽丽不爱喝水 　　中班有一个新来的小朋友,名字叫丽丽,她不爱喝水,每次到了喝水时间,老师叫小朋友排队接水的时候,她总是磨磨蹭蹭地从椅子上站起来,排在队伍的最后面。等她接到水以后,再缓缓地坐回到座位上,半天才喝一口,喝得特别慢。因为怕小朋友弄洒了水,所以老师让小朋友接水的时候,每次都是接半杯,有的小朋友接了两次,水都喝完了,可是丽丽的水才喝了一点,看着让人着急。老师走过去问她:"你为什么不爱喝水呢?"丽丽低着头有点不好意思地说:"老师我不喜欢喝白开水,我在家里都是喝果汁,每次妈妈都是把水果榨成果汁,然后再加点水给我喝,白开水一点味道都没有,我实在喝不下。"
保教结合行为提示	教师"教"中"保"	向幼儿介绍白开水对身体的重要作用以及喝白开水的重要性,通过讲故事或者做游戏的方式让孩子爱上喝水
	保育员"保"中"教"	(1) 提醒幼儿喝水时,喝多少接多少,不浪费水 (2) 和家长沟通,了解幼儿家里的饮水情况,针对个别不爱喝水的幼儿,在家里也让他喝白开水,尽量少喝果汁

案例2

保教结合参照表

案例简述		洗手的混乱场面 　　小班的小朋友九月份刚入园,对幼儿园的生活还不太熟悉,对幼儿园的纪律和要求也不了解,还不太适应集体的生活。有一次,小朋友们户外活动回来,在盥洗室排队洗手的时候,前面的小朋友还没洗完手,后面的小朋友就着急了,不停往前挤,一个水龙头底下伸出了好几双小手,大家你挤我,我挤你,谁也洗不好,有的小朋友还被挤倒了,水龙头开得特别大,水一直哗哗哗地流,最后洗完手的小朋友也不关水龙头。
保教结合行为提示	教师"教"中"保"	(1) 将幼儿分组,按小组进入盥洗室 (2) 提醒幼儿洗手的时候要按照"七步洗手法",把小手洗干净,不要着急 (3) 带领幼儿讨论在洗手过程中遵守秩序的问题
	保育员"保"中"教"	(1) 用语言提醒幼儿要按照先后顺序排好队 (2) 在盥洗室的地上按照一定的距离贴上小脚印,提醒幼儿站在相应的脚印上等待,和前面的小朋友保持一定的安全距离

案例3

保教结合参照表

案例简述		用筷子吃饭 中班的小朋友九月份开学后就要用筷子吃饭了,这个可是最近班里的大事情。老师已经和小朋友讲过了,开学第二周以后就要把勺子全部换成筷子,让大家用筷子吃饭了。而且,老师也在家长群里和家长们说了这个事情,让还不会使用筷子的小朋友抓紧在家练习。 开学第二周的周一,中午吃饭的时候,保育员给小朋友们每人发了一双筷子,有的小朋友很熟练地用了起来,可是有那么几个孩子还不会用筷子吃饭,有的不知道如何拿筷子,还有的半天也夹不上东西。面对这几个不会用筷子的小朋友,老师和保育员该如何做呢?
保教结合行为提示	教师"教"中"保"	(1) 在游戏区摆放可以练习使用筷子的自制玩具,比如筷子夹乒乓球等,让幼儿在平时练习使用筷子 (2) 和家长沟通,在家里让幼儿增加使用筷子的次数,尽量不用勺子吃饭
	保育员"保"中"教"	(1) 用儿歌等方式鼓励幼儿正确使用筷子 (2) 教给幼儿正确使用筷子的方法

四、评价

(一) 评价标准

案例有典型性,教师和保育员的行为提示符合保教结合的要求,能做到教中有保,保中有教。

(二) 评价案例

案例:老师,我想回家睡觉。

1. 学生自评

收获:通过案例分享使我进一步明确了保教结合的具体要求,我们所选的案例非常典型,教师和保育员都能够根据保教结合的原则,利用家园合作和教育活动来解决这个问题,这给了我们很多的启发,其实每次在幼儿园遇到类似的问题,教师应该和保育员及时沟通来解决。

2. 小组互评

该组同学分享的案例具有典型性,在幼儿园非常常见,幼儿的睡觉问题常常会困扰老师,该组同学能够根据保教结合的具体要求,注重家园共育,从教师和保育员所能做的工作入手,实现了保教结合。

3. 教师点评

通过绘本阅读或者设计相应的教育活动来帮助幼儿缓解"想妈妈"的情绪,这个思路非常好,其实小朋友在幼儿园表现的各种问题,都不单纯是保育或者教育上的问题,而应该从保教结合的角度来解决,这一组同学很好地应用了保教结合的原则,能够及时和家长沟通,了解孩子情绪背后的真实需求,这是非常值得肯定的。

听了同学们的分享以后,我觉得非常欣慰,大家不仅能正确理解保教结合的理念,而且能用它指导工作,并且在实际工作中不断地践行和反思,这是我们作为一名幼儿教师必备的职业规范。希望同学们能够在未来的工作中将保教结合融入幼儿的生活中,始终牢记"教"中有"保","保"中有"教",做一名出色的幼儿园教师。

教学总结

本部分从一个案例出发,由问题入手引出本部分的学习内容,重点讲解了科学保教的内涵,从教中有保、保中有教两方面来论述其职业表现,采用案例法论述践行科学保教的要求,在这个过程中还用到了小组讨论的方式,让学生反思案例中的问题和做法,从而更好地理解科学保教的要求。

在研修活动中,根据学生在实习过程中的一些观察和体会,请学生提前制订了研修活动的计划,在实习过程中注意案例的搜集,然后带回到学校进行讨论,并且以情景模拟的方式,让学生尝试着扮演教师和保育员来解决案例中出现的问题,并且以表格的形式,对教师和保育员的行为进行提示,这样可以让学生更好地理解保教结合的理念,并且知道如何在实际工作中践行保教结合的要求。

因为前期有充分的准备,所以学生搜集了大量的案例,在表演过程中,大家的角色意识非常强,通过这种角色扮演活动,使得学生对于科学保教的内涵有了更加深入的理解,而且因为他们在实习中看到了一些具体的做法,通过表演的方式可以让原本在书本上呆板的文字变得更加立体化和全方位,能够理论联系实际,更好地理解保育和教育二者之间的关系,攻克了教学中的难点,取得了很好的效果。

反思探究

一、知识复习

(1) 如何理解科学保教的内涵?
(2) 科学保教的职业表现有哪些?
(3) 科学保教指的就是保育员和教师之间的合作,这样的说法是否正确?
(4) 幼儿教师如何在实际工作中做到科学保教?
(5) 如何将保教结合贯穿到游戏活动中?

二、实训作业

(1) 在实习期间搜集幼儿教师科学保教的案例。
(2) 午睡前,老师都会提醒小朋友们解小便,可是有一个小朋友每次睡前他都不肯解小便,经常是睡着了就尿床了,如果你是老师,你会怎么做呢?

拓展延伸

（一）师德规范相关案例

冬天到了,天黑得越来越早,离园的时间到了,孩子们一个个被家长接走,最后只剩下娜娜没人接,"唉,又有一个孩子没人接。""是啊,我今天还要去买菜呢。"沈老师和张老师你一句我一句地聊天。娜娜一个人坐在小椅子上,无助地望着教室门口。

又过了大约十分钟,家长终于来接孩子,老师已经迫不及待地站在门口了,家长一到,老师马上迎上前去,把孩子交给家长,但是家长关心孩子在幼儿园的情况,所以想多询问一下老师孩子的表现。在交谈中,老师左顾右盼,经常看手表,最后家长也看出老师不耐烦了,不太高兴地离开了。

问题:
(1) 如果有孩子被晚接走,教师应该怎样做?
(2) 在接待家长时,如果教师有急事处理需要结束谈话,应该怎样做?

分析:
(1) 幼儿园几乎每个班都会碰上晚接的孩子。放学了,教师希望所有的孩子都能被按时接走,不耽误私人时间,这是正常的。但是不应该在孩子面前表现出不耐烦,因为孩子的心灵是脆弱敏感的,教师的话会加深孩子的不安全感。可以跟孩子聊聊天或者让孩子看看书等。

(2) 在家长来接孩子,想询问孩子情况时,如果教师经常看手腕上的手表,会让家长觉得教师三心二意,从而伤害对方自尊心。在接待家长时,如果有急事处理需要结束谈话,可以用委婉的语言暗示对方,不要采用太直接的方式。

拓展案例

（二）阅读与践行

科学保教的践行者是教师,教师的教育理念和方法将直接影响保教结合的质量。所以,作为一名幼儿园教师应该经常阅读一些教育类的相关书籍,以不断提升自己的教育水平。在《优秀幼儿教师教育艺术99 例》这本书中,作者从 99 个经典案例出发介绍教师的教育智慧,同时总结了教师的切身经验和启示。

本部分摘录了一些教师的经验总结,包括如何引导幼儿战胜困难,如何介入幼儿的游戏活动,如何尊重幼儿,等等,可以扫码阅读,以供学生们学习参考。

优秀幼儿教师
的教育艺术

模块八　尊重家长的意识与行为

《天津市幼儿园教职工职业道德规范》中要求作为专业的幼儿园教师必须尊重家长,热情服务家长,主动与家长沟通,善于听取家长建议,积极为家长提供科学育儿指导,共同促进幼儿健康成长。本模块展示了通过活动的方式,使幼儿园教师能够站在家长的角度,真正了解幼儿家长的需求,增加幼儿园教师对幼儿家长的归属感和认同感,理解家长的做法,再用自己的专业知识主动、热情地帮助幼儿家长,共同促进幼儿健康成长。

学习目标

1. 知识点:理解"尊重家长"师德规范内涵,掌握该规范在幼儿园教师工作岗位上的具体要求。
2. 能力点:能够了解、接受家长差异,掌握平等沟通与合作的能力。
3. 情感态度:培养学生对家长的了解、理解和尊重。

重点与难点

重点:规范内涵的解读、规范要求的践行。

难点:情感的培养,"尊重家长"职业表现向能力的转化,以及行为习惯的养成。能够了解、接受家长差异,掌握平等沟通与合作的能力。主动与家长进行良好、高效的沟通与协商。

案例导入

谁来评评理?

画画课开始了,小朋友们按照老师的指令准备开始拿桌上的蜡笔画画,壮壮和东东都看上了唯一的一只红色蜡笔,俩人几乎同时伸手去拿,东东先拿到了,但是没拿住,被壮壮一把抢了过来,两个小朋友因为这根蜡笔开始推搡起来,最后蜡笔掉地上了。壮壮很生气,顺手推了东东一把,瘦小的东东差点摔倒,这时班上的小朋友都围了过来,原来壮壮是班上有名的爱欺负别人的小朋友,壮壮开始用手去挠东东,东东也不甘示弱开始还击,拽过来壮壮的胳膊,使劲地咬了一口。壮壮捂着胳膊号啕大哭,老师听见哭声,急忙跑了过来,把壮壮送到了医务室,好在医务室的医生说并无大碍。放学后,老师留下了壮壮和东东的家长,可谁知班里还有几名家长也一同留了下来,就在接待室里,壮壮的妈妈知道自己的孩子被东东咬了,上去就找东东的爷爷理论,甚至还动手打人,一下子,班上家长长期积累的情绪都爆发了出来。家长们联合起来要求幼儿园将壮壮劝退,否则就将自己的孩子转走。

年轻的王老师没有答应家长们的要求,并批评了壮壮妈妈打人的做法。"每个孩子都有接受幼儿园教育的权利,不能因为一些私下的冲突,就剥夺壮壮接受教育的权利。"老师这样的解释并没有受到家长们的认可,家长们纷纷抱怨道:"壮壮总是欺负我们的孩子,这次被咬是活该,我们已经忍了好久了,这对我们的孩子公平吗?你们老师怎么不把孩子管好呢?""真是有什么样的家长,就有什么样的孩子!"矛头又指向了壮壮妈妈和幼儿园,要求园长出面解决,并给出满意的说法。事情超出了王老师的控制范围,开始惧怕家长,心里也觉得十分委屈。

此时班组长尤老师闻声赶到,将壮壮及东东家长带离现场至家长接待室,请双方家长同向而坐,分别倒了温水并以平和的态度安抚家长的情绪。尤老师坐在双方家长面前,坦诚地向双方家长道歉:"今天的事情是提前没有给孩子们提供充足的学具引发的,而且当众处理此事也是不合时宜的,请原谅年轻老师的经验不足。其实两个小朋友事发后,王老师及时妥善处理,两个孩子在老师的教育指导下认识到自己的错误,并手拉手成为好朋友……当然,家长听到孩子受委屈的心情可以理解,但直接对峙冲突的做法不利于事情的解决。"看到壮壮妈妈不好意思的表情后,尤老师继续语重心长地说:"每一个孩子都是善良的,往往在错误中进行学习和成长,东东学习能力较强,壮壮经常帮助老师做事情……请相信,孩子们会在老师和家长的共同教育引导下健康快乐成长的。"这时,双方家长渐渐平复情绪并相互道歉,纷纷表示孩子太淘气让老师费心了! 最后,尤老师感谢双方家长对幼儿园工作的理解与支持!

📖 知识呈现

该案例是一个比较棘手的问题,家长要求教师公正地对待幼儿及其家庭,并迅速做出应对和处理。尤老师尊重家长的人格与权利,做到不指责、不训斥家长,并保护家长及其孩子在公众面前的尊严与隐私。尤老师尊重家长的教育意见与教育选择,并从中积极吸收合理的建议,满足家长合理的要求,以形成教育合力。尤老师之所以能够化解这个矛盾,是因为尤老师自觉履行了"尊重家长"的幼儿教师职业道德规范。

那么,"尊重家长"师德规范的内涵、表现和具体要求还有哪些? 家长把幼儿送到幼儿园究竟是为了什么? 面对比我们年长或者更关注幼儿教育的家长,作为幼儿园教师的我们应该如何应对呢?

一、尊重家长的内涵及职业表现

根据天津市教委研究制定的《天津市幼儿园教职工职业道德规范》规定,尊重家长,就是热情服务家长,主动与家长沟通,善于听取家长建议,积极为家长提供科学育儿指导,共同促进幼儿健康成长。《新时代幼儿园教师职业行为十项准则》中还规定,幼儿园教师不得泄露幼儿或家长的信息。不得利用家长资源谋取私利。

尊重,就是尊敬、重视,曾经是指将对方视为比自己地位高而必须重视的心态及言行,现在已逐渐引申为平等相待的心态及言行,是对自己、他人以及社会的存在、价值、能力、行为等表示承认与认可。尊重,包括尊重人,也包括尊重物、事和制度。尊重人,意味着尊重人的人格、尊严、权利、潜能、个性和文化等。幼儿教师不仅要尊重幼儿,尊重幼儿家长,尊重同事,尊重社会上的其他交往对象,还要尊重自己和自身从事的幼儿教育事业。

家长,旧称一家之主,指父母或其他监护人,一般指未成年人的父母或监护人(自然人)。当代社会幼儿从小多由爷爷奶奶、姥姥姥爷代为照顾,传统观念"隔辈疼",在当代社会体现得尤为明显。我们可以把照顾幼儿的家长分为祖辈、父辈和保姆。由于不同的家长在年龄、文化背景以及家庭角色等方面存在不同之处,他们在关注孩子成长、家庭教育意识以及与人沟通能力等方面都会存在不同程度的差异。调查发现,祖辈家长较多关注幼儿的情绪、健康与饮食状况,父辈家长较多关注幼儿的交往、学习与性格发展,保姆则主要负责在教师与家长之间传达信息。这就需要幼儿园教师发现不同家长的关注倾向之后,热情服务家长,主动与家长沟通,善于听取家长建议,积极为家长提供科学育儿指导,主动引导家长全面关注幼儿,共同促进幼儿健康成长。

尊重家长,就是用平等相待的心态及其言行,对幼儿家长和幼儿家庭的存在、价值、能力、行为等表示了解、承认与认可。

尊重家长的职业表现为:幼儿园教师经常与幼儿家长交流沟通,并表现出对幼儿家长的关心、兴趣和尊重;幼儿园教师在面对幼儿家长时,要及时地对有需要的幼儿家长做出反应;幼儿园教师经常与幼儿家长进行有针对性的个别交谈,促进幼儿健康成长;幼儿园教师平等地对待与尊重不同家庭背景和文化背景的幼儿家长;幼儿园教师认可并鼓励幼儿家长学习正确的育儿观念,并积极给予支持与配合;面对幼儿家长要有亲和力、会倾听。

二、尊重家长的意义

《中共中央　国务院关于全面深化新时代教师队伍建设改革的意见》基本原则中明确指出,突出师德,把提高教师思想政治素质和职业道德水平摆在首要位置,把社会主义核心价值观贯穿教书育人全过程,突出全员、全方位、全过程师德养成,推动教师成为先进思想文化的传播者、党执政的坚定支持者、学生健康成长的指导者。

教师大计,师德为首。幼儿园教师的思想政治素质和职业道德水平直接关系到学前教育质量,关系到幼儿的健康成长乃至国家的前途命运和民族的未来。加强师德建设,造就一支具有良好职业道德的师资队伍是当前刻不容缓的任务。

随着改革开放和现代化建设事业进入一个新的历史时期,人民群众对优质教育的需求日益增长,对教师素质的要求进一步提高。制定《天津市幼儿园教职工职业道德规范》是新形势下加强幼儿教师队伍建设的重要举措,对于加强和改进学前教育师德建设,引导广大教师自觉践行社会主义核心价值体系,加强自身修养,弘扬高尚师德,提高学前教育质量具有重要现实意义。

(一) 教师尊重家长,体现了社会地位的平等

新中国成立后,党和政府把教师作为工人阶级的一部分,在社会中享有主人翁地位,无论是教师,还是各个不同政治地位和经济状况的学生家长,大家的社会地位是平等的。只有社会分工不同,没有高低贵贱之分,教师尊重家长,家长尊重教师,这是社会主义社会公民友好、平等的关系的体现。

《专业标准》中提出幼儿园教师应善于与幼儿、同事、家长、社区沟通,强调幼儿园教师的沟通与合作能力。《幼儿园教育指导纲要(试行)》不仅对幼儿园教师与幼儿有效沟通与交流提出了要求,还提出家庭是幼儿园的重要合作伙伴。应本着尊重、平等、合作的原则,争取家长的理解、支持和主动参与,并积极支持、帮助家长提高教育能力。

党的十八大提出倡导富强、民主、文明、和谐,倡导自由、平等、公正、法治,倡导爱国、敬业、诚信、友善,积极培育和践行社会主义核心价值观。其中平等指的是公民在法律面前的一律平等,其价值取向是不断实现实质平等。它要求尊重和保障人权,人人依法享有平等参与、平等发展的权利。

然而,有个别教师缺乏正确的认识,与家长沟通时缺乏尊重的态度,对家长进行训斥、指责,也有个别家长缺乏正确、积极的态度,将教育孩子的责任全部推给教师,甚至与教师发生争吵、殴打,这些问题,错在家长身上,但是教师也有不可推卸的责任。

(二) 教师尊重家长,是实现幼儿全面健康成长的重要条件

每个人都会对下一辈寄予莫大的希望,都希望自己的子女能成才,而老师们也都希望把自己的学生培养成为对社会有用的人才,这个共同的目标就需要老师与家长在教育过程中,互相尊重,互相支持。正如苏联教育家苏霍姆林斯基所说的一样:"学校与家庭是两个并肩工作的雕塑家,有着相同的理想观念,并朝着一个方向行动。在创造人的工作上,两个雕塑家没有对立的立场是极其重要的。"只有充分地尊重家长,才能充分发挥家长的作用,才能使教育成效显著提高。[1]

幼儿园教师的教育对象有着独特的身心发展特点。3—6 岁幼儿的身心发展规律和学习特点决定了他们主要是通过行动和经验并动员多种感官来学习,而幼儿园教师的主要任务是为幼儿创造条件和机会,提供材料,给予必要的支持、帮助和引导,使幼儿获得有益的感性经验。此外,3—6 岁幼儿生活自理能力还很弱,幼儿园教师承担着幼儿保育和教育的双重任务。这是真正意义上的促进幼儿全面健康发展的专业性工作。家长是幼儿的第一任启蒙教师,会对幼儿产生持久的、深刻的影响,促进幼儿全面健康发展,这正是家长的心愿和希望。由此,幼儿园教师必须以尊重家长为前提,与幼儿的"启蒙教师"加强沟通、互相尊重、携手并进,才能圆满地实现幼儿教育的目的。苏霍姆林斯基在《给教师的建议》中说:教育的完善意

---

[1] [苏]苏霍姆林斯基. 给教师的建议[M]. 北京:教育科学出版社,2001:161.

味着家庭作用的增强。两个"教育者"——学校和家庭,不仅要一致行动,向幼儿提出同样的要求,而且要志同道合,始终从同样的原则出发,无论是在教育的目的上、过程上还是手段上,都不要发生分歧。只有在这样的条件下,才能有助于幼儿实现和谐全面健康发展。

(三) 教师尊重家长,有利于家园共育工作顺利开展

有箴言:"少年若天性,习惯如自然。"家庭教育是学校教育的基础。一个人从出生来到这个世界,就进入了家庭这所特殊的学校,父母和家庭里的其他长辈就成为他的第一任教师,家庭对孩子的教育和影响远远早于孩子所接受的学校教育,一个人从小学到中学以至于成年之后,都在不断地接受着家庭和父母的影响,因此家庭教育的好坏对孩子的成长是至关重要的,这一点是无数事实证明过的。因而学校教育一旦离开了家长的支持与配合,就会变得孤立无援,学校教育也会陷入停滞不前的窘境。[1]

家园共育即家长与幼儿园共同完成幼儿的教育,在孩子的教育过程中并不是家庭或是幼儿园单方面地进行教育工作,家园共育至关重要。《专业标准》中指出,家园共育是幼儿园教育的重要特征之一,幼儿教师应乐于与同事、家长、社区沟通合作。幼儿教师工作中所进行的合作是广义上的合作,不仅指教师之间的合作,也指教师和幼儿家长、社区甚至与幼儿之间的合作。要实现这样的目的,就需要每一位幼儿教师要有团队合作的意识,愿意以开放、接纳、包容的心态去面对工作。《幼儿园教育指导纲要(试行)》中也指出:家庭是幼儿园重要的合作伙伴。应本着尊重、平等、合作的原则,争取家长的理解、支持和主动参与,并积极支持、帮助家长提高教育能力。幼儿园家长工作的出发点就在于充分利用家长资源,实现家园互动合作共育。适宜的做法可以是:利用家长的职业特点和相关优势,请家长参与班级的相关主题教育活动;教师和家长一起就个别幼儿的教育问题共同讨论,共同寻求更加适宜的个别化教育方式等。

幼儿教师是连接幼儿园和家庭的桥梁和纽带,是使幼儿园教育和家庭教育形成合力的关键人,教师尊重家长,应经常主动地与家长沟通和交流幼儿的生活等各方面的情况,从而对幼儿作出正确、客观的了解、分析和评价。同时,教师和家长双方要相互尊重、携手合作、齐心协力,共同为幼儿的全面健康成长营造良好和谐的氛围和环境。加之,教师和家长间由于职业不同、生活阅历、工作经验、知识水平、道德觉悟等方面的差异,通过相互交往,相互沟通,可以形成互助互补的关系。这些都有利于家园共育工作的顺利开展。

(四) 教师尊重家长,可以有效减少幼儿园与家长发生冲突和矛盾

近年来,随着幼儿园虐童事件的相继爆出,家长的维权意识越来越强,个别家长开始不信任幼儿园,要求用监控监督教师的一举一动。当然,这种做法并没有错,但失去了人与人之间的基本信任与尊重,家长与幼儿教师就不会心平气和地沟通交流,对于刚进入幼儿园工作的教师,不知道如何开展家长工作,不会回答家长的问题,有的年轻教师甚至不敢与家长沟通,最终损害的还是幼儿的健康成长。所以,幼儿教师只有以尊重家长、热情服务家长为理念,消除思想包袱,才能与家长重获信任,掌握尊重家长的规范要求,及时主动沟通,才可以有效减少幼儿园与家长发生冲突和矛盾。

三、 践行尊重家长的要求

(一) 幼儿教师与家长应是人与人之间的基本尊重

幼儿教师应当尊重家长的人格与权利,做到不指责、不训斥家长,并保护家长及其孩子在公众面前的尊严与隐私。在幼儿入园或者离园的时候,可以主动和幼儿家长进行交流,但是交流的内容应是幼儿在幼儿园某些方面的具体表现,从而涉及幼儿各个专业领域的发展,而不应该简单用"挺好的""有进步"来代替,这样在幼儿家长心目中,幼儿教师更具有专业性,幼儿家长也会更加信服幼儿园的管理。撇开专业身份来看,幼儿教师与家长是彼此平等的,幼儿教师无任何理由忽视或损害家长的尊严。幼儿教师不能因为

---

[1] 周媛媛. 尊重家长　共同育人[J]. 科技信息教学研究,2009(35):338.

自己是专业教师,就觉得"自己高出家长一等",或者认为现在很多家长的学历比自己高,他们重视家庭教育,关于家庭教育的知识和信息了解得比自己多,与他们沟通的时候就感觉自己"指导"不了家长,很难让家长信任自己。这样一来,进入幼儿园工作的时候,就不知道如何开展家长工作,不会回答家长的问题,与家长沟通交流起来就畏首畏尾,瞻前顾后。有的年轻教师甚至不敢与家长沟通,怕得罪家长,惹来不必要的麻烦。其实,幼儿教师和家长应是平等的社会成员,幼儿教师要对自己的专业水平和实践经验有信心,从而才能让家长对自己有信心。

(二) 幼儿教师应当尊重幼儿家庭文化与习惯,并主动地去理解幼儿家庭的文化与习惯

每一个家庭都有自己独特的家庭文化与习惯,并深深地影响着幼儿。要尊重每位家长的种族、职业、收入、社会经济地位等。积极维护和帮助提高家长在幼儿心目中的形象。幼儿教师可以用面对面交流或是电话沟通的方式,积极了解幼儿以往的入园史和家庭照料史,从而了解幼儿的家庭文化与习惯。但是,在确认幼儿在家庭中遭遇了虐待或伤害时,幼儿教师应当将这一事实视为影响幼儿健康成长的社会事实,积极向有关部门报告,寻求社会部门的救助。

《专业标准》中强调专业的幼儿教师要尊重家长,尊重家长不同的家庭背景、能力和兴趣,采取多种有效的策略鼓励家长参与幼儿的教育。

(三) 幼儿教师应当尊重家长的教育知情权

《专业标准》中还强调,专业的幼儿教师要将家长视为教育幼儿的合作者。认识到家长的支持与合作有利于激发幼儿学习的动机,更好地适应幼儿园生活,形成更适宜的教育方案与策略。

幼儿教师要能够与家长有效地交流与合作,可以通过班级微信群或者 QQ 群等途径,用照片、音频、视频的形式主动向家长提供幼儿园的相关信息以及幼儿在幼儿园所取得的各方面进步;幼儿教师应当主动地、及时地与家长交流幼儿的情况,第一时间把幼儿出现的状况及处理办法告知家长;可以邀请家长参与教育机构中的活动。尤其是幼儿教师专门对个别幼儿的教育处理,一定要提前与家长沟通,获得家长的理解与支持。

(四) 幼儿教师应当尊重家长的教育意见与教育选择,并从中积极吸收合理的建议,满足家长合理的要求,以形成教育合力

父母对其子女所应受的教育种类,有优先选择的权利。当然,对于家长不合理的要求与做法,幼儿教师应当理智而肯定地拒绝,并通过良好的沟通帮助家长扭转错误的教育观念。

《专业标准》中强调幼儿教师要激发家长对幼儿教育的兴趣,并且通过各种方式协助家长在家庭中支持儿童的学习与发展;非常重要的是幼儿教师应与家长协商,针对个体幼儿的不同情况,制订适应个体需要的教育方案。幼儿教师可以充分利用班级家长会的方式,与家长面对面讲解幼儿教育中的误区或者建议,必要的时候,可单独留下某位幼儿家长,进行深入了解和沟通,或者进行专题讲座。

(五) 幼儿教师要学会倾听家长

《专业标准》中强调幼儿教师要倾听家长的需求和建议。倾听是有效人际沟通的重要元素,是更好地理解别人和表达自己的前提。在倾听和了解家长基础上采取的指导、建议和协助等行为才能更加适宜、有效和有针对性,而且能让家长感受到教师对他们的尊重。

专业的幼儿教师应以朋友和伙伴的身份,细心、耐心、专心地倾听家长的讲话。不随便打断家长说话,在必要时用点头、微笑和简短的询问表示教师在倾听、关心家长的讲话内容。在倾听结束时,要对家长的需求和建议给予及时、适宜的回应。

案例

一天中午,文文和姥姥站在幼儿园门外,姥姥说想找班主任了解点事。此时,正值寒冬季节,天气

寒冷,班主任李老师先将文文和姥姥一起请进屋内,给孩子和老人各准备好板凳,请他们坐下,并倒上两杯热水分别递给他们。在交流的过程中,李老师仔细地倾听姥姥提出的质疑和问题,虽然姥姥比较激动,说了一些不客观、不客气的话语,但是李老师始终没有打断老人家说话,也不着急做任何辩解,待姥姥情绪稳定,说完要说的话以后,李老师才握着姥姥的手,耐心客观地给姥姥讲解文文和另一个小伙伴起争执的事情,站在姥姥心疼孩子的角度体谅她,同时也诚恳地请姥姥站在幼儿园的角度多理解理解老师。最后,姥姥高高兴兴地带着孩子离开了,李老师顺利地解决了这次纠纷。

李老师在处理家园矛盾时,充分体现了一名优秀幼儿教师所具备的基本礼仪,所以才能顺利地化解矛盾,让家长充分感受到幼儿园和老师对幼儿的关爱,对家长的尊重。

首先,当家园发生了不愉快的事情需要沟通时,沟通环境很重要,假如李老师当时没有将文文和姥姥请进屋,而是站在幼儿园门外交流,天气寒冷,老人和孩子从身体到内心都会觉得不愉快。哪怕是短短几句话,也一定要创造一个舒适的谈话环境,这样,更有利于平心静气地沟通。

其次,当李老师听到姥姥主观并带着情绪的话语时,并没有打断姥姥说话,而是一直等待姥姥将不满情绪发泄完,平静以后再摆事实、讲道理。讲事情经过时,也多站在老人家心疼孩子的角度客观分析,一方面勇敢承认老师在工作中难免有疏忽,虚心接受批评,改进工作,另一方面委婉地向姥姥说明当时的实际情况。这样,姥姥也能在心疼孩子之余,多体谅老师工作的不易,轻松化解了姥姥心中的不快。

其实在幼儿园这样一个集体环境中,幼儿难免会有磕磕绊绊的情况发生。当发生磕绊事件的时候,作为幼儿教师,首先一定要承认工作上的疏忽,而不应该一味地推卸责任,更不要抢家长的话说,随意打断家长的倾诉。只要我们态度诚恳,仔细倾听,多站在家长的角度理解他们说的话语,他们的疑惑和不满其实很容易化解,毕竟多数家长还是非常体谅和理解老师的工作的。所以,学会倾听,懂得倾听,对做一名优秀的幼儿教师是非常重要的。

（六）微笑的力量

一个满面笑容的教师,大家都会喜欢。有亲和力、和蔼可亲的幼儿教师不仅幼儿喜欢,和家长也容易沟通与合作,更容易取得家长的信任。

微笑要是发自真心的,才不会让人觉得尴尬,发自内心的真诚的微笑应该做到"笑到、口到、眼到、心到、意到、神到、情到",但要注意微笑的尺度。可以把幼儿家长当成自己家里的长辈对待。

案例

每天入园时,教师很重要的工作就是面带微笑地接待幼儿和家长。因为冬天天冷,幼儿起床困难,再加上入园初期的小班幼儿情绪不稳定等原因,都给小班幼儿教师的接待工作带来了很大的困难。

一天早上,小二班陈老师看到了第一个进来的萌萌,于是,微笑地走过去,并摆着手对小朋友说:"萌萌,早上好,快进来!"孩子高兴地跑到睡眠室脱衣服,爸爸妈妈帮她整理。陈老师看了一眼睡眠室后说:"放完衣服赶快过来,洗手挂毛巾!"

这时,萌萌的妈妈拿着一本萌萌爱看的图书对陈老师说:"陈老师这是萌萌带的故事书,想和小朋友一起看,您看行吗?"陈老师看着萌萌洗手挂好毛巾,听到萌萌妈妈的话面带微笑地走过去,双手接过家长拿来的书说:"没问题,您给我吧,一会儿我放在书架上吧!"萌萌妈妈非常高兴,连忙说:"陈老师,您辛苦了!"

这个案例中,小班教师在接待幼儿及家长过程中,能面带微笑主动向幼儿和家长打招呼,在细节上教师和幼儿打招呼的时候做到动作和语言的规范性。比如和幼儿打招呼时说:"萌萌,早上好,快进来!"在动作上,当孩子妈妈给教师图书时,教师面带微笑地走过去,双手接过家长拿来的书,以表示对家长的尊重。这样一来,亲近和蔼的陈老师用实际行动践行了"尊重家长"师德规范,获得了家长的喜欢和信任,也更容易和家长沟通。

（七）健康的心理状态

《专业标准》中特别强调幼儿教师要"乐观向上、热情开朗,有亲和力",并且"善于自我调节情绪,保持平和心态"。教育工作还是一个具有应激性的职业。幼儿教师随时要面对来自幼儿、家长、同事以及自身家庭等各方面的需求,这些要求不尽合理甚至有的时候是互相冲突的,难免会让幼儿教师感到烦恼和压力,从而带来情绪上的波动,这就要求幼儿教师要具有心理调控能力,通过身体锻炼、做自己喜欢做的事情等各种方式舒缓自己的压力,调节自己的情绪,使自己处于一个稳定平和的状态,从而更好地工作。

案例

李老师工作13年,对孩子的呵护极为细致,凡是对孩子成长不利的人或事,她会坚决地维护孩子的权益。但是前两天,宝宝的妈妈为此与李老师发生了冲突。

事情是这样的:宝宝已经是大班的小朋友了,几乎每天早上都要10点半以后才到幼儿园。李老师了解到宝宝迟到是因为妈妈不起床、拖延的结果,于是就和宝宝的妈妈谈话、提要求,几次下来不但不见好转,宝宝的妈妈反而责怪李老师不讲情面。李老师的态度也开始有了转变,认为宝宝的妈妈懒惰、不讲道理……于是,老师和家长由初始阶段的沟通升级为冲突,老师怪家长不可理喻,家长怪老师态度恶劣。

园领导了解了情况后发现,老师起初与家长沟通时态度非常好,面带微笑,语速慢,说话轻柔,眼神中包含着关爱和期盼,没有一点强制的要求;第二次与家长沟通时一切都还好,只是话语中缺少了轻柔,眼神由先前的关爱与期盼变成了强烈的要求;再往后老师由于心理上给宝宝的妈妈定了性——懒惰、不可理喻,与家长接触时就变成了这样:领过孩子,面无表情地和孩子说:"进来吧!"眼睛略过家长一眼算是打招呼,这就是接待的全过程。家长觉得不能接受。

案例中,李老师起初与家长沟通时态度非常好,面带微笑,语速慢,说话轻柔,眼神中包含着关爱和期盼,但是在多次劝说无果的情况下,老师由于心理上给宝宝的妈妈定了性——懒惰、不可理喻,随之在面对家长的时候没有始终保持一个平和的心态,缺乏情绪的自我调控,以至于演变为和家长的冲突。幼儿园的工作有时候要面对家长各种各样不合理的要求甚至指责,难免会让幼儿教师感到烦恼和压力,从而带来情绪上的波动,这就要求幼儿教师要具有心理调控能力,通过自己喜欢和适宜的方式,使自己的情绪处于一个稳定平和的状态,从而更好地工作。

总之,尊重家长是家园共育的前提,是对幼儿教师的基本要求。一些幼儿教师错误地以为自己是专业人员,而随意地批评、指责家长,排斥家长的教育参与,抵制家长的教育需求。这类做法会导致家长对幼儿教师产生反感和抵触情绪,进而引发家园之间的矛盾,给幼儿的成长带来负面影响。幼儿教师是专业人员,专业人员更应该尊重自己的合作伙伴,秉持优质的服务理念来开展工作。

研修活动

"我与家长面对面"——访谈活动

一、计划

（一）教师任务布置

考虑到实习教师在幼儿园接触家长的机会较少,该访谈活动以采访身边的妈妈老师为主要对象展开,这样方便学生接触到家长,也相对降低了采访难度,使学生更容易展开活动设计,达到活动目标,使学生有成就感。

1. 目标

(1)认知体验:通过"我与家长面对面"访谈与分享活动,使学生加深对"尊重家长"这一师德规范的内涵和具体要求的理解。

(2)实践体验:运用"尊重家长"的内涵和具体要求等知识点,使学生能够站在家长的角度,了解、接受家长的差异,真正了解家长的需求,增加幼儿教师对家长的信任和尊重,理解家长的做法,再用自己的专业知识主动、热情地帮助家长,共同促进幼儿健康成长。

2. 要求

(1)小组为单位(3~4人),3周完成。

(2)小组设计"我与家长面对面"师德采访实践活动方案(活动主题、活动目标、活动内容、时间与地点、步骤与进度、主要方法、物质准备、注意事项)。

(3)物化成果:活动方案、活动过程素材文档、微视频或 PPT 演示文稿、照片、活动总结等。

(4)活动结束后,个人和小组进行自评和互评,最后教师点评。评价要求:能达到学生设计方案里的活动目标要求,能运用"尊重家长"的师德内涵和具体要求践行访谈活动。

(二)践行方案设计

师德践行活动方案

活动主题:

"我与家长面对面",以身边的妈妈或爸爸老师为采访对象。

活动目标:

能够站在家长的角度,了解、接受家长的差异,真正了解幼儿家长的需求,增加幼儿园教师对幼儿家长的归属感和认同感,从心里理解家长的做法。

活动内容:针对被采访者性别、年龄,小组整理至少 7 个问题,对身边做了妈妈的老师进行采访,采用提问回答的形式。小组需要分别有负责提问、录音、拍照的同学,采访结束后,依据录音对采访内容作出书面整理,并附加照片上交,小组成员写好总结。

时间与地点:每个小组与指定被采访者相互约定采访时间和地点,并且可以灵活自由掌握(由于被采访者为本校老师,学生有些比较熟悉,可优先选择,这样更便于小组进行师德规范的实践活动)。

步骤与进度:

1. 活动准备。

在老师的帮助下,筛选学校可被采访的教师(筛选条件:老师孩子年龄在 3—6 岁),被采访者可以是男老师或者女老师,家里有两个孩子的老师也可以作为被采访对象。

结合专业知识和幼儿园实习经验,收集幼儿教师与家长相关的问题设计,可以参考一些幼儿园家长调查问卷等,小组成员先进行问题收集,针对分配的被采访对象,小组内对收集的问题进行筛选,最后保留至少 7 个问题(在筛选问题过程中,老师可以给予适当帮助)。

小组内成员进行任务分配,分别有采访联系人、主持人、录音、拍照、整理。准备好采访提纲。

2. 活动实施。

采访联系人和被采访老师沟通好本次活动的目的,征得同意后,双方约定好时间地点,就可以进行采访活动了。小组内成员按照分配的工作内容开始采访,采用问答的形式,在严谨的环境中结束实践活动。

3. 活动小结。

由整理人整理出采访稿,小组内成员写出此次活动的个人总结,课上进行个人自评和小组互评,最后以"尊重家长"这一师德规范由教师进行总结点评。

主要方法：访谈法。

物质准备：可采用录音笔、手机录音，可以使用手机、相机拍照，还可以使用笔、笔记本等，最后整理需用电脑完成。

注意事项：

了解采访对象。通过第二手材料，对采访对象进行充分了解，并基本掌握其心理。提问要尽量具体。在不同的环境与场合，面对不同的采访对象，要求采访者有不同的提问和语气。注意倾听、及时反馈。主持人要聚精会神地倾听。根据对方谈话的内容、神态、语调、口气等，作出各种合乎情理的反馈。这种反馈，可以是点头示意，或者是眼神表情，都可以给对方积极影响，形成一个融洽的谈话气氛，使谈话层层深入。合适的着装，并不需要太刻意，但是背心和拖鞋就不合适。

二、实施

幼儿家长问卷调查

案例1

小组成员：刘同学、李同学、张同学

被采访者：曹老师（男）

活动准备：结合专业知识和幼儿园实习经验，收集幼儿园教师与家长相关的问题设计，参考一些幼儿园家长会调查问卷等，小组成员先进行问题收集，针对分配的被采访对象，小组内对收集的问题进行筛选，最后只保留不少于7个问题。

小组内成员进行任务分配，采访联系人——刘同学，主持人——李同学，录音——张同学，拍照——刘同学，整理——李同学、张同学。

活动实施：刘同学与曹老师电话沟通，征得同意后，双方约定在周四下午一点，在曹老师办公室进行采访活动。小组内成员按照分配的工作内容开始采访，采用问答的形式，在严谨的环境中结束该实践活动的采访任务。总共时长20分钟。

活动小结：由李同学、张同学整理出采访稿，小组内成员写此次活动的个人总结，课上进行个人自评和小组互评，最后由教师进行总结点评。

案例2

小组成员：李同学、王同学、张同学、邵同学

被采访者：陈老师（女）

活动前小组成员整理了活动需要用的7个问题模板：

1. 问：您把您的孩子送到幼儿园的原因是什么？您希望您孩子的幼儿园生活乃至童年生活怎样度过？

2. 问：您希望老师怎样向您反馈孩子在园内的情况？比如孩子的吃饭喝水情况、户外活动的情况等。频率是多久一次？您认同老师给您发孩子的小视频吗？是在家长群里发还是单独给您发呢？

3. 问：您是怎样看待家园合作的呢？要怎样沟通，怎样合作引导对孩子的教育？

4. 问：如果您的孩子在幼儿园中受到了不平等的对待，或者与其他小朋友发生矛盾，您会怎么做？您希望老师怎么做？

5. 问：您对幼儿教师的看法和要求是什么？

6. 问：是否想多了解科学的保育教育方法与知识？

7. 问：您的孩子特别依赖您吗？您担心孩子不能融入集体吗？您会怎么做？希望老师怎么做？

然后小组成员准备了录音录像设备，分工合理明确，由李同学整理报告，王同学采访，张同学录音，邵同学录像。

活动实施：王同学与陈老师电话沟通，在表明采访目的后，陈老师表示同意并支持小组成员的活动，双方约定在周一上午十点，在学校二楼琴房进行采访活动。小组内成员按照分配的工作内容开始采访，采用问答的形式，采访中与被采访者沟通交流愉悦，有比较好的采访氛围。被采访者回答问题积极主动，采

访人员沟通交流效果较好,采访进行得比较顺利。总共时长30分钟。

活动小结:由李同学整理出采访稿,小组内成员写此次活动的个人总结,课上进行个人自评和小组互评,最后由教师进行总结点评。

案例3

小组成员:李同学、王同学、鹿同学

被采访者:冯老师(女)

为了达到"尊重家长"师德规范实践活动的要求,了解幼儿家长对幼儿园教师、对幼儿园,以及对教育幼儿的想法,在老师的帮助下,小组成员从25个精心挑选的采访问题中,筛选出10个问题,准备进行采访活动:

1. 问:选择把孩子送到幼儿园的原因是什么?

2. 问:您希望您的孩子在幼儿园的生活是怎样度过的?

3. 问:现在国家不提倡幼儿园的小学化倾向,不提倡幼儿园教一些小学学的东西,您对这件事的看法是什么呢?

4. 问:有时候幼儿园老师会向您反馈您孩子幼儿园的情况,您希望以什么样的形式向您反馈呢?

5. 问:提到肖像权,现在的家长都特别重视孩子的肖像权,您希望老师把您孩子的照片或视频发到家长群里还是私发给您好呢?

6. 问:现在都提倡家园合作,您对家园合作有什么看法呢,您希望家园合作怎样发展呢?

7. 问:现在虐童事件发生得比较多,如果您的孩子在幼儿园受到不公正的对待,您会怎么做?

8. 问:您对幼儿教师工作的看法是什么呢,您对幼儿教师的要求又有哪些呢?

9. 问:有人说,上了幼儿园就会融入集体生活,您会怎样帮助您的孩子融入集体生活呢?

10. 问:您是否希望有更加专业的保育知识的老师带班呢?

小组成员任务分配:采访联系人——李同学,主持人——王同学,录音——鹿同学,拍照——李同学,整理——王同学、鹿同学。

活动实施:李同学与冯老师电话沟通,在表明采访目的后,冯老师表示支持小组的采访活动,但由于工作原因,很难确定采访时间,最终双方约定在周四下午四点,在学校进行采访活动。小组内成员按照分配的工作内容开始采访,采用问答的形式,采访中与被采访者沟通交流愉悦,有比较好的采访氛围。被采访者回答问题积极主动,采访人员沟通交流效果较好,采访进行得比较顺利。总共时长20分钟。

活动小结:由王同学、鹿同学整理出采访稿,小组内成员写此次活动的个人总结,课上进行个人自评和小组互评,最后由教师进行总结点评。

三、检查

我与家长面对面——师德践行活动成果分享

1. 您把您的孩子送去幼儿园的原因是(A)。

A. 代为照看　　　　　　　　　B. 学习知识

C. 锻炼孩子　　　　　　　　　D. 其他

2. 您希望您孩子的幼儿园生活乃至童年生活怎样度过?

受访者:开心地度过,不要有压力。

采访者:您指的哪方面的压力?

受访者:伙伴关系方面,希望他处理好与伙伴之间的关系。其他小朋友都在上补习班,不想给他学习上的压力,以及社会上的一些压力。

3. 您希望老师怎样向您反馈孩子在园情况,例如进餐(吃饭、喝水)、户外活动等,频率是多久一次呢?

受访者:我希望幼儿园老师能够每周向家长反馈一次孩子在园不太好的情况,然后家长能够在家里进行一个调整,看看孩子有哪些改变,如果这个老师总是说"挺好的,挺好的!"那家长永远没办法发现问题。

采访者:能说得细点吗?

受访者:比如饮食、如厕、和伙伴的关系上,每一个环节,老师只要发现问题,就直接跟家长进行沟通。不要说"孩子午休不太好,上厕所不太老实",我不希望这样,我希望他能够把这一个礼拜的情况给我归个类,不是把一些小事一件一件地拿来跟我说,我希望反馈整体上,比如孩子习惯不太好等大方面的问题。有些家长可能平时比较忙,他就可以大概了解孩子的某些问题,可以慢慢地解决。

4. 您认同老师给您发孩子视频这种行为吗? 在家长群发,还是单独发给您?

受访者:认同,群发比较好! 不管孩子好还是不好的一面,老师发出来说明老师是很关注你的孩子的。把你的孩子呈现给大家,说明他是用心在教这个孩子。

5. 您是怎样看待家庭和幼儿园间的合作的呢? 怎样沟通? 怎样合作去引导对孩子的教育?

受访者:可以有家委会、书面的一些方式,也可以电话联系,但是更支持面谈! 面谈可以更详细地和老师探讨孩子的问题,然后老师提出问题所在。希望老师能够提出建议,我们可以尽量配合老师的意见。

6. 如果您的孩子在幼儿园中受到不平等的对待或与其他小朋友发生矛盾,您会怎样做? 您希望老师怎样做?

受访者:当然是希望老师能够进行调解,当然老师看不过来这么多孩子,孩子如果遇到这种情况,我只会告诉我的孩子,离那些孩子远一点,避免那样的情况! 不过,现在有许多家长都是不允许孩子在幼儿园受到一点伤害的,一点小事就会找老师要求解决,变得不理智了,其实没什么必要,要相信老师和自己的孩子可以很好地解决。

7. 您对幼儿教师工作的看法或要求(环境卫生/伙食/安全保障)。

受访者:希望老师理论联系实际,大部分的老师都刚刚走出校门,讲理论他们都没有问题,但是每个孩子都是不一样的,因材施教,不要超出孩子理解的范围,不同意小学化。

采访者:卫生安全方面呢?

受访者:卫生方面真的很重要,对于保育老师来讲,一定要多拖几遍地,平时工作应该规范操作,对待孩子要温柔,不要差别对待,老师最好不要化妆、戴首饰,避免照顾孩子时刮伤孩子。尽量关照到更多的小朋友,松紧结合,在安全方面要及时制止孩子们危险的行为。

8. 是否希望多了解科学的保育、教育方法与知识?

受访者:家长是希望了解科学的教育方式的,但是他们不一定知道如何运用。有些东西是需要大量的时间去积累的,很多孩子都不是爸爸妈妈在带,而是爷爷奶奶在带,爷爷奶奶对孩子们更是缺少了解与沟通。还是要因材施教,具体问题具体分析,要适宜孩子年纪。老师必须了解,必须掌握这些理论知识,不管今后工作用不用得上,但是这些理论一定要学,否则根本不知道孩子遇到某些情况该怎样解决。孩子是各种各样的,所以更要巩固自己的这些知识。

四、 评价

(一) 评价标准

访谈真实,问卷设计客观。团队合作意识强,能够切实回应实践主题的要求。物化成果丰富多样,讲述者富于感染力。活动教育效果显著。

(二) 评价案例

1. 学生自评

这次我们作为学生对老师进行了采访,老师们非常诚恳地回答了我们的每一个问题。所以我们首先非常感谢老师配合这个有些稚嫩的访谈。

具体的注意事项：把握时间，我们的采访大约进行了20分钟，过程基本顺利，目的基本达到。时间不宜过长，过长则浪费采访者时间，同时也会产生不良影响。

本次"我与家长面对面"师德规范践行采访活动使我收获了很多，首先，改变了我对孩子爸爸的看法，原来爸爸也可以如此细心温柔，有耐心，其实家长没有我想象的如此可怕，他们也是比较理智、讲理的。家长希望幼儿教师及时反馈幼儿在园的情况，并且出现问题能第一时间通知家长，表明孩子很受老师关注，此外，家长希望幼儿教师不要零碎地描述幼儿的表现，换成五大领域中的专业方面来说，家长更容易掌握孩子各方面的习惯与能力，看来家长对幼儿教师的专业性要求很高。

就采访老师这个活动本身，我们感受到计划始终赶不上变化，许多时候都不能把握采访对象谈话的内容，我们不应该死板地把计划的问题问出来，这样的话可能会出现尴尬的场面。所以我觉得采访者不但要能说，而且要善于引导，如果话题跑得太远，一定要不经意间把话题引回来，把握语言氛围。还有选择一个熟悉的环境和适当的开场白也很重要，最好采访时就像两个朋友在聊天，这就需要一个没有隔阂的开场白。我们对每一个环境都做了前期的准备，自我感觉良好，但还是出现了一些不可预料的问题。这让我们深深感觉到，除了前期准备外，采访中的应变能力也非常重要，对采访者就有很高的素质要求，不仅要会塑造一个良好的氛围，要把握提问的尺度与时机，还要引导被采访者的话语与情绪。

这次的采访给了我们小组成员很大的启发。通过采访，我们了解到了幼儿教师工作上的种种不足。

通过这次采访活动，我发现来自社会的各个层面的幼儿家长，处理问题的方式存在很大差异，比如：同样是觉得自己孩子在幼儿园里受了委屈，家长的态度和表达方式却大相径庭，有些家长甚至会不问青红皂白，直接训斥欺负自己孩子的小朋友，或心里对老师产生极大的不满。对于这种情况，身为幼儿教师的家长反而更能够支持、理解幼儿园的工作。他们为其他家长树立学习的楷模，使多数家长都能够理解老师的苦心。

最后，作为采访活动的主持人，活动让我挑战了自我，在采访过程中要时刻关注被采访者的情绪和回答的内容，给予适当的反馈，尽可能地让被采访者有话说，提高了我的沟通能力和临场应激能力。最后，完成这个采访是我们小组成员共同努力的结果，团队配合很重要。

2. 小组互评

活动按时完成，小组成员分工明确，相互配合，面对被采访者能组织好语言、大胆提出问题，活动目的明确，能够了解到幼儿家长对幼儿教师的专业性要求这一需求，幼儿家长是明事理的，年轻教师不需要有"畏惧"心理。

3. 教师点评

本小组的"尊重家长"师德规范实践活动比较成功，充分利用了各种资源，在小组的团队合作下，比较顺利地完成活动，物化成果资料丰富，形式多样。活动结束后，成员总结认真、深刻，了解到了幼儿家长的需求，改变了之前对幼儿家长的看法，从而更愿意去接近、了解幼儿家长。活动的效果是明显的，达到了实践活动的目标。

活动采访报告

图4-2-1　采访曹老师

图4-2-2　采访陈老师

图 4-2-3 采访冯老师

教学总结

本模块"尊重家长"的研修活动是有价值的,基本完成了活动设定的目标,即学生通过活动加深了对"尊重家长"这一师德规范的内涵和具体要求的理解。学生能够站在家长的角度,了解、接受家长的差异,真正了解幼儿家长的需求,增加幼儿教师对幼儿家长的归属感和认同感。但是从心里理解家长的做法这一目标来看,学生还需要不断地实习实践,积累时间经验,这样才能真正从内心理解家长。

本次研修活动,使得学生更深入了解了身边老师不一样的一面,增进了师生关系,学生勇于尝试接近幼儿家长,为今后真正走进幼儿园,与幼儿家长沟通奠定了良好基础。

幼儿教师专业规范重在调节幼儿教师的教育行为,引导幼儿教师在教育实践过程中正确地对待幼儿、幼儿家长、同事、其他社会成员、幼儿教育专业和幼儿教师自身。幼儿教师应当通过自己的教育努力,最大可能地促进幼儿全面健康、快乐地成长,并使其潜能得到最大程度的实现。在此过程中,幼儿教师应当与家长和同事通力合作,并由此对社会、幼儿教育专业和自身承担积极的责任。

幼儿教师应能够了解、接受家长差异,掌握平等沟通与合作的能力。幼儿教师应不断增加对家长的了解、理解、归属感与认同感。掌握"尊重家长"的师德规范要求,关注"尊重家长"职业表现向能力的转化以及行为习惯的养成。能够了解、接受家长差异,掌握平等沟通与合作的能力。主动与家长进行良好、高效的沟通与协商。

教师尊重家长,体现了社会地位的平等,这是社会主义社会公民友好、平等的人与人关系的体现。教师尊重家长,是实现幼儿全面健康成长的重要条件,家长是幼儿的第一任启蒙教师,会对孩子产生持久的、深刻的影响。由此,幼儿园教师必须以尊重家长为前提,与孩子的"启蒙教师"加强沟通、互相尊重、携手并进,才能圆满地实现幼儿教育的目的。教师尊重家长,有利于家园共育工作顺利地开展,家庭是幼儿园重要的合作伙伴。应本着尊重、平等、合作的原则,争取家长的理解、支持和主动参与,并积极支持、帮助家长提高教育能力。教师尊重家长,可以有效减少幼儿园与家长发生冲突和矛盾。幼儿教师只有以尊重家长、热情服务家长为理念,及时主动沟通,才可以有效减少幼儿园与家长发生的冲突和矛盾。

尊重家长,就是用平等相待的心态及言行,对幼儿家长和幼儿家庭的价值、能力、行为等表示了解、承认与认可。幼儿教师与家长应拥有人与人之间的基本尊重。幼儿教师应当尊重幼儿家庭文化与习惯,并主动地去理解幼儿家庭的文化与习惯,要公平地对待每一个幼儿家长和家庭。幼儿教师应当尊重家长的教育知情权。专业的幼儿教师要能够与家长有效地交流与合作。幼儿教师应当主动地、及时地与家长交流幼儿的情况,第一时间把幼儿出现的状况及处理办法告知家长,尤其是幼儿教师对个别幼儿的教育,一定要提前与家长沟通,获得家长的理解与支持。有亲和力、和蔼可亲的幼儿教师不仅儿童喜欢,和家长也容易沟通与合作,容易取得家长的信任。

总之,尊重家长是家园共育的前提,是对幼儿教师的基本要求。一些幼儿教师错误地以为自己是专业人员,而随意地批评、指责家长,排斥家长的教育参与,抵制家长的教育需求。这类做法会导致家长对幼儿教师产生反感和抵触情绪,进而引发家园之间的矛盾,给幼儿的成长带来负面影响。幼儿教师是专业人员,专业人员更应该尊重自己的合作伙伴,秉持优质的服务理念来开展工作。

反思探究

一、知识复习

(1)"尊重家长"师德规范的内涵、职业表现和具体要求是什么？

(2)结合实际案例,谈一谈"尊重家长"师德规范的现实意义。

二、实训作业

1.案例分析

早上入园时,贝贝的妈妈刚到幼儿园,就怒气冲冲地冲了进来,找到小一班班主任王老师问:"班里哪个孩子叫涵涵?"王老师拦下贝贝妈妈,连忙问:"贝贝妈妈,您有什么事情吗?""他昨天打了我们贝贝,今天我要教育教育他,让他以后不敢打我们家贝贝!"说着,贝贝妈妈就要往小一班教室里冲。

这时,作为幼儿园教师,你应该如何处理?

2."我与父母同龄时"主题访谈实践活动

这世界上,除了父母,没有谁能一味地纵容宠爱自己。很多时候不是我们看父母的背影,而是承受他们追逐的目光,承受他们不舍的、不放心的目送。最后我们才渐渐明白,这个世界上再也没有任何人,可以像父母一样,爱我如生命。

面对自己的父母,你是否有过不耐烦地挂断电话、不屑一顾地夺门而出、与父母面对面的时候始终低头看向手机。

父母是我们最亲近的亲人,不尊重父母的孩子,不会懂得尊重任何人,在我们要学会尊重家长的同时,更应该要学会尊重自己的父母,了解父母的真实想法,学会如何了解父母,接受父母,平等沟通。学会站在父母的角度,体会父母对儿女深沉的爱,从而尊重自己的父母,才能更好地践行"尊重家长"这一师德规范的具体要求。

为了使我们能够更好地了解父母、尊重父母,请以"我与父母同龄时"为主题,设计问题,采用多种方式进行沟通(最好是面对面交流),以达到了解父母、尊重父母的目的。

拓展延伸

(一)师德规范的相关案例

案例1

每天下午家长接送幼儿的时候都喜欢和老师聊一聊幼儿在幼儿园的表现,每次都能听到老师们很热情地和家长沟通。前不久,一名新生家长来到办公室向我反映了一件事,家长很气愤地问道:"园长,你们幼儿园的老师怎么这么凶啊?"我问她:"怎么了? 您坐下来慢慢说。"家长说:"我问问我孩子今天有没有哭,有没有吃饭,老师就很凶地和我说话。"我马上安抚家长说:"您别生气,等一会儿我了解一下,然后给你答复好吗? 如果老师有不礼貌的地方我会让老师给您道歉。"这位家长马上流露出担心的表情说道:"您别问了,要是老师生气了,吓唬我们家孩子怎么办?"我向家长保证说:"您放心,我们老师不会这样做的。"我和家长聊了半天,家长还是很担心地带着孩子走了。

下班的时候我把带班老师和保育员叫过来了解情况,老师和保育员带着一头雾水的表情说:"我们和家长聊得挺好的呀!"我让老师先下班,然后调取了监控录像,看到老师和保育员很热情地和家长沟通,并没有带着动作。第二天我又叫来了老师和保育员,我们三个坐在一起分析讨论这次事件,还是没有讨论出结果。当这位家长送孩子来园的时候,我带着老师和保育员一起和家长做沟通,结果出乎我的意料,原来是我们老师说话声音很大,加上太过热情,这位新来的家长接受不了老师说话的方式而造成了不必要的误会。

经过了几天沟通,现在家长能够接受老师了,但是经历了这次事件,我对老师的热情尺度进行了思考,每位家长对我们的要求不同,我们说话做事的方式不会得到每位家长的认可,为了减少不必要的误会,我们应该审视自身的行为。

思考与讨论

1. 案例中幼儿园教师和保育员是否违背了"尊重家长"道德规范的具体要求?
2. 家长气愤的原因是什么? 家长为什么又要阻止园长的询问?
3. 请针对案例中出现的问题为幼儿园提出整改措施。

案例 2

在美国,一个颇有名望的富商在散步时,遇到一个瘦弱的、摆地摊卖旧书的年轻人,他缩着身子在寒风中啃着发霉的面包。富商怜悯地将8美元塞到年轻人手中,头也不回地走了。没走多远,富商忽又返回,从地摊上捡了两本旧书,并说:"对不起,我忘了取书。其实,您和我一样也是商人!"两年后,富商应邀参加一个慈善募捐会时,一位年轻书商紧握着他的手,感激地说:"我一直以为我这一生只有摆摊乞讨的命运,直到你亲口对我说,我和你一样都是商人,这才使我树立了自尊和自信,从而创造了今天的业绩……"

不难想象,没有那一句尊重鼓励的话,这位富商当初即使给年轻人再多钱,年轻人也断不会出现人生的巨变,这就是尊重的力量啊!

思考与讨论

1. 案例中富商对年轻人的尊重体现在哪些方面?
2. 案例中的尊重与"尊重家长"这一师德规范有何联系?

(二) 阅读与践行

1. 阅读

教师与家长沟通的语言技巧

要尊重家长,平等交流

大多数家长在和老师进行交流的时候都十分谨慎、小心,可以说是一种"畏惧"心理,他们害怕自己和老师交流的过程中说错话,让老师产生误会,进而老师会将这些情绪转移到幼儿身上,会影响到自己的孩子。当老师面对这样的家长的时候,需要将他们内心的顾虑完全消除掉,让家长感受到老师十分的和蔼可亲,很好相处,是一个好老师。因此,老师在和家长交流的时候,需要放下自身的姿态,像朋友一样和家长进行交流,要注重说话的技巧。对于幼儿在幼儿园的表现,老师需要向家长反映情况,和家长讨论,双方达成一致目标,如可以这样说"您的孩子在学校表现很好,很乖巧,很懂事,若是在某一方面稍加调整,孩子的成绩会更加突出。""您觉得在这一过程中,有什么老师可以做的吗?""您有什么好的看法或者是建议吗?"或者是"非常感谢您的包容和理解,这是我们老师必须要做的事情。"通过这样的一种方式,家长就会更加认可和信任老师,放心地将自己的孩子教给老师,并愿意再来和老师沟通交流。

对于"差生",禁止使用"告状"式的谈话形式

对于"差生"的家长,他们被叫到学校谈话,本身就觉得非常没面子,害怕老师因为自己的孩子顽皮、不听话而讨厌孩子。对于这样的家长,老师更需要掌握交流技巧,缓解家长紧张的情绪,不仅要让家长对孩子的不足之处有一个大致的了解,而且需要让家长从心里认可和接受老师的意见和看法。有一些孩子非常调皮,平时总喜欢用手抓别的小孩,当遇到这种情况的时候,老师不仅要安抚好被抓伤的孩子和家长,而且还需要将这一情况向抓人孩子的家长反映,让家长督促孩子剪指甲,并让孩子能够认识到随便抓人是不对的。老师可以和受伤孩子父母家长这样说:"孩子们年纪小,相互玩闹是不能避免的,作为老师我感到非常抱歉,没有看好孩子,让孩子被抓伤,请家长不要怪罪,以后我会重点关注的。"对调皮抓人孩子的父母可以这样说:"您的孩子非常可爱,好动,参加各种班级活动都很积极,但是最近老喜欢抓其他小朋友,您一定要给孩子常剪指甲,并告诉他抓人是错误的。"通过这样的方式和家长进行交流,能够实现家园共教的目的。

需要用"心"去解决家长"告状"问题

幼儿年纪小,喜欢打闹,难免会出现一些磕碰,家长告状也是常有的。俗话说得好,"话有三说,巧者为妙",对于那些喜欢告状的家长,老师需要给予更多的安慰,可以这样说:"各位家长们不需要太过着急,孩子们还小,小孩子之间喜欢打闹,难免会受些小伤,还需要我们老师和家长共同努力,加强引导,相信孩子们会越来越棒。"对于那些对老师存在意见的家长,老师也不能够生气,需要耐心地和家长沟通,可以说:"您有什么具体的看法,可以和我们说,我们会按照您的要求来适当调整,争取做到最好。"对于那些发生矛盾的孩子,家长不知道如何解决,老师可以这样说:"家长们不要担心,孩子们的事他们自己会弄清楚的,只要稍加引导,他们的矛盾就会化解了,依然会成为好伙伴的。"对于那些脾气不好、喜欢找茬的家长,老师可以说:"作为老师就是喜欢您这种喜欢直言的家长,您提出的相关意见我们都会考虑,我们非常理解您的心情,您稍微平息下心情,我们会尽最大的努力,解决您的问题。"

与家长沟通应"动之以情,晓之以理"

孩子对于每个家长来说都是心头肉,家长都希望自己的孩子能够变得更加优秀,不受伤。虽然知道在校园里老师们都有照顾孩子,但是,他们就是放心不下,每天都要打电话问老师情况,或是直接来学校看望。面对这类家长,老师就需要使用真情感动法,也就是,老师把孩子每个阶段的学习情况、生活情况等都汇报给家长,当然,这就需要老师在平常工作中去了解每个孩子,特别是对于家长关心的这些问题,老师需要重点关注,将实际情况反映给家长,让家长感受到老师是多么关心孩子,孩子在老师心中非常重要,老师会像自己一样去关爱孩子,照顾孩子,切实体会到老师的用心良苦。对于一名幼儿教师来说,需要认真地完成自身工作,用自己的态度去感动家长,从而获得家长的信任、了解和支持,使幼儿健康成长。

2. 践行

完成一份观察报告。

(1) 观察主题:

在幼儿园实习中,观察有经验的幼儿教师是如何成功地与家长进行沟通交流的,他们的哪些具体行为表现出"尊重家长"这一师德规范(如经常出现的语言和动作),写一份观察报告。

(2) 观察要求:

2~3人一组完成,按照规范的格式写作,并打印上交,前言部分应交代观察的对象、目的、方式等,主体部分应写清观察的过程、数据、分析及其结论。包括观察起因(观察主题的选择)、观察策略(观察方法)、观察结果(对主题观察所得的数据,要有统计)、观察分析(从"尊重家长"师德规范中挖掘本质原因)、观察结论(要与"尊重家长"师德规范一致,实事求是)五个部分。结尾部分写明观察者的姓名、日期,等等。

(3) 观察注意事项:

观察报告是一种科学研究的报告,像一切科学报告一样,必须真实可靠。无论是观察到的现象、过程、数据,等等,都必须准确、无误,客观实在。

观察报告应有客观的态度。无论是记录事实,还是叙述结论,都要忠实于客观实际,不必注入自己的感情,更不得用自己主观的感情去代替或改变客观的现象,力求写出事实的本来面目。

观察记录表模板

组别　　　　记录人

时间			地点			
观察对象			观察主题			
观察项目	语言				动作	
	语速	声调	音量	态度	表情	体态语
具体表现						

学习单元五
个人的修养与行为

《幼儿教师专业标准（试行）》中"专业理念与师德"的第四个维度为"个人修养与行为"。该领域是从幼儿教师的个性品质、人格特质以及心理健康等个人修养的角度对合格的幼儿教师所应该具备的专业理念和师德进行了规定。结合《新时代幼儿园教师职业行为十项准则》内容，本单元内容进行了必要的扩展。

本单元主要由"廉洁从教"和"终身学习"两个模块组成，通过深入阐释两个师德规范的含义，列举规范在现实工作中的职业表现，提出加强"廉洁从教"和"终身学习"规范学习与践行的重要意义，最终提出"廉洁从教"和"终身学习"的规范要求，为规范践行提供依据。

模块九　廉洁从教的意识与行为

幼儿教师应该自觉遵守廉洁从教的师德规范要求，主动向道德模范和先进教师代表学习，学会在纷繁复杂的社会环境中拒绝不正当利益，在教书育人的实践中发掘廉洁从教的意义，更加坚定廉洁从教的意识和行为。

本模块通过体验"坚守底线，抵制诱惑"主题论坛，在印证廉洁从教的充分性和必要性的基础上，践行廉洁从教规范，为将来的职业发展打下坚实的基础。

学习目标

1. 知识点：理解"廉洁从教"师德规范内涵，领会该规范在幼儿教师工作岗位上的具体要求。

2. 能力点：通过本模块内容的学习践行幼儿教师在工作岗位上廉洁从教的具体要求，能做到拒绝不属于自己的财物，树立廉洁自律的风气。

3. 态度情感：加深对廉洁从教的理解，自觉学习优秀幼儿教师事迹，培养学生对幼儿教师职业的责任感和使命感，提升自我修养。

重点与难点

重点：理解廉洁从教的内涵和要求，践行规范要求。

难点：践行"知行合一"，自觉遵守廉洁从教的职业道德要求，拒绝不正之风。

案例导入

小张老师是某区重点幼儿园的新任教师，一年前她通过指标考试，以全区第一名的成绩进入该区重点幼儿园。作为学校的新任职教师，小张老师不仅要面临自身业务的成长，也面临着人际关系的学习和与家长之间的沟通。

九月份开学伊始，小张老师就进入了小班工作。开学后一个月，随之而来的是教师节和国庆节。在节日期间，家长的行为让她感到了惊讶和困惑。

教师节一大早，就有家长送完孩子悄悄地找到小张老师，不由分说地往她手里塞了一个东西，说了孩子姓名之后就急匆匆地赶去上班了,家长走后小张老师定睛一看,手里握着的是一张超市的购物卡;还有家长在接完孩子后不着急走,询问了孩子入园的情况后说谢谢小张老师,往她手里塞了一个红包就拉着孩子走了,小张老师吓得心怦怦直跳;更有家长说,因为不放心小班的孩子刚入园怕不适应,想请老师到外面坐坐吃个饭,详细了解一下孩子的情况……面对这样的情况,小张老师不知所措了……所有的"礼品"都让孩子带回去,似乎有些不妥,但收下肯定不符合一名人民教师的准则。

小张老师在纠结中上完了这一天的班,晚上吃完晚饭,赶紧在微信同学群里问了问大家,因为同学都是学前教育专业毕业,现在基本也都在幼儿园工作了。谁知道这样的情况真不在少数,不管是公立还是私立的幼儿园,高级的还是普通的园所,教师节家长送礼的情况还真都差不多。而家长送的礼物可谓是五花八门,粗粗将它们分为以下四类:(1)观赏型的礼物,比如鲜花、贺卡、绘画、雕塑、纪念册等;(2)食物类的礼物,比如应季的粽子、月饼、元宵或巧克力、螃蟹、山药、坚果等地方特产;(3)穿戴使用类的,比如香水、护肤品、化妆品、首饰等;(4)明码标价类,比如电影票、音乐票、购物券、蛋糕卡、话费充值,等等。

同学们你一言我一语地在微信群里聊着。

有的同学说:"作为一名幼儿教师,我们要坚守内心的底线,之前大家在学校都宣过誓的,离校前还签署了廉洁从教、拒绝收礼的承诺书,这刚刚上班一个月坚决不能收取礼物,不管是什么样的礼物我们都不能接受。"

有的同学说:"家长送礼也是好意,想通过这种方式感谢老师对孩子的关爱和教育,只要不是赤裸裸的现金或者购物卡,一些其他的礼物如鲜花啊化妆品啊我觉得是可以收的。"

还有的同学说:"家长送礼其实也是迫不得已,他们心里其实也不愿意。家长也都不容易,大多是上有老、下有小的70、80后,工作压力大,生活紧张。现在孩子上个幼儿园很贵,我们不能再额外给家长增加负担了。"

更有同学说:"幼儿教师本身工作就非常辛苦琐碎,才上了一个月的班我已经累得不行了。可是到手的工资才那么点,没有点灰色收入,我都觉得自己干的这份工作'性价比'太低了。"

……

看了同学们的话,小张老师心里更乱了……

思考与讨论

如果你是小张老师,你会怎么想? 如果你是小张老师,你会怎么做?

📖 知识呈现

以上案例中,涉及的是"廉洁从教"方面的规范,在《专业标准》"师德为先"规范中规定幼儿教师应该"热爱学前教育事业,具有职业理想,践行社会主义核心价值体系,履行教师职业道德规范,依法执教。关爱幼儿,尊重幼儿人格,富有爱心、责任心、耐心和细心;为人师表,教书育人,自尊自律,做幼儿健康成长的启蒙者和引路人。"

一、廉洁从教的内涵

廉洁,与贪污相对。包含着廉洁、廉正等内涵。廉洁一词最早出自屈原的《楚辞·招魂》篇:"朕幼清以廉洁兮,身服义而未沫。"《辞海》中解释为清廉、清白,与"贪污"相对,并引王逸《楚辞章句》注:"不受曰廉,不污曰洁。"《晏子春秋》中写道:"廉者,政之本也。"《汉书》中写道:"吏不廉平,则治道衰。"用通俗的话说,廉洁就是不收受不义之财,不贪占公物和他人之物,不受世俗丑行的污染。

廉洁从教,是指幼儿教师在自己的职业生涯中要坚持行廉洁操守,不受贿赂,不接受不属于自己的东西,不贪图财货,不沾不污,立身洁白。廉洁从教是教育公平公正的基础,是教师光明磊落的前提,又是一个人自律的保证,自尊的动力。

二、 廉洁从教的意义

唐代文学家韩愈说:"师者,所以传道受业解惑也。"他把"传道"作为教师的首要任务。而教师要通过传道来育人,自己必须首先修身养性,思想品德高尚为人,必须做到清廉洁白,才能对学生言传身教。正如《礼记》中写的:"师严然后道尊,道尊然后民知敬学"。只有这样,教师才具有为人师表的人格魅力,"师道"才能确立,才能育人,才能使学生和社会中的人们敬而学之。我们常说,作为一名人民教师要"为人师表",指的是教师的言谈举止、仪表风度应该成为学生学习的榜样,所谓"师者,人之模范也"。幼儿教师如果率先垂范廉洁的优良品行,对幼儿进行言传身教,可以教育幼儿从小做一个清廉纯洁之人,为构建和谐社会奠定基础。同时还可以教师的廉洁形象来教育、影响、感化社会中的成员,这样有助于匡正社会不正风气。幼儿教师作为肩负社会育人大任的工作者更当以廉洁立世,为真、为善、为美。

教育家陶行知曾说过:"捧着一颗心来,不带半根草去。"幼儿教师应该主动学习廉洁从教的师德模范和先进教师代表事迹,自觉树立榜样的力量,学会拒绝不正当利益。在教书育人的实践中发掘廉洁从教的意义,从而坚定其廉洁从教的自觉性。教师坚持廉洁自律的群体形象,有助于维护社会风气,让育人环境变得纯净,培养纯洁的师生关系。每一位新入职的幼儿教师在面对孩子天真的脸庞时,都会由衷地有一种幸福感和自豪感。而这种幸福感和自豪感绝不是靠金钱得来的,幸福是属于灵魂的体验,精神的圆满,是一种通融、豁达、敞亮、满足和感激。

三、 廉洁从教的规定

2005 年 4 月,教育部正式启动"廉政文化进校园"工作,将校园廉洁教育纳入反腐倡廉建设当中。2008 年,中华人民共和国教育部对 1997 年国家教委和全国教育工会联合印发的《中小学教师职业道德规范》进行了修订,于 2008 年 9 月 1 日颁布实施,其中第五条"为人师表"中也特别提到"拒绝牟取不正当利益。社会在进步,观念在变化,但为人师表作为教师的职业操守之一,永远具有存在的现实意义,作为一名教师,处处为人师表,应是自己永恒的自觉的追求。"2010 年 7 月 29 日,中共中央、国务院印发《国家中长期教育改革和发展规划纲要(2010—2020 年)》,在加强师德建设方面也做出了明确要求:加强教师职业理想和职业道德教育,增强广大教师教书育人的责任感和使命感。《专业标准》中同样提到了"师德为先:热爱学前教育事业,具有职业理想,践行社会主义核心价值体系,履行教师职业道德规范,依法执教。关爱幼儿,尊重幼儿人格,富有爱心、责任心、耐心和细心;为人师表,教书育人,自尊自律,做幼儿健康成长的启蒙者和引路人。"2018 年 4 月,天津市教育系统全面从严治党工作会议上制定印发了《严禁教师违反师德师风行为的规定》,其中第七条规定"严禁教师收受学生及家长礼品、礼金、有价证券和支付凭证等财物,包括通过电子支付手段赠送的红包礼金和以电子形式支付的手机话费等"。2018 年教育部印发《新时代幼儿园教师职业行为十项准则》,其中第九条规定"坚守廉洁自律。严于律己,清廉从教;不得索要、收受幼儿家长财物或参加由家长付费的宴请、旅游、娱乐休闲等活动,不得推销幼儿读物、社会保险或利用家长资源谋取私利。"2019 年教育部等七部门印发《关于加强和改进新时代师德师风建设的意见》,其中第十三条规定"严格违规惩处,治理师德突出问题。……把群众反映强烈、社会影响恶劣的突出问题作为重点从严查处,针对高校教师性骚扰学生、学术不端以及中小学教师违规有偿补课、收受学生和家长礼品礼金等开展集中治理。一经查实,要依规依纪给予组织处理或处分,严重的依法撤销教师资格、清除出教师队伍。"

四、 践行廉洁从教的要求

作为一名幼儿教师,应该自觉遵守国家各项法律法规,自觉学习教师行为准则和规范,自觉提高自我修养的内在要求,自觉克服有悖于廉洁从教的观念意识和行为,逐步养成"为人师表"所要求的行为习惯,才能逐步成长为一名合格的幼儿教师。除了被动地遵守和服从相关规定之外,幼儿教师还应主动树立职业的自豪感和幸福感。著名教育家夸美纽斯曾说:"太阳底下再也没有比教师这个职业更高尚的了。"之所以教师能够得到如此高的评价,是因为教师这个的职业是神圣的,担负着培育下一代的艰巨任务。

人们把老师尊称为"人类灵魂的工程师"。教师通过自身的才能、学识和思想道德影响学生,并以学生为媒介影响学生的家庭,进而影响整个社会。苏联教育家苏霍姆林斯基曾说过:"创造人,培养人的智能、感情、意志、性格、道德美和人性美,是一项最高尚的工作,这是人的最大幸福。"幼儿教师只有充分认识到教育的价值功用及意义,意识到自己将要充当社会的代表者传递思想、知识和技能,才能产生强烈的职业憧憬,由衷地向往教师这一职业。只有这样,才能逐步把自己的情感、兴趣、志向、意志与教师职业联系在一起,自觉地把社会对教师职业的要求内化为自身的人生追求,理智处理个人与社会、奉献与索取的关系,从而将教师职业的价值根植于自己的行为意识之中,自觉按照教师职业道德塑造自己的行为模式。

(一) 明确大是大非,不取蝇头小利

可以向新入职教师介绍幼儿教师的劳动特点以及在促进幼儿健康成长的过程中所起到的作用和价值,在后续的专业学习和教研中,进一步组织教师学习教育法规,提高新入职教师对幼儿教师权利和义务的认识,形成科学的幼儿教师价值观念,规范自己的言行举止,做到自尊、自立、自律,促进教师的自我教育、自我修养水平的不断提升,自觉防止出现有悖于廉洁自律的意识观念和行为,逐步培养幼儿教师所具备的优良品质,养成良好的行为习惯,为成为一名合格的好老师打下坚实的基础。作为"人之模范"的人民教师,要做到廉洁从教,必须在大是大非面前明确,从以下三个方面努力。

第一,要树立明确的是非观念。以大义为先,私利居次,做到个人利益必须服从国家、人民和集体的利益。任何时候都不能舍义取利。要鄙弃唯利是图、自私自利的行为。

第二,要抵挡金钱名利的诱惑,坚持崇高的职业信念。教师处在市场经济的大潮中,是一种挑战和考验。为此,人民教师一定要擦亮眼睛,抵挡住金钱名利的诱惑。

第三,不取不义之财,非法之利,以廉洁从教的实际行动来实现大义。警惕不义之财,若一时糊涂或贪心,虽然赚取了蝇头小利,但结果是"吃人家的嘴短,拿人家的手短",会在幼儿及家长面前,甚至在社会中失去了教师的光辉形象。

(二) 重视自律,培养"慎独"观念

在物质文化建设方面,要加强廉洁教育,宣传媒体设施建设,通过发布廉洁教育的理论知识以及优秀教育家、幼儿教师的一些典型案例,宣传廉洁教育的内容,发挥廉洁榜样的示范作用,提高教师对廉洁教育的认识,激发他们对榜样人物学习的兴趣,引导廉洁自律。除此之外,也可以在校园里创设一些园艺、雕像、艺术性的建筑物等蕴含廉洁思想的文化景观,每当教师经过时,都可以引起关注,时刻提醒自己注意言行举止,严格要求自己。

在精神文化建设方面,可以营造优良的廉洁文化氛围,在廉洁文化氛围中受到陶冶和熏陶,廉洁文化教育才能达到良好的效果。廉洁从教的形成,除了法规约束、执法监督等外在因素外,主要的还是靠广大教师进行自我约束,时时处处都自觉地保持清廉纯洁的作风。只有这样,才能始终保持行廉品洁的风范。

第一,要努力培养自律的自觉性。廉洁从教的根本是教师的自觉自律,而自律的最高境界为慎独。慎独讲究个人道德水平的修养,看重个人品行的操守。在独处而无人注意时,自己的行为也要谨慎不苟。教师内心树立起正确的是非观后,就会崇尚廉洁,对贪占、物欲等丑行厌而恶之,避而远之。一旦廉洁的自觉性养成了,就能抗腐蚀、拒贿赂、远利诱,不为非利所动,不取不义之财。

第二,要重视小节,持之以恒。教师要做到廉洁自律,不以善小而不为,不以恶小而为之。从点滴做起,养成清廉纯洁的崇高品质。那种认为只要在大的方面坚持廉洁自守,小的方面可以忽略不计(如接受幼儿家长的烟酒、请客等)的观点是错误的。因为贪大为污,贪小亦为污,只要是不义的、非法的,不论大小,皆为不洁。只有持之以恒地坚持廉洁,才能在诱惑面前毫不动心。

第三,要明辨美丑,远离俗沼。中国古训说:"近朱者赤,近墨者黑。"教师在树立了正确的义利观,知道了何为廉,何为贪;何为洁,何为污后,就能明是非,辨美丑,知道哪些是污秽丑劣的,是教师不应取的,哪些

是清廉纯洁的,是教师应取的。教师生活在社会中,时刻要保持清醒的头脑,明确是非观念,就能做到远离秽污俗沼,洁身自爱。

(三) 公正从教,以廉明维护教育公正

所谓公正从教,是指幼儿教师在教育教学活动过程中要公平、公正地对待每一名幼儿,不能因幼儿情况、家庭状况、幼儿家长对自己的感情差别而采取不同的态度和情感模式。这是教师职业道德和教师法规对教师的重要要求,它体现的是现代教育的公平性和公正性。在教师职业道德中,最关键的一条就是"教师公正"问题。教师能否做到公正对于教育教学工作的健康发展意义重大。教师作为幼儿成长的重要他人,其作用不仅仅体现在对幼儿学识水平的提高上,更重要的是对学生健全人格的发展上,而且恰恰是后者对学生一生的发展有着更为深远的影响。

一名公正的教师才能够赢得幼儿的尊重。没有幼儿发自内心的尊重,教师的教育教学工作几乎不可能顺利进行。如果教师是以"幼儿家长是否送礼"作为其对待幼儿好坏的依据的话,那么教师个人实际上已经失去了作为教师最起码的资格,这样也会使自己的工作变得庸俗、乏味。教师工作的价值感和意义感更多的是一种内在的满足感,是一种个人价值得以实现之后的成就感。这种满足感和意义感主要不是通过金钱、地位等外在要素体现出来的,而是通过幼儿的成长反映出来的。也就是说,教师工作的幸福感和意义感是一种对象性关系,即教师通过自己所培养的幼儿的成长来实现自己的本质力量,如果教师不能从幼儿身上感受到自我本质力量的实现,那么,教师的工作将是乏味和无意义的。而幼儿对教师的认同与感恩,则是教师幸福感的主要源泉,这一点是其他行业所不能比拟的。但是,如果教师把师生关系转变为一种市场交换关系,那么教师和幼儿之间就变成一种买卖关系,这种关系不仅阻碍了教师个人的职业发展,同时也伤害了幼儿对教师的认同。在这样一种师生关系模式下,教师的职业幸福感将荡然无存。

从更为深远的意义上讲,教师的公正不仅对幼儿当下的感受与发展具有影响,也对幼儿日后公民素养的形成,乃至整个社会政治文明的建设都有着深刻的影响。

廉洁从教,从理论认知上较好理解,但难就难在是否能够"知行合一",能够把思想意识层面的认知转化为生活实际中的操守。

研修活动

"坚守底线,抵制诱惑"——主题论坛

根据导入案例及案例背后的客观情况,请学生们发表意见,全班分为两组:支持教师收礼和反对教师收礼。请两组学生再分为4人一小组,针对教师"应不应收礼物"的问题进行实际调查,收集案例和理论依据,两周后在课堂上开展观点和实际事例的阐述。

一、计划

(一) 教师任务布置

1. 活动目的
围绕幼儿教师是否应该接受幼儿家长礼品等一系列问题开展课堂论坛活动,探索幼儿家长"送礼"和幼儿教师"收受礼品"背后的深层次原因。

2. 活动意义
让学生进行调查分享、思维碰撞,促进思想升华、整体提高。充分认识到廉洁从教的重要性,并能结合实际学会如何拒绝不属于自己的财物,提升对教师的职业认同和自身修养。

3. 论坛主题
幼儿教师应不应该收受幼儿家长的礼物。

4. 具体内容

（1）幼儿教师应不应该收受幼儿家长的礼物。

（2）幼儿家长"送礼"背后的深层次原因。

（3）幼儿教师面对"礼品"现象背后的深层想法。

5. 具体要求

（1）观点鲜明。可从幼儿教师应不应该收受家长礼物，幼儿家长"送礼"背后的深层次原因，幼儿教师面对家长"送礼"现象背后的深层想法等相关内容出发进行调研，调查符合主题内容要求。

（2）以3~4人组成小组为基本单位组织实施。论坛活动结束后，要写出活动过程及总结。

（3）两周后验收活动的材料，摘录并展示课堂论坛实录。

（二）践行方案设计

廉洁从教实践活动方案

活动主题：

"坚守底线，抵制诱惑"

活动目标：

了解关于幼儿教师、幼儿家长对"送礼"看法。

活动内容：

1. 以小组为单位进行走访调查，小组成员访谈幼儿教师及家长关于"送礼"问题的看法和意见。

2. 整理访谈内容，总结分析幼儿教师和家长对"送礼"问题的看法。

时间与地点：2019年6月3日—6月14日，幼儿园实习基地。

步骤与进度：

1. 活动准备：6月1日前。

（1）自愿组成小组并进行成员分工；

（2）小组共同讨论并制订访谈方案。

2. 活动实施：6月3日—6月14日。

（1）小组成员走访调查幼儿教师及家长；

（2）小组进行内容整理筛选；

（3）整理文本及分析观点。

3. 活动小结：6月17日。

（1）班级分享访谈内容；

（2）班内讨论有关"送礼"问题；

（3）制作"廉洁从教"手抄报。

主要方法：访谈法、归纳法、讲述法等。

注意事项：

1. 做好充分物质及精神准备；

2. 把握实践活动的主题与目标；

3. 注意履行访谈要求及访谈态度。

二、实施

（一）访谈分享

小组1：

采访对象：幼儿家长

张某和爱人都是某公司的白领,他们说其实他们一直坚持不用给老师送礼,但是他们发现身边有的孩子家长在去年教师节的时候买购物卡或鲜花巧克力等礼物送给老师,所以他们也犹豫了:"我儿子入园年龄比较小,自理能力稍差,我们就是希望老师能够多关注关注,给予孩子更多的表现机会,这样就能够让孩子在幼儿园顺利活动,也可以从小建立自信。"

经两人多次商量,张某在教师节前夕就去了超市买购物卡,将超市卡放到贺卡里。借送贺卡之名,把超市卡也送了出去。张某说:"我们也不知道老师是否发现贺卡里的玄机,但是老师对孩子态度没有明显变化,我们也不知道做得对不对。"

小组 2:

采访对象:幼儿教师

幼儿教师 A:"刚工作时,老教师说幼教是个'良心活',今天我摸着自己的良心在这里说,从工作开始,我们对于'送礼事件'只有烦恼,没有好感。我们同事聊天时曾不约而同地说,理想的工作状态就是,家长别送礼,我们不收礼,我安安分分工作,您安安分分配合,大家一身轻松,谁都不欠谁。有时候收礼等于收灾祸。到头来可不是一倍两倍的金钱可以弥补的。"

幼儿教师 B:"并不是哪个家长送礼,老师就对哪个孩子好,对于有责任心的老师来说,就算你不送礼,老师该怎么对孩子,还是怎么对孩子。再说了,每个家长都送礼,老师要怎么对孩子?按照家长送礼多少来分吗?老师能分得过来吗?作为老师,就我个人而言,我并不缺那几百块钱的超市卡,家长又何必拿几百块钱衡量孩子的价值呢?"

幼儿教师 C:"每个班三个老师,三十多名孩子,每天的活动几乎都是集体行为,一起游戏、一起做操等,幼儿肢体协调程度尚未完善,动作的控制力较弱,集体活动中我们尽量避免但难以完全避免磕碰伤的发生。往往老师看到了、说到了、关注到了,但孩子走得好好的突然平地摔跤,摔折了胳膊,这样的事例时有发生。如果家长以前送过礼,就会想当然地认为,我花钱了,你们幼儿园就得给我看好孩子,万一出了事,家长的心理就不平衡,事实上,孩子是活泼好动的。30 多个大人在一个屋里走动都难免磕磕碰碰,更何况孩子,没人能确保所有孩子在幼儿园这三年一点小伤都没有。如果是你,这样心态的家长的礼,你会想要吗?"

幼儿教师 D:"我们明白多数家长出于对老师的感谢希望表示心意,也有的怀揣着担心和不安,只能用最大众的方式——送礼来安慰自己。不了解我们的人不知道,我们每天的工作量极大,事务繁多而琐碎,工作中只能对所有孩子一视同仁,是不可能厚此薄彼的,送礼要是多了老师都记不住谁送谁没送了,哪还会分清对哪个孩子好对哪个孩子差呢,一视同仁多轻松。都送了等于都没送。送与不送我们都会一如既往地对待孩子,有的老师也是做妈妈的,能体会做家长的心情,有时觉得没送礼时怎么看老师怎么别扭,送完礼就觉得老师处处对孩子好了,其实一点变化都没有,只是一个自我安慰。各位家长也请相信,大家都一样,谁都不要送,这样都公平!如果你真觉得老师辛苦,一封表扬信会起到意想不到的效果哦!我们真正需要的是尊重和肯定!"

(二)小组推荐

实践教学小组自荐表

班级: 小组名称: 填表日期:

课程名称	廉洁从教	实践教学项目名称	"坚守底线,抵制诱惑"——主题论坛
实践教学任务	访谈幼儿教师及幼儿家长,分析"送礼"背后的原因和心态		
小组作品名称、形式	幼儿家长访谈"送礼"背后的原因和心态		
小组作品介绍	对幼儿家长访谈自己或他人"送礼"的故事分析背后原因和心态 1. 新入园的宝宝有种种不适应,家长担心孩子受委屈,想让老师额外多照顾 2. 家长看过幼儿教师虐待孩子的新闻,担心不送礼自己的孩子会吃亏 3. 相信"吃人嘴软,拿人手短",认为钱能约束住老师,让老师对孩子好点 4. 自己的孩子某些方面较为特殊(比如:身体虚弱、年龄偏小、淘气等),觉得老师对孩子更费心		

(续表)

	5. 家长想提出额外的要求,先把礼送到,再跟老师说比较硬气(比如:户外活动时给孩子加件衣服、睡觉时多关注是否尿床等等) 6. 家长的生活中充斥了"送礼文化",接触的都是"请客""吃饭""送礼"那一套。觉得送礼是应该的、必须的 7. 觉得老师真的很好,想以送礼的方式表示感谢 8. 想和老师拉近关系,觉得礼尚往来是最好的方式 9. 完全跟风,别人送,我也送。不送怕孩子被孤立
小组作品自评	除了极少数家长是真心感激教师对自己孩子的教育和培养之外,大多数家长对"送礼"本身其实是无奈甚至是反感的。大多数家长都会因为前面的原因开始给教师送礼,发现教师真的不收礼之后,家长的负担也明显降低,感觉像"松了一口气"
小组作品他评	该组同学深入幼儿园一线调查访谈教师和家长,并分析总结"送礼"背后的原因,让我们体会到幼儿家长和老师对此都很无奈。幼儿老师只有眼睛里有孩子,心里有无私的爱,才能将真善美的品行传递给孩子

三、检查

"坚守底线,抵制诱惑"——主题论坛

某幼儿园园主任:"我记得曾经我们班有一个孩子,发育有些迟缓,三岁了还不会说话,有时还随意推人打人,我们发现这是成长中存在的问题,跟孩子爸爸沟通。这位爸爸起初要送卡给我们,怕这么特殊的孩子给我们添麻烦,被我们回绝了,我们明确地告诉他:'我们跟您沟通这些,不是为了要您的卡。您要是真为了孩子好,为了我们好,您必须学会要纠正孩子的行为,训练他的语音,跟孩子交流……'这位爸爸非常'听话',一年来坚持用我们的办法帮孩子训练,有了不明白就很虚心地来问我,虽然每次都是在我快下班时间,但我一点都不觉得烦,非常高兴也非常细心地给他做讲解,家长要都像这样,老师就算累点也值得啊。一年后,孩子的发育正常了,各方面能力都和其他幼儿无异,甚至更懂事,有一天我忙得四脚朝天,他不经意走过来对我说:'老师,你能做我的妈妈吗?你给我们盛饭,还给我们修图书,真是太好了,你就像我妈妈一样。'听到他能用这么一大段话完整地表达意思,而且发自内心地说了这些,我当时就激动得受不了。直到现在,提起这件事我总忍不住哭。当孩子快毕业时,他的家长写了一封感谢信给我:'我这三年没有给老师送过一分钱,但老师对我的孩子的成长起到了非常好、非常大的作用……'我对这样的家长特别敬重。没送礼的好,才是真的好。"

四、评价

(一)评价标准

观点明确、访谈内容真实、原因分析客观、教育效果显著。

(二)评价案例

1. 学生自评

收获:通过"坚守底线,抵制诱惑"——主题论坛的活动,使我对教师职业有了进一步的了解和深深的体悟,作为幼教老师,老师自身的性格得好。一个心地善良、德行好的人,爱孩子、爱这份事业,坚守初心,抵制社会不良影响,这个老师一定能做好。

困惑:如何将访谈内容全面地归纳总结分析,尚欠缺一定的能力。

2. 小组互评

欣赏:访谈详实,分析明确,使我们了解"送礼"背后的心理博弈,达到了教育的目的,人品和德行是我们作为幼教人最基本的素养。

建议:可以增加了解其他行业或群体对该问题的看法。

3. 教师点评

通过此次论坛的分享,学生们都自发认识到一个共同的道理:家长"该不该送幼儿教师礼物";幼儿教

师"该不该收取家长礼物"。看似矛盾的两个问题，其实根源都在于对孩子的爱护，希望孩子健康快乐地成长。每个家长都想做让老师信任、亲近的家长；每个老师也都希望做让家长尊重、理解的老师，他们都希望幼儿可以成长为一个让老师喜爱、让家长自豪的孩子。只要幼儿教师充满爱心、耐心，使家长能够放心，那么家长不必大费周章想方设法地送礼，幼儿教师也不用苦不堪言地拒绝收礼了。

对于幼儿教师而言，其工作的意义和幸福感主要来源于幼儿的成长和发展。应该说，每个幼儿都能够健康成长，最终能够报答社会，这是对幼儿教师工作的最大肯定，也是幼儿教师所能收获的最大、最幸福的礼物。

教学总结

作为一名幼儿教师，廉洁从教是立身之本，只有廉洁公正，才会具有感召力，才能保持教育的公正无私。廉洁从教不仅是教师对学生进行教育的内在基础，也是一种净化社会风气的手段。

党的十八大以来，习近平总书记既重视战略目标，又强调干在实处，在讲话中多次强调"知行合一"，并对知行辩证关系进行了深刻的理论阐述和实践探索。"知行合一"中蕴含着深刻的中国文化和中国智慧。2016 年 9 月，习近平在北京市八一学校考察时说道："教育要注重以人为本、因材施教，注重学用相长、知行合一，着力培养学生的创新精神和实践能力，促进学生德智体美全面发展。"2018 年 9 月 10 日，习近平在全国第三十四个教师节之际，在全国教育大会上说道："建设社会主义现代化强国，对教师队伍建设提出新的更高要求，也对全党、全社会尊师重教提出新的更高要求。人民教师无上光荣，每个教师都要珍惜这份光荣，爱惜这份职业，严格要求自己，不断完善自己。做老师就要执着于教书育人，有热爱教育的定力、淡泊名利的坚守。"

通过研修活动，我们认识到：学生和家长对教师的感激是很正常的，培养具有感恩品质的人也是教育应有之义。收到一些包含情谊而又不贵重的礼物，如一张手绘的贺卡、手作的作品等等，教师应该是最幸福的人，这样的礼物是世上最温馨、最动人的礼物。所以，面对孩子们纯真的礼物，教师应该悦纳它，并给予诚挚的感谢。这种亲密感情的建立对于幼儿人格的健全发展是十分有益的。对于礼物，幼儿教师更应关注的是礼物所包含的真挚的感情，而不是礼物的经济价值。对于幼儿家长所送的礼物，教师应该能够洞察出他们的动机，那些带有炫富色彩或有着明显交换意图的礼物，幼儿教师还是应当敬而远之。如果收受了这样的礼物，正常的教育教学工作就很难开展了。通过此次研修活动，在对于幼儿教师应不应该收受礼物的问题上，我们有了最基本的认识。

实践是理论联系实际的重要途径，廉洁从教的思想也必须在实践的过程中加以巩固和升华。作为未来的幼儿教师，应该积极参加各种形式的社会实践活动，深入社会开展调查、社会服务、参观考察等各种形式的实践活动，感受社会的形势及其对现代化建设人才的需求，增强师范生的职业使命感、光荣感，坚定师范专业思想。

廉洁教育的开展要将理论知识的学习和实践活动相结合。其中理论知识的学习除开设专门的廉洁教育课程之外，还要渗透到日常教学活动之中，比如要将廉洁从教等职业教育、道德教育与教育学、心理学的理论相结合，从专业特点和职业需要出发，帮助学生充分认识廉洁从教的意义和价值。同时，为更好地巩固理论知识，践行廉洁奉公、廉洁从教的价值观念，可以开展形式多样的教育活动。如开展"廉洁情景剧表演""廉洁演讲""廉洁辩论赛"等竞赛活动，这种由学生自行组织的活动更具有说服力，更贴近学生的生活，可以有效地增强廉洁教育的成效。其次，可以将廉洁文化教育与爱国主义教育、艰苦奋斗教育、革命教育等传统教育活动相结合。比如在清明节，组织学生到烈士陵园扫墓，通过献花圈、默哀等庄严的仪式，介绍老一辈革命家高风亮节的典型事迹，激发学生对革命先烈的缅怀和敬意之情，从而有利于树立廉洁奉公的志向。再次，可以将幼儿园教师的廉洁教育与学前教育专业的廉洁教育相结合，一方面学前教育专业学生可以积极地观摩幼儿园开展的各种廉洁教育活动，包括幼儿教师的廉洁朗诵演讲比赛、廉洁事迹报告会等，以及观摩和参与针对幼儿的廉洁教育活动；另一方面，可以邀请幼儿园优秀教师到学校举办"幼儿教师廉洁从教"的报告会，聘请幼儿园园长担任学前教育专业学生廉洁教育活动评委或指导教师。通过校园的合作，使学生真正认识和体验到廉洁从教的重要性，为将来的职业发展打下坚实的基础。

幼儿教师也应自觉抵制这些不良的社会风气，在教书育人过程中加强廉洁意识，规范廉洁行为。

反思探究

1. 深入阅读和理解《专业标准》中有关"师德为先"的教师规范。

2. 以小组为单位,搜集"廉洁从教"的全国优秀教师示范案例,制作以"廉洁从教"为主题的剪报或者手抄报。

拓展延伸

"弘德育人　廉洁从教"——济南市第一中学教师刘暖祥先进事迹

刘暖祥,男,1963 年 1 月 12 日出生。中共党员,中学高级教师,外表看来普普通通的他,实际却有着不平凡的业绩。

以身作则,为人师表

作为一名骨干教师,刘暖祥同志认真学习贯彻济南市教育局《关于加强教师职业道德建设的若干规定》,努力实践,从不外出兼课和从事有偿家教,对人和蔼亲切,乐于帮助别人,经常牺牲自己的休息时间,义务为家庭困难的学生辅导。他明辨是非,诚实正直,对错误从不姑息,为了工作不怕得罪人,敢于和不良风气做斗争,因抓获了流氓犯罪分子得到了上级的表彰,被评为济南市劳动模范。在师德建设方面,事迹突出,成效显著,受到了领导和广大师生的高度评价。先后被评为济南市"师德标兵",济南市教育系统"十佳"党员标兵,山东省优秀教师,全国模范教师,全国优秀班主任。

勇担重任,甘于奉献

刘暖祥同志具有良好的思想修养,对学校的大事小事都很关心,向学校提出了大量的建议和意见,为学校的改革、创新和发展做出了很大的贡献。他恪尽职守、甘于奉献,从不计较个人得失和报酬,每年自费资助多名家庭困难的学生,最多时资助 12 人,十几年来,累计捐助 3 万多元。此外,他还自费给学生订阅各种报纸、杂志,购买学习资料,资助困难学生的生活费。每年和学生谈心交流上百次,努力解决学生各方面的困难,自费购买奖品给学习优秀、进步大的学生。2005 年、2008 年、2011 年和 2012 年分别有 6、9、4、2 名家庭困难的学生考入重点大学。他的学生朱英的父母都是残疾人,家里生活相当艰难,整个高中三年,刘暖祥老师一直在帮助她,学习用品、生活费用甚至穿的衣服鞋袜都是由他提供。被爱包围的人最幸福,被爱滋养的人最优秀,朱英最终考上了理想的大学,她用实际行动回报刘老师对她的关爱。拿到录取通知书的那一天,朱英的全家到校感谢他。朱英的母亲拉着刘暖祥老师的手泣不成声地说:"刘老师,没有你的帮助,孩子不可能有今天,我们全家一辈子不会忘记你……"

他用新时代的做人标准和实际行动,展现了一个优秀共产党员的风采,诠释了一个人民教师的良好师德。他的一言一行带动和影响全校教职工、学生家长和全体学生自觉地关心他人,服务社会、奉献爱心。

善教乐教,勤于创新

作为业务精湛的济南市骨干教师,济南市化学中心组成员,济南市名师,刘暖祥同志参与了山东省"十五"规划的重点课题"中学化学教学中培养学生的能力的研究",并顺利通过了专家组的鉴定,荣获山东省优秀成果奖,学校被授予教改试验先进单位称号。在课程改革的大背景下他也进行了多方面的探索:

改革传统的课堂教学模式。根据学生的具体情况,他经常考虑怎样讲授才能使学生接受效果好,有时一堂课设计好几套方案,在多个班试点比较效果,并找出效果最好的加以推广,在最大程度上提高学生的成绩。为了培养学生的学习能力,充分调动学习的积极性,他鼓励全班同学在实验、讨论、讲解、总结、命题中踊跃发言,充分参与;为了拓宽学生的知识面,他还鼓励学生自己找资料,开展各种化学知识讲座、讨论会,开展有奖征答、有奖征题、一题多解活动,充分调动每一个学生的积极性,这样极大地开阔了学生的思路,提高了学生的解题能力。一天中,学生最期待的就是刘老师的化学课。

积极举行各种公开课和观摩课。刘暖祥同志先后在济南市举行了十几次公开课和观摩课,多次参加特级教师在各学校的展示课及送课下乡活动。他的解题思路、方法和讲课风格都为年轻的教师所乐道,使大家受益匪浅。

积极参加以培养尖子学生为目的的化学竞赛活动,并被聘为济南市奥林匹克学校化学竞赛辅导教师,培养了一批全国全省的化学竞赛获奖的学生,他本人也多次被评为山东省优秀竞赛辅导教师。他撰写的论文在各级评比中多次获得一等奖,并有多篇论文在省级以上刊物发表。

开展班主任工作专题研究。他和同年级的班主任们针对学生的实际情况,有针对性地对"怎样对待男女生过多交往?""不学习的学生怎么办?""特别自私的学生怎么办?""特别懒的学生怎么办?"等问题进行了探索研究,在具体实施过程中收到了很好的效果。

管理有方,桃李满园

刘暖祥同志担任班主任工作近20年,具有丰富的管理经验。他时刻想着学生,尊重学生,理解学生,了解学生的需要,注重与学生的感情交流,对学生真诚、坦荡,得到了学生的信任与爱戴,学生都亲切地喊他"老刘"。2005年,他担任2个班的班主任,负责2个班的教育教学管理,用最新的理念尝试实行学生自我监督、自我竞争、自我管理、自我提高,取得了宝贵的经验。

在班级管理上他遵循两条原则,一是平等对待学生,遇事多从学生角度上来考虑问题,体谅学生学习任务的艰巨性;二是以鼓励为主,尽量不公开批评学生,采取迂回战术,让学生自己去体会、思考自己的错误所在,最终彻底改正。他还注意从学生身上获取知识,他的座右铭之一就是"学生是我友,学生是我师"。

刘暖祥同志管理班级注意民主与制度建设相结合。放手让学生自己讨论和制订班规,用规章制度来管理班级,实行班干部轮流制度,以增强学生对班级工作的责任心。所有大小干部一律实行轮流制,都有发挥组织领导才能的机会,平等开展竞争,班里每月都评出优秀者进行表扬和奖励。班会由班长主持,全体同学都可以上台,畅所欲言。他注意和学生的情感交流。由于带的学生多,一个个谈话周期较长,于是他给每个同学都买了一个本子,命名为"师生交心本",每周交一次,教师和学生通过"交心本"交流省时高效,当然面对面交流也是必不可少的。有时他召开班会,要求学生公开向班主任提意见。每周他和学生谈心上百次,学生和他无话不谈,成为真正的知心朋友。

关心爱护学生。他对学生的关心体现在每一件小事上。每个学生什么时间过生日,他都记得很清楚。他会给学生写一张生日贺卡,买一件小小的礼物,和同学一起送给他,祝他生日快乐。他每年都帮助几个家庭生活困难学生完成学业,逢年过节时,买慰问品到这些孩子的家中家访,利用业余时间义务帮他们补课,使这些学生的成绩有了很大的提高。

他用行动去信任学生。有一次,教室的一块玻璃不知被谁打破了,班干部问了好多人,都没有人站出来承认,为此他专门召开了班会。班会上他拿出10元钱,对全班同学说:"我不想追究这块玻璃是谁打破的,这位同学可能不是故意的,但作为一名学生,诚实是第一位的。我替你赔10元钱给学校,先尽快安上玻璃,因为天气比较冷,我怕大家生病,影响学习。"第二天他发现讲台上放着10元钱和一张纸条,纸条上写着"我对不起老师和全班同学",他马上对此事进行了表扬,这件小事对全班同学影响很大。

身教胜于言教,他用行动告诉学生们老师是爱他们的,信任他们,尊重他们。学生们在他感染下,班级各项活动都走在年级的前列,他所带的班级每年都是校先进集体,多次获得济南市先进班集体,学生有多人被评为"省优干"和"省三好学生"。邓大鹏等人考上或保送清华,多人考上复旦大学、同济大学、吉林大学、山东大学等全国名牌大学。

以校为家,兢兢业业

学校为了加强学生的教育管理工作设立了年级组,任命刘暖祥同志为高三年级组长。当时这一届高三的基础不是很好,中途接任高三困难很大。他愉快地接受了任务,先从学生的日常行为规范抓起,从尊重老师入手,狠抓学生出勤管理,狠抓学习方法和学习习惯养成,分阶段具体提出了教育任务,发动班主任深入班级,和学生交知心朋友,引导学生到高考这个重要目标上来。要求学生全力以赴,以优异的成绩向老师、家长和母校汇报。他精心设计准备了十几次班会,帮助解决学生在思想上的各种问题,使每个学生树立起从"要我学到我要学"的自觉意识。

学校从走读制改为寄宿制后,家长比较担心自己的孩子是否适应住校,而且学校也没有这方面的经验,为了探索寄宿制的经验,他带领本年级的老师到二十多个寄宿制学校考察学习,回来后摸索一套适合学校学生的住校模式。他以校为家,和本年级的老师一起抓得紧、靠得上,把学生当作自己的孩子,与学生同吃同住,几乎天天在校值班,甚至连自己即将参加高考的孩子都顾不上。有一次连续14天没回家,家里老人又病了,爱人实在忙不过来,打电话找他又找不到人,爱人急了,给校长打电话诉苦,第二天校长把他撵回家去强制休息一天,可他只在家待了半天又回来了。经过他们的努力,三个月不到济南一中的住宿制管理已走上正轨,并达到了很高的水平,受到学生家长、上级领导的高度赞扬,以及其他兄弟学校的高度评价,同时,因为学校转型用的时间短,该模式被称为济南一中模式。

经过全体老师的团结努力,济南一中荣获市教育局教学质量进步第一名的好成绩。2008 年高考,他担任年级主任的这届学生,本科上线人数比上一年有较大幅度的增长,他本人担任班主任的班级本科上线人数达到 60 人。

业绩突出,再创辉煌

刘暖祥同志 1983 年 7 月毕业于山东师范大学化学系本科化学教育专业,1998 年至 2000 年在山东师范大学化学教育研究生班学习,现为济南一中化学高级教师,学校工会委员、济南市化学化工学会会员、济南市化学教研中心组成员、济南市教育学会会员、济南一中教务处副主任,曾被评为济南市教育系统优秀党员、市优秀班主任、市工会先进工作者、山东省化学竞赛优秀辅导员、济南市师德教风先进个人、济南市劳动模范、济南市名师人选、济南市教育系统十佳党员标兵、两次荣立三等功、山东省优秀教师、山东省特级教师、第十一届全运会火炬手、全国优秀班主任、全国模范教师。

刘暖祥同志清正廉洁,为人师表,荣誉让、任务抢,出色地完成了各种教学和教育工作,受到了全体师生和家长的广泛赞誉。优异的成绩和崇高的师德使他成为教职工学习的榜样,并成为一名最受学生爱戴的老师,成为一名名副其实的优秀共产党员。去年他积极响应济南市教育局的号召参加名师跨校交流,被安排到济南二中高三工作,并担任高三年级学生管理工作。在济南二中交流一年中,无论是教学还是年级管理以及值班,他都起到了非常好的示范作用,得到了学生、家长及学校的高度评价,受到了市教育局的表扬。

荣誉面前,他并不自满,始终奋斗在教育教学一线。相信刘暖祥老师会在教育教学这条路上走得更高、更远。

追记海归战略
科学家黄大年

模块十　终身学习的意识与行为

本模块旨在使学生了解终身学习理念,理解"终身学习"幼儿教师师德规范的内涵,领会该规范对幼儿园教师的岗位要求。通过实践活动,使学生践行"终身学习"的幼儿教师师德规范要求,培养并强化学生的终身学习能力。引领学生理解终身学习的意义,认同终身学习的理念,树立终身学习的意识,努力成为终身学习者和学习型社会的促进者。

学习目标

1. 知识点:了解终身学习的理念,理解"终身学习"幼儿教师师德规范的内涵,领会该规范对幼儿园教师的岗位要求。

2. 能力点:强化学生的终身学习能力。努力做到了解自身的学习需求,明确学习目标;确定适宜的学习内容,搜集整合相关学习资源;选择合适的学习策略、方式、方法;规划、实施、反思、评估、调控,对学习活动进行全方位、全过程的自我管理,不断改进完善,逐步养成终身学习的习惯。

3. 情感态度:理解终身学习的意义,认同终身学习的理念,树立终身学习的意识,努力成为终身学习者和学习型社会的促进者。

重点与难点

重点:理解"终身学习"幼儿教师师德规范的内涵,掌握践行"终身学习"幼儿教师师德规范要求的方法,培养并强化学生的终身学习能力。

难点:终身学习意识的树立和终身学习习惯的养成。

案例导入

我的成长故事

阴差阳错，考入幼师

我生长在一个教师家庭，父母忙于自己的教育事业，对孩子的要求很严厉，却是粗放式管理。我小时候很少和父母亲近，性格孤僻又倔强，还有些逆反。初中毕业时，我最要好的女同学的理想是做一名幼儿教师，我就陪着她参加了幼师的面试，去面试的人很多，在那个年代中专挺火的，不像现在。面试要求唱歌、跳舞、朗诵、讲故事等，我不太精通，也没做什么准备就去了。我初中时的学习成绩不错但也不总是名列前茅，我没有什么理想。很快面试结果出来了，我们学校整个初三年级参加面试的有三十多个女孩子，只有我一人通过，在笔试中我又考了全市第二名。当父亲知道这一消息时，他非常反对，认为幼师是会被人轻视的职业；而母亲则认为女孩子做幼师工作稳定就可以了。那时的我完全陶醉在突如其来的成功的喜悦中，对即将到来的人生变化没有任何理性的思考。就这样我阴差阳错地走进了幼儿师范学校的大门，我那位温柔、美丽的好朋友最终与自己的理想失之交臂。

幼师的学习紧张又忙碌，对于缺乏艺术基础的我来说，在学习上我没有任何优势，虽然文化课基础好，但幼师学校对文化课要求不高。刚开学没几天，我就开始苦恼，怀疑自己的选择，尤其是第一次钢琴课后，看到其他同学轻松愉快地完成了作业，而我却茫然不知所措，我当时就后悔了，想到了退学。一个周末，我跟着同学去高中听了一天课，我想看看现在退学上高中是否能跟上。可是现实很残酷，才刚刚开学一个月，我就已经听不懂英语了。幼师不学英语，也读不懂古文，更不要说数学了。这时我才意识到自己已经没有退路了，只能硬着头皮回到学校继续学习唱歌、跳舞、讲故事、绘画、弹琴、说儿歌了。万事开头难，我暗下决心，只要努力，没有做不好的事情。一年级时我的技能技巧只能勉强及格，二年级时钢琴和舞蹈已经在班级名列前茅，到三年级时，不管是技能技巧还是文化基础课我都已经比较优秀了。那时候我经常在晚上熄灯后翻窗进入琴房，摸黑练指法，在水房洗衣服的时候把脚搭在水池边上练舞蹈基本功。

毕业分配，成为幼儿教师

18岁那年，我毕业分配到一所高校附属幼儿园工作，成为一名年轻的幼儿教师，我充满工作热情，非常喜欢和孩子们在一起。一开始担任大班教师，我经常带领孩子们爬山、郊游、放风筝，其他老教师会善意地提醒我，幼儿园的老师只要把孩子看好，把课上好就可以了。而那时的我却不以为然，我喜欢带着孩子们疯玩。那时候"初生牛犊不怕虎"，虽然自己的实践经验和理论知识并不丰富，但在家长会上我会用自己的理解阐述着对幼儿教育的认识；在幼儿园教学中，我凭着娴熟的技能技巧和认真的教学态度，在幼儿园的教学观摩和一些竞赛活动中取得了优异的成绩，成为一名骨干教师。

脱颖而出，走上管理岗位

由于教学工作出色，很快我被任命为园长助理，负责幼儿园的教学管理。教育教学是幼儿园工作的重头戏，那时我的理论水平很差，经常把园里订的《学前教育研究》作为业务学习的资料，可那上面刊登的文章我都不太看得懂。幼儿园那时正准备申请一级园，我天天加班加点、废寝忘食地工作，可我发现仅有努力是不够的，我遇到了很大的困难，之前没有任何教学资料的积累，自己又太年轻，没有教学管理经验，刚一接手就面临一个这么大的挑战，我感到迷茫，想退缩，对自己没信心，担心自己不能胜任。还好，园长和老师们非常信任我，我感受到了来自团体成员的鼓励和支持，产生了一种能面对挑战和困难的力量。我想，既然大家把这个重要的工作交给我，又这么信任我，我不应该让大家失望。我鼓起勇气，更加努力地投入工作，着手建立健全教学档案，抓好常规教学管理，认真批阅教师的教案和教学笔记，发现教师教学中的闪光点，用热情诚恳的语言鼓励教师不断提高，同时这对我自己也是一个学习与提高的过程。"功夫不负有心人"，最终，幼儿园以优异的成绩顺利通过验收，评审组专家对我园的教育教学工作给予了肯定和表扬。

不断进取，成为硕士研究生

随着我的宝宝降生，我对自己从事的幼教工作有了深层次、理性的认识与思考，更深刻地了解并意识到幼儿教育工作的重要性，感受到教育对于儿童成长的重大意义。正如苏霍姆林斯基所说："教育技巧的全部奥秘也就在于如何爱护儿童。"幼儿教师应该真诚地爱护儿童,走进儿童,研究并发现儿童,引导和启发儿童,采用适当的教育内容和恰当的教育方法、手段,引发儿童的兴趣,促进儿童的发展。我的兴趣转向了教育研究,作为幼儿园的课题负责人,我参与了教育部的一项子课题研究,还获得了一等奖。和大师们进行了面对面的交流,也发表了一些小文章,我品尝到了教育研究的乐趣,一发不可收拾,于是我又想给自己一次机会,挑战自我,去实现自己的梦想:考研。当时我想,如果我努力了,拼搏了,就算失败也虽败犹荣;如果放弃,不敢参与,从此我将会与自己的人生理想失之交臂。我鼓足勇气参加了研究生入学考试,第一年因为英语没过线失败了,但我已经看见了希望,分数就在边缘线上。大哭一场后,我擦干眼泪,重新再来,终于成功了,成为了一名学前教育专业的硕士研究生。我不知道应该用什么样的语言来形容自己当时的心情。我心怀感恩,感激我的家人、老师、朋友、同事,是他们的鼓励、支持和帮助,我才坚持下来;我也肯定自己,不服输,乐观地面对自己的人生理想,做好了自己该做的和想做的事情。我很爱这样的生活,我会努力向前走,继续成长。

思考与讨论

1. 案例中这位老师是如何从一名懵懂的幼师学生成长为优秀的学者型幼儿教师?
2. 你认为推动这位老师不断成长进步的原因是什么?
3. 这位老师的成长之路给了你哪些启发?

📖 知识呈现

一、终身学习的内涵

"终身学习"的理念在我国源远流长,从"学无止境""活到老、学到老"等成语、民谚中可见一斑,传统文献中相关思想的表述更是数不胜数。在西方这一观念也有所显现,十九世纪美国哲学家、教育家约翰·杜威认为,"真正的教育来自离开学校以后,而且没有理由显示教育应该在临终前停止"。

"终身学习"作为一个概念出现,普遍认为是1965年由法国成人教育家、时任联合国教科文组织成人教育局局长的保罗·格朗格在该组织主持召开的"第三届促进成人教育国际委员会"上正式提出。此后,在联合国教科文组织、经济合作与发展组织、欧盟等推动下,通过《回流教育——终身学习的策略》(1970)、《学会生存——教育世界的今天和明天》(1972)、《教育:财富蕴藏其中》(1996)、《全民终身学习》(1996)、《终身学习备忘录》(2000)等书的宣传推介,诸多国家的政策启动,以及学者的研究探讨,"终身学习"理念自二十世纪七十年代以来逐渐成为世界教育改革和发展过程中具有共识性的基本思想与原则。

1994年,联合国教科文组织在罗马召开首届"世界终身学习会议"对终身学习的概念作了如下定义:"终身学习是通过一个不断的支持的过程来发挥人类的潜能,它激励并使人们有权力去获得他们终身所需要的全部知识、价值、技能与理解,并在任何任务、情况和环境中都有信心、有创造性且愉快地应用它们。"虽然到目前为止对于"终身学习"概念尚未有统一释义,但这恰好反映了人们对它的"知"与"行",即对它的理解与实践是一个持续深入和不断丰富的过程。

2012年我国教育部颁布了《专业标准》,"终身学习"是该标准提出的"师德为先、幼儿为本、能力为重、终身学习"四项基本理念之一,其内涵是"学习先进学前教育理论,了解国内外学前教育改革与发展的经验和做法;优化知识结构,提高文化素养;具有终身学习与持续发展的意识和能力,做终身学习的典范。"体现了我国幼儿教育中对于"终身学习"的重视。

二、终身学习的职业表现

目前,幼儿园教师践行"终身学习"理念的职业表现有:参加在职学历提升,参加主管部门组织的继续教育,园所教科研活动,以及各种培训、讲座等方式。无论是主管部门或园所安排的学习任务,还是教师自觉选择的学习活动,都应体现终身学习的特性。

要注重终身学习的终身性,时时可学习,贵在坚持、持之以恒。终身学习,打破了一次性教育或一次性学习受用终身的狭隘观念,教育和学习贯穿于每个人一生的生活和工作中。美国教育家杜威说过,"教育即成长",我国古代思想家、教育家、儒家学派创始人孔子提出,"吾十五而有志于学,三十而立,四十而不惑,五十而知天命,六十而耳顺,七十而从心所欲,不逾矩",则可以说是践行学习"终身性"的一位典范。我国老一辈学前教育工作者卢乐山也是现当代幼教工作者中终身学习的一位代表。幼教事业是她"一生的情缘,一世的牵挂",在"服务同群,为国尽孝忠"的志向鼓舞下,她从大学即投身于"学前教育专业"的学习,攻读了本科和硕士学位,后又赴海外研修;同时实践不辍,大学期间自办"贫苦儿童幼稚园",毕业后先后在幼儿园和大学保育系任教,可谓"学而不厌、诲人不倦",特别是她晚年还积极开展研究工作,年近九十高龄仍活跃在幼教领域……她是我们终身学习的榜样。

要注重终身学习的开放性,处处皆学问,要善于发现、博采众长。终身学习突破学校教育场域,学习不仅可以在学校的课堂上发生,在当今信息和网络发达的时代,可以说工作、生活中都有学习机会、学习资源、学习渠道、学习工具。学习的空间、领域、方式是多种多样的。"生活即教育""教育即生活",正如应彩云老师所说,"社会是个大学堂",我们要"细腻地感受生活",随时随地捕捉那些"贴近人的心灵的新生活、新观念、新美学"。她是这样说的,也是这样做的——一方面努力地工作,另一方面尽情地享受生活的美好,读书、学乐器、做女红、打球、游泳,甚至逛街,生活于她处处皆学问。生活是一本"大书",只有善于发现的人,才能从"无字句"处读书,从而源源不断地获得身心滋养,内外兼修。

要注重终身学习的全员性,人人需学习,修身为本、学而不厌。成长和持续性发展是我们每个人的权利和义务,它既是个体需求,也是时代和社会赋予我们的责任,人人都可以也应当成为终身学习者,成为学习型社会的参与者和促进者。在学前教育领域,终身学习是每位幼儿教师提升专业素养,做好幼教工作的必由之路,无论是老一辈,还是当代优秀的幼教专家名师,他们的成长路上都留下了孜孜以求的足迹。

要注重终身学习的自主性,上下求索、止于至善。学习者是学习的主体。学习是一个主动的自我建构的活动。从识别判断学习需求、明确学习内容、确定学习目标,到制订学习计划,学习过程的实施、省思、调控,以及学习结果的评估,都由学习者自主决策执行并管理。当然,对大多数人来说,学习的自主性有一个逐渐养成的过程,案例中那位老师的成长经历就是一个例证。初中时她"没有想法、不清楚理想","阴错阳差"地考上了幼师,甚至产生"退学"的想法;后来经过努力成为了一名幼儿园老师,进而逐步成长为骨干教师、园长助理,并成功考取硕士研究生,成为"学者型"教师。一路走来,虽然遇到许多困难和挫折,但她勇于面对、持之以恒,视困难为挑战,化挫折为动力,变被动为主动,把学习和成长的主动权掌握在了自己手里,而每一次进步和成效又强化了她学习的自主性。

学习的自主性主要体现在四个方面:自觉、自律、自省、自新。自觉是指自己有所认识而主动去做。自觉的学习是"我想学、我要学",而不是"不得不学"。自律是指自己管理、约束自己。自律的学习是在学习的全过程中自我管理、自我监督、自我约束,而不是来自老师、家长等他律。自省是指自行省察;自我反省。自省的学习是学思结合,因为"学而不思则罔"——一味地学习而不省思就会陷入迷茫。《论语》中讲到孔子、曾子等先贤"吾日三省乎吾身""见贤思齐焉,见不贤而内自省也",就是时时不辍"省思"以修身养德。自新,我们这里所说的"自新"指的是自强不息持续地修正完善自己,不断地进步、自我更新。正如《大学》中所说的"苟日新,日日新,又日新",要时时更新,不断成为更好的自己。

"自觉、自律、自省、自新"是终身学习"自主性"的体现,如何调动学习的"主动性"并终身保持呢?《易经》有云:"天行健,君子以自强不息;地势坤,君子以厚德载物。"于己,我们要有自强不息的精神,锐意进取,发愤图强,不懒惰懈怠。于人,我们要有博爱济众的襟抱。这样的进取心、责任心、爱心才是推动我们终身学习的内驱力。

三、终身学习的意义

"终身学习"这一理念的提出,是基于时代和社会的演进,以帮助人们应对现实和未来的各种变化和挑战,促进个人的生存和全面持续发展,增进社会融合,促进人与人、人与环境的和谐共存。

应教师专业发展和教育改革的趋势以及幼儿园教师职业发展的需要,我国"终身学习"理念的倡导,经历了自上而下、从理念到实践的过程,是对一系列相关方针政策的贯彻和落实。

早在2002年党的十六大报告中就指出,"形成全民学习、终身学习的学习型社会,促进人的全面发展"。党的十七大报告中指出"建设全民学习、终身学习的学习型社会"。党的十八大报告中指出"完善终身教育体系,建设学习型社会"。党的十九大报告进一步指出"加快建设学习型社会,大力提高国民素质"。

2010年我国《国家中长期教育改革和发展规划纲(2010—2020)》第二章"战略目标和战略主题"中提出:"构建体系完备的终身教育,学历教育和非学历教育协调发展,职业教育和普通教育相互沟通,职前教育和职后教育有效衔接。继续教育参与率大幅提升,从业人员继续教育年参与率达到50%,现代国民教育体系更加完善,终身教育体系基本形成,促进全体人民学有所教、学有所成、学有所用。"

2011年教育部颁布《教师教育课程标准(试行)》,"终身学习"作为"育人为本、实践取向、终身学习"三个基本理念之一提出,"教师是终身学习者,在持续学习和不断完善自身素质的过程中实现专业发展。教师教育课程应实现职前教育与在职教育的一体化,增强适应性和开放性,体现学习型社会对个体的新要求。教师教育课程应引导教师树立正确的专业理想,掌握必备的知识和技能,养成独立思考和自主学习的习惯;引导教师加深专业理解,更新知识结构,形成终身学习和应对挑战的能力。"

2014年天津市教委发布了《天津市幼儿园教职工职业道德规范》,要求天津市广大幼儿园教职工认真学习、自觉践行。其中共有八条思想和行为准则,第八条是"终身学习,与时俱进,不断学习,拓展知识视野,完善知识结构。潜心钻研业务,勇于探索创新,努力提高专业素养"。

成为终身学习者,既是时代进步、社会发展、教育革新对幼儿教师的必然要求,也是幼儿茁壮成长的必要保障。通过终身学习,幼儿教师的自身素质得到不断优化,为学前教育质量的提升和幼儿的健康发展打下良好的基础。

四、 践行终身学习的要求

《专业标准》第二部分"基本内容"的"专业理念与师德"维度"个人修养与行为"领域中第十九条明确提出要"勤于学习,不断进取"。教育部教师工作司组编的《幼儿园教师专业标准(试行)解读》中提出:"反思与发展"能力是"终身学习"基本理念落实在幼儿教师专业能力方面的具体体现。教师反思能力即教师在教育过程中将自我和教育活动作为意识对象,不断进行主动的思考、评价、探究、调控改进的能力。教师的自我发展能力是指教师根据自身发展的需要,制定和实施适宜的发展规划,实现自身专业发展的能力。①

《专业标准》对幼儿园教师的反思与发展能力提出了三项基本要求,即:主动收集分析相关信息,不断进行反思,改进保教工作;针对保教工作中的现实需要与问题,进行探索和研究;制定专业发展规划,积极参加专业培训,不断提高自身专业素质。

💻 研修活动

"成长故事：自主学习"——成果展示活动

一、 计划

（一）教师任务布置

1.目标

结合"道德与教师职业道德"专题,以5名左右学生为一个小组,开展以"成长故事:自主学习"——成果展示活动为主题的终身学习师德规范研修活动。通过该研修活动,知行合一,增进同学们对"终身学习"

---

① 庞丽娟,刘占兰.幼儿园教师专业标准(试行)解读.北京:北京师范大学出版社.2013.01.

幼儿教师职业规范的理解;锻炼和提升终身学习能力。努力做到能针对自主学习需求,明确学习内容,制定学习计划,整合学习资源,选择学习策略和方法,落实计划并根据实际情况做相应调控,对学习过程和结果进行反思和评价;树立终身学习意识,培养终身学习习惯。

2. 要求

(1)班级确定"成长故事:自主学习"成果展示的学习内容并制订实践活动方案,具体内容包括:活动目标、活动内容、时间与地点、步骤与进度、物质准备、注意事项等。

(2)以小组为单位,5 名左右同学为一小组,3 周内按照方案完成自主学习任务。

(3)物化成果:活动方案、自主学习成果(实物、PPT、文本)、活动反思与总结等。

(二)践行方案设计

师德践行活动方案

活动主题:

"成长故事:自主学习"——成果展示

活动目标:

结合专业特色和班级现状,开展以"成长故事:自主学习——成果展示"为主题的终身学习师德规范实践活动。通过实践活动,知行合一,增进同学们对"终身学习"幼儿教师职业规范的理解;锻炼和提升终身学习能力。

活动内容:

1. 确定本班的自主学习内容并制订活动方案。通过思考、讨论,分析本班的专业特色、现实需求和发展方向,确定待解决的问题,该问题就成为本次自主学习研修活动的内容,进而制定活动方案,从而开启一个"我们"的成长故事。

2. 各小组参照班级活动方案制订本组学习计划并按步骤和要求落实,两周后在班内汇报并展示自主学习成果。

3. 成果展示:各小组派代表,以演讲的方式在班内汇报本组自主学习研修活动的情况和成果并辅以实物、PPT 展示。

4. 小组需提交一份"成长故事:自主学习"——成果展示总结,个人需提交"反思日志"。

时间与地点:活动时长为 3 周,多媒体教室。

步骤与进度:

1. 活动准备:第一周。

(1)班级共同讨论,确定自主学习内容并制订活动方案;

(2)学生自由组合形成小组(5 人左右),根据班级自主学习方案制订小组行动计划并进行成员分工。

2. 活动实施:第二周。

(1)小组成员按计划落实自主学习任务;

(2)完成自主学习成果及展示文案。

3. 活动小结:第三周。

(1)各小组派代表,以演讲的方式在班内汇报本组自主学习研修活动的情况和成果并辅以实物、PPT 展示。

(2)在各组自主学习成果展示和汇报的基础上,展开小组内、各组间、师生间的评价交流。

(3)小组需提交一份"成长故事:自主学习"——成果展示总结,个人需提交"反思日志"。

物质准备:纸笔等学习用具,活动方案、计划、PPT、总结反思日志等文案,手机电脑话筒等多媒体设备。

注意事项:

1. 把握实践活动的主题与目标。

2. 按计划按要求践行落实自主学习任务。

3. 小组成员在自主学习全过程中要注意沟通协调,群策群力、团结协作、共同收获成果,同时也迎接挑战、克服困难。

4. 在多元互动的学习情境中,要注意观察和省思自我和他人的自主学习状态,充分发挥同侪学友"相师互学、取长补短"的作用,完善自我,人尽其才。发挥学习内容和学习方式双重的自我教育功能,最大限度地提升自身的自主学习能力。

二、实施

(一)实例分享一

作为学前美术教育专业艺术设计方向的学生,经过集体讨论,我班根据自身的专业特长将活动具体内容确定为"艺术设计比赛"并制订了活动方案。同学们自由组合形成了6个小组,根据班级自主学习方案制订小组行动计划并进行成员分工;大家通力协作、共同努力最终六个小组分别提交了各自的自主学习成果:"艺术字插画""用笔勾勒的世界——水粉习作举隅""美轮美奂的羽毛绘画""我们的创意小作——卡通纸巾盒""自制多功能相框""牙签雕塑的创意与制作"。各小组代表结合实物及PPT,分别向全班同学介绍了本组的设计成果、设计思路、完成经过以及学习活动中的感悟,同学们共同交流,互相学习。各组还抽调一名同学与老师共同组成了大赛评委组,评委组预先制定了评审标准及程序,准备了评审表和奖品。各评委秉持公正严明的原则进行评分,根据艺术设计作品的创意、制作及演讲的表现评分,取评委总分的平均分为最终成绩。评委组为此次艺术设计大赛评出奖项以鼓励同学们的成绩。另外,由两位长于摄影摄像的同学组成了报道组,报道组提前准备了采访提纲及摄录设备,对比赛进行了跟踪报道和采访并撰写了此次活动的新闻消息稿。

(二)实例分享二

适逢学校即将召开"专业实习总结暨实习基地签约授牌大会",同学结合当时的校情,将"'成长故事:自主学习'——成果展示"的内容,确定为"'专业实习总结暨实习基地签约授牌会议'活动策划方案竞标",一方面锻炼提升自身的学习能力,另一方面,也为学校筹备该活动提供一些参考、尽一份心力。"专业实习总结暨实习基地签约授牌大会活动策划案"竞标展示情况:各小组完成"专业实习总结暨实习基地签约授牌会议策划方案",班委会邀请相关学科及部门的老师担任策划方案竞标活动的提问及点评嘉宾。主持人组织各小组抽签决定竞标方案汇报顺序,然后各组代表依次陈述并答问。各组推荐两名代表,汇报本组自主学习活动成果,一人汇报策划方案,辅以PPT展示。另一人负责回答嘉宾就方案提出的问题。陈述方案的时限为5~8分钟,每组需回答嘉宾两个问题。各组代表着正装出席。各组的方案讲解、问题回应和嘉宾的点评,吸引了大家的注意力,思想的交流、观点的碰撞使同学们受到很大启发。

三、检查

各小组派代表,以演讲的方式在班内汇报本组自主学习研修活动的成果和概况并辅以实物、PPT展示。

实例一: 学前美术教育专业艺术设计方向学生的"艺术设计比赛"展示情况

六个小组提交的设计作品分别为:"艺术字插画""用笔勾勒的世界——水粉习作举隅""我们的创意小作——卡通纸巾盒""牙签雕塑的创意与制作""美轮美奂的羽毛绘画""自制多功能相框"。各小组代表结合实物及PPT,分别向全班同学介绍了本组的设计成果、设计思路、完成经过以及学习活动中的感悟,同学们共同交流,互相学习。各组还抽调一名同学与老师共同组成了大赛评委组,评委组预先制定了评审标准及程序,准备了评审表和奖品。各评委秉持公正严明的原则进行评分,根据艺术设计作品的创意、制作及演讲的表现评分,取评委总分的平均分为最终成绩。评委组为此次艺术设计大赛评出奖项以鼓励同学们的成绩。另外,由两位擅长摄影摄像的同学组成了报道组,报道组提前准备了采访提纲及摄录设备,对比赛进行了跟踪报道和采访并撰写了此次活动的新闻消息稿。

图5-2-1　标题

图5-2-2　小组成员

图5-2-3　工具

图5-2-4　步骤

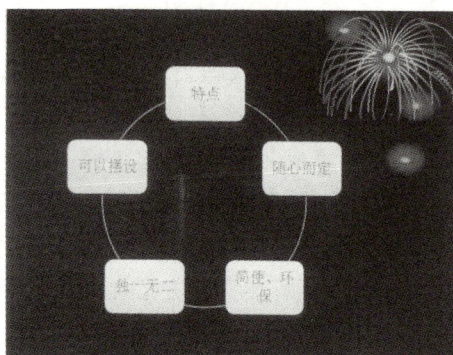
图5-2-5　设计思路

图5-2-6　成品1

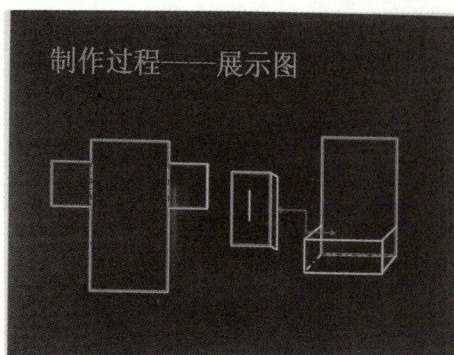
图5-2-7　设计图

图5-2-8　成品2

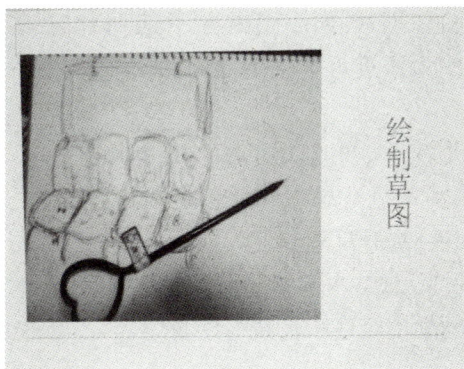

图5-2-9　绘制草图

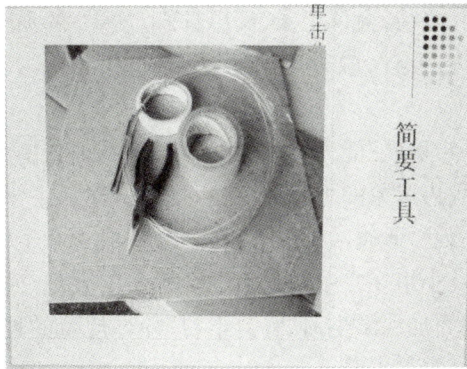

图5-2-10　简要工具

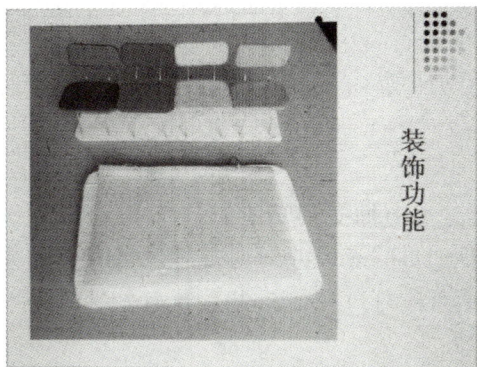

图5-2-11　装饰功能

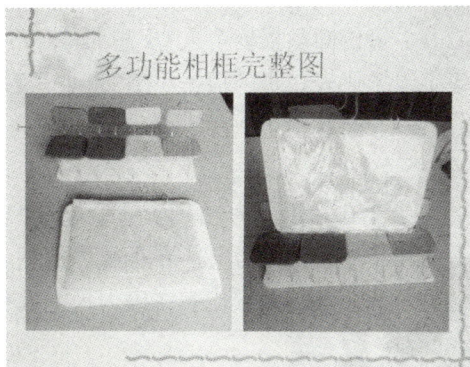

图5-2-12　成品3

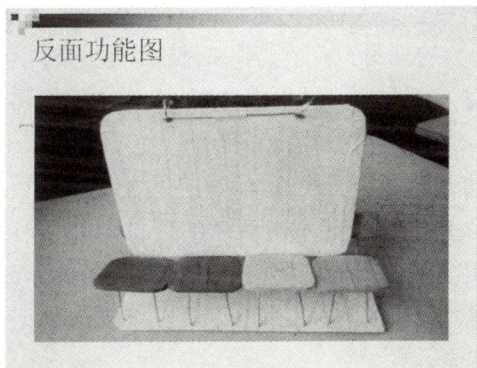

图5-2-13　反面功能

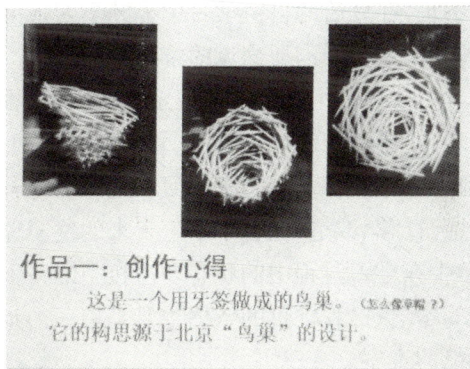

图5-2-14　创作心得

实例二：　某班"专业实习总结暨实习基地签约授牌大会活动策划案"竞标展示情况

小组完成"专业实习总结暨实习基地签约授牌会议策划方案"，班委会邀请相关学科及部门的老师担任策划方案竞标活动的提问及点评嘉宾。主持人组织各小组抽签决定竞标方案汇报顺序，然后各组代表依次陈述并答问。各组推荐两名代表，汇报本组自主学习活动成果，一人汇报策划方案，辅以PPT展示。另一人负责回答嘉宾就方案提出的问题。陈述方案的时限为5~8分钟，每组需回答嘉宾两个问题。各组代表着正装出席。各组的方案讲解、问题回应和嘉宾的点评，吸引了大家的注意力，思想的交流、观点的碰撞使同学们受到很大启发。

四、评价

（一）评价标准

以本模块的学习目标和本次研修活动目标为评价标准，以自主学习研修活动成果、全程表现及过程性用件(计划、总结、会议记录、反思日志、演讲)的质量为评价依据,按照小组内自评、互评;然后班级范围内各小组自评、互评;教师点评的评价程序和方式,教师组织大家进行了生生之间、师生之间的课堂交流和评价。

"反思与发展"能力是"终身学习"基本理念落实在幼儿教师专业能力方面的具体体现。反思能力即包括了以自我为对象的思考和评价。可见,对自主学习研修活动进行思考和评价是践行终身学习的重要组成部分。因此,研修活动的评价环节,应成为学生锻炼、交流、提升反思和发展能力的平台。引导学生通过反思个人及小组在自主学习活动全程中的表现、感受和思考,总结本次自主学习活动的经验、教训和受到的启发,从而加深学生对"终身学习"师德规范的理解,鼓励学生今后积极践行终身学习,不断改进完善,提升自身终身学习素养。

1. 学生自评

自评主要从学习内容、学习方式(思维和行为)、学习效果、学习感悟四个方面总结,并给出综合评价。组内个人自评:每位同学根据个人"反思日志"和实践体验进行口头分享,小组做好发言记录。班级内小组自评:各小组派代表在班内根据小组"自主学习研修活动计划""自主学习研修活动总结"等汇报小组自评,班内做好发言记录。

2. 小组互评

互评侧重学生在知识能力、情感态度、思维及行为方式等方面受到其他同学或小组的启发、影响、支持、帮助、督促等。组内成员互评:在小组内根据小组其他成员的表现进行口头交流,小组做好发言记录。班级内小组间互评:各小组派代表在班内根据其他小组表现进行口头交流,班内做好发言记录。

3. 教师点评

在评价环节,教师的主要任务是通过学生的自评和学生之间的互评,激发他们对自主学习进行广泛深入的思考,更清晰地了解自身在知识、能力、情感态度价值观等方面的特点,同时借鉴他人的优点以弥补修正自身的不足,在今后的自主学习中提升学习成效,从而促进"终身学习"意识的树立和行为习惯的养成。因此,教师应营造利于沟通交流的氛围,鼓励学生表达自己的意见、参与分享和讨论。教师对学生具体所学内容的学习成果应给予恰当的肯定,赞扬和鼓励。针对学生在学习过程中计划、实施、展示、评价等各个环节的表现,给予适切的反馈,在充分了解学生的基础上,给予适当的补充和提升。

通过自主学习实践活动,来学习和践行"终身学习"幼儿教师师德规范,学习的过程是非常重要的。因为它会借鉴、迁移、改造、完善于学生未来的终身学习实践中。所以在本次活动的评价中除学习成果的考量外,对学生在学习过程中的状态要占相当的份额。评价学习成果的依据主要是小组提交的作品、演讲及班内交流的情况;过程评价的依据主要是个人的反思日志、小组活动总结、小组及班级的会议记录以及对学生和小组的观察。

(二)评价案例

案例一: 学前美术教育专业艺术设计方向学生的"艺术设计比赛"评价情况

1. 学生自评

综合会议记录中自评的部分,学生普遍评价该项自主学习活动,激发了自己的创造性,加深了对所学专业的热爱,此次比赛的作品都是由各组同学倾力合作、精心设计创作的,大家在欣赏作品之余,还通过各组同学的汇报,深入了解了他们的设计理念、设计思路、设计手法、作品寓意、作品功能等,同学们在赏心悦目的同时得到了很多思想情感的领悟与陶冶。除了在艺术设计方面有所收获之外,活动还加强了师生间的互动与交流,学生的自主学习能力、组织协调能力、口头表达能力也得到了锻炼和提升。

2. 小组互评

综合会议记录中互评的部分,学生普遍反映小组成员共同学习以及小组间分享交流学习心得成果的方式,使大家在知识、能力、情感态度、思维模式、做事方式等各方面对自己有了更清晰的认识,对他人也有了更多的了解,受到了很多积极的影响,同时也意识到自身有待提升和改善的地方,如自律性、时间管理能力、沟通协调能力等。

3. 教师点评

教师对同学们在艺术设计方面,积极投入的态度、敢于创新的精神、贴近现实生活的定位以及合作中各自发挥特长又能取长补短的作风给了肯定和赞许,"闻道有先后,术业有专攻",从大家的艺术设计作品和创作简介中教师也获得了美的享受和艺术的陶冶与启迪。对学生提出的亟待提升的一些地方组织学生讨论解决办法,在同学们提供的方法、资源的基础上,教师也阐明个人的建议并提供相关参考资料或索引。

案例二: 某班"专业实习总结暨实习基地签约授牌大会活动策划案"评价情况

1. 学生自评

综合会议记录中自评的部分,学生普遍评价该项自主学习活动,激发了同学们学以致用的积极性,知行合一。学中做,加深了大家对所学专业相关知识理论的理解;做中学,明确了今后专业学习的着力点。锻炼了活动的策划能力、自我管理能力、分工合作能力、沟通协调能力、语言表达能力、反应能力等,加深了对"终身学习"的理解和认同,对一些学习策略方法有了一定程度的心得。

2. 小组互评

综合会议记录中互评的部分,学生普遍反映小组成员共同学习以及小组间交流分享学习成果及心得的方式,使大家在知识、能力、情感态度、思维模式、做事方式等各方面颇受启发,体验到了团队成员间"相互学习、相互促进"的氛围,体悟到学习应秉持"三人行,必有我师焉"的谦虚心态和"见贤思齐,见不贤而内自省也"的积极进取的行为方式。

3. 教师点评

教师对同学们在活动策划方面,认真好学的态度、敢于尝试的精神、严谨务实的作风、密切合作的团队精神,以及在学习过程中表现出来的对学习策略的探究、学习方法的尝试、学习过程的省思予以肯定和表扬。对同学们发现的一些普遍性问题组织了学生共同探究,对个性化的疑惑建议学生以之为后续自主学习的内容。

教学总结

本模块主要介绍了"终身学习"幼儿教师师德规范的内涵、职业表现、重要意义和践行要求,是我们践行"终身学习"幼儿教师师德规范的指导思想和行为准则。重点总结如下:

1.《专业标准》中"终身学习"基本理念的内涵。

学习先进学前教育理论,了解国内外学前教育改革与发展的经验和做法;优化知识结构,提高文化素养;具有终身学习与持续发展的意识和能力,做终身学习的典范。

2. 践行终身学习的职业表现和要求。

"终身学习"基本理念落实在幼儿教师专业能力方面,具体体现为"反思与发展"能力。教师反思能力即教师在教育过程中将自我和教育活动作为意识对象,不断进行主动的思考、评价、探究、调控改进的能力。教师的自我发展能力是指教师根据自身发展的需要,制定和实施适宜的发展规划,实现自身专业发展的能力。

《专业标准》对幼儿园教师的反思与发展能力提出了三项基本要求,即:"第60条:主动收集分析相关信息,不断进行反思,改进保教工作。第61条:针对保教工作中的现实需要与问题,进行探索和研究。第62条:制定专业发展规划,积极参加专业培训,不断提高自身专业素质。"

3. 重要意义和践行要求。

2011年教育部颁布《教师教育课程标准(试行)》,"终身学习"作为"育人为本、实践取向、终身学习"三个基本理念之一提出:"教师是终身学习者,在持续学习和不断完善自身素质的过程中实现专业发展。教师教育课程应实现职前教育与在职教育的一体化,增强适应性和开放性,体现学习型社会对个体的新要求。教师教育课程应引导未来教师树立正确的专业理想,掌握必备的知识和技能,养成独立思考和自主学习的习惯;引导教师加深专业理解,更新知识结构,形成终身学习和应对挑战的能力。"

通过本模块研修活动的实践,学生在体验式学习中,加深了对"终身学习"幼儿教师师德规范的理解。学生结合学校或班级实际情况,针对自身需求,确定学习内容,以小组学习的方式,制订学习计划,整合学习资源,选择学习策略和方法,落实计划并对学习过程和结果进行反思、调控和评价。知行合一,基本达到了本模块研修活动的学习目标。今后还需多加实践,增进对"终身学习"幼儿教师师德规范的理解;不断锻炼和提升终身学习能力;树立和强化终身学习意识。在开展研修活动的过程中,教师对教学活动的策划、组织、实施、总结等,也是锻炼和提升自身专业素质的学习活动。教师要注重搜集学生对教学的内容、方法、组织、效果等的反馈,不仅可以教学相长,利于完善今后的教学活动,而且也是对本模块"终身学习"师德规范的践行。

反思探究

一、知识复习

阅读并深入理解《幼儿园教师专业标准》中有关"终身学习"师德规范的内容。

二、实训作业

辨析个人现阶段学习需求,从中选取一项任务,以本学期为限完成该学习任务。制订书面计划,实施落实,撰写反思日志并积累学习成果,学期末提交《学习计划》《反思日志》和学习成果,并在班内汇报交流。

提示:如何确定学习内容呢? 同学们可以根据个人现实或未来发展需要、爱好专长等选择学习某方面的知识,或者学习某种技能,还可以致力于"道德学习"。提到学习,大多数人会想到"学知识、学技能","道德学习"往往被大家忽视,其实它是我们全面健康、可持续发展的根本保障。"大学之道,在明明德,在亲民,在止于至善。""才者,德之资也;德者,才之帅也。""德才兼备,以德为先。"《专业标准》关于幼儿园教师应秉持的基本理念的第一条就是"师德为先"。比起知识和技能的学习,终身道德学习可能更为艰巨并富于挑战性,"路漫漫其修远兮,吾将上下而求索",这是一个持续砥砺、自我不断前行的过程。"宝剑锋从磨砺出,梅花香自苦寒来",同学们是否敢于挑战自我,从现在起步,从小事做起,来践行"终身道德学习"呢? "无限风光在险峰",相信通过实践、体验、省思,在思想意识和言谈举止方面进行道德上的自我锻炼,持续培养自己良好的道德品行,我们一定会不断地与更美好的自己相遇。

拓展延伸

一、了解古代经典

我国古代典籍中有许多体现"终身学习"理念的表述,阅读下列文字并说说你从中获得哪些启发。

资料1

披蒲编,削竹简。彼无书,且知勉。头悬梁,锥刺股。彼不教,自勤苦。如囊萤,如映雪。家虽贫,学不辍。如负薪,如挂角。身虽劳,犹苦卓。苏老泉,二十七。始发奋,读书籍。彼既老,犹悔迟。尔小生,宜早思。若梁灏,八十二。对大廷,魁多士。彼既成,众称异。尔小生,宜立志。莹八岁,能咏诗。泌七岁,能赋棋。彼颖悟,人称奇。尔幼学,当效之。蔡文姬,能辨琴。谢道韫,能咏吟。彼女子,且聪敏。尔男子,当自警。唐刘晏,方七岁。举神童,作正字。晏虽幼,身已仕。有为者,亦若是。犬守夜,鸡司晨。苟不学,曷为人。蚕吐丝,蜂酿蜜。人不学,不如物。幼而学,壮而行。

——选自《三字经》

资料2

积土成山,风雨兴焉;积水成渊,蛟龙生焉;积善成德,而神明自得,圣心备焉。故不积跬步,无以至千里;不积小流,无以成江海。骐骥一跃,不能十步;驽马十驾,功在不舍。锲而舍之,朽木不折;锲而不舍,金石可镂。蚓无爪牙之利,筋骨之强,上食埃土,下饮黄泉,用心一也。蟹六跪而二螯,非蛇鳝之穴无可寄托者,用心躁也。

——选自《荀子·劝学》

资料 3

大学之道,在明明德,在亲民,在止于至善。知止而后有定,定而后能静,静而后能安,安而后能虑,虑而后能得。物有本末,事有终始,知所先后,则近道矣。

古之欲明明德于天下者,先治其国,欲治其国者,先齐其家;欲齐其家者,先修其身;欲修其身者,先正其心;欲正其心者,先诚其意;欲诚其意者,先致其知,致知在格物。物格而后知至,知至而后意诚,意诚而后心正,心正而后身修,身修而后家齐,家齐而后国治,国治而后天下平。自天子以至于庶人,壹是皆以修身为本。其本乱而末治者,否矣,其所厚者薄,而其所薄者厚,未之有也。此谓知本,此谓知之至也。

——选自《大学》

资料 4

盖世人读书,第一要有志,第二要有识,第三要有恒。有志则断不甘为下流;有识则知学问无尽,不敢以一得自足,如河伯之观海,如井蛙之窥天,皆无识者也;有恒则断无不成之事。此三者缺一不可。

——选自曾国藩家书《与诸弟书》

二、 领略大师风采

扫码阅读采访脚本,了解我国幼教名师关瑞梧先生有关"终身学习"方面的事迹。

关瑞梧采访脚本

三、 学习身边榜样

了解近十年"全国教书育人楷模"中幼儿教师的事迹,以他们为榜样,学习他们"终身学习"的师德风范。

年度	全国教书育人楷模 幼儿教师
2011	石利颖
2012	孙明霞
2013	刘志
2014	李广
2015	高歌今
2016	游向红
2017	艾米拉古丽·阿不都
2018	应彩云
2019	范徽丽
2020	何梅

附录： 课程知识总表

《幼儿教师职业道德规范与践行》知识一览表

学习单元	学习模块	学习情境	陈述性知识 "师德规范认知"模块	程序性知识 "师德规范践行"模块	
幼儿教师职业道德规范概述	模块一 教师职业与职业道德	"我的好老师"——讲述师德故事	1. 教师职业的特点与价值 2. 道德与职业道德的含义 3. 教师职业道德内涵与体系构成 4. 教师职业道德的特点	1. 计划	步骤1.教师任务布置 步骤2.践行方案设计
				2. 实施	步骤3.践行方案实施
				3. 检查	步骤4.践行成果分享
				4. 评价	步骤5.评价标准 步骤6.学生自评 步骤7.小组互评 步骤8.教师点评
	模块二 师德规范与践行	1. "千里之行始于足下"——良好行为养成 2. 理解与表达——"新时代幼儿园教师职业行为十项准则"宣传画	1. 师德规范及其意义 2. 师德规范的内容与要求 3. 师德规范践行的途径与方法	1. 计划	步骤1.教师任务布置 步骤2.践行方案设计
				2. 实施	步骤3.践行方案实施
				3. 检查	步骤4.践行成果分享
				4. 评价	步骤5.评价标准 步骤6.学生自评 步骤7.小组互评 步骤8.教师点评
对职业的理解与认识	模块三 爱国守法的意识与行为	1. "爱祖国，爱家乡"——主题践行的活动 2. "学党史 讲微课"——师德践行活动	1. 爱国守法的内涵 2. 爱国守法的意义 3. 爱国守法中的法律法规 4. 践行爱国守法的要求	1. 计划	步骤1.教师任务布置 步骤2.践行方案设计
				2. 实施	步骤3.践行方案实施
				3. 检查	步骤4.践行成果分享
				4. 评价	步骤5.评价标准 步骤6.学生自评 步骤7.小组互评 步骤8.教师点评
	模块四 热爱事业的意义与行为	1. "寻找职业偶像，体验见证成长"——敬业践行活动 2. "遇见十年后的自己"——敬业践行活动	1. 热爱事业的内涵 2. 热爱事业的职业表现 3. 热爱事业的重要意义 4. 践行热爱事业的要求	1. 计划	步骤1.教师任务布置 步骤2.践行方案设计
				2. 实施	步骤3.践行方案实施
				3. 检查	步骤4.践行成果分享
				4. 评价	步骤5.评价标准 步骤6.学生自评 步骤7.小组互评 步骤8.教师点评

(续表)

学习单元	学习模块	学习情境	陈述性知识 "师德规范认知"模块	程序性知识 "师德规范践行"模块	
对职业的理解 与认识	模块五 为人师表的 意识与行为	"幼师礼仪形象塑造"——师表践行活动	1. 为人师表的内涵 2. 为人师表的职业表现 3. 为人师表的重要意义 4. 为人师表的要求 5. 践行为人师表的途径	1. 计划	步骤1.教师任务布置 步骤2.践行方案设计
				2. 实施	步骤3.践行方案实施
				3. 检查	步骤4.践行成果分享
				4. 评价	步骤5.评价标准 步骤6.学生自评 步骤7.小组互评 步骤8.教师点评
对幼儿的态度 与行为	模块六 关爱幼儿的 意识与行为	"小儿难教,我来体验"——关爱践行活动	1. 关爱幼儿的内涵 2. 关爱幼儿的职业表现 3. 关爱幼儿的意义 4. 践行关爱幼儿的要求	1. 计划	步骤1.教师任务布置 步骤2.践行方案设计
				2. 实施	步骤3.践行方案实施
				3. 检查	步骤4.践行成果分享
				4. 评价	步骤5.评价标准 步骤6.学生自评 步骤7.小组互评 步骤8.教师点评
对保教工作的 态度与行为	模块七 科学保教的 意识与行为	"我眼中的保教结合"——案例分享会	1. 科学保教的内涵 2. 科学保教的职业表现 3. 科学保教的意义 4. 践行科学保教的要求	1. 计划	步骤1.教师任务布置 步骤2.践行方案设计
				2. 实施	步骤3.践行方案实施
				3. 检查	步骤4.践行成果分享
				4. 评价	步骤5.评价标准 步骤6.学生自评 步骤7.小组互评 步骤8.教师点评
	模块八 尊重家长的 意识与行为	"我与家长面对面"——访谈活动	1. 尊重家长的内涵及职业表现 2. 尊重家长的意义 3. 践行尊重家长的要求	1. 计划	步骤1.教师任务布置 步骤2.践行方案设计
				2. 实施	步骤3.践行方案实施
				3. 检查	步骤4.践行成果分享
				4. 评价	步骤5.评价标准 步骤6.学生自评 步骤7.小组互评 步骤8.教师点评
个人的修养与 行为	模块九 廉洁从教的 意识与行为	"坚守底线,抵制诱惑"——主题论坛	1. 廉洁从教的内涵 2. 廉洁从教的意义 3. 廉洁从教的规定 4. 践行廉洁从教的要求	1. 计划	步骤1.教师任务布置 步骤2.践行方案设计
				2. 实施	步骤3.践行方案实施
				3. 检查	步骤4.践行成果分享
				4. 评价	步骤5.评价标准 步骤6.学生自评 步骤7.小组互评 步骤8.教师点评
	模块十 终身学习的 意识与行为	"成长故事:自主学习"——成果展示活动	1. 终身学习的内涵 2. 终身学习的职业表现 3. 终身学习的意义 4. 践行终身学习的要求	1. 计划	步骤1.教师任务布置 步骤2.践行方案设计
				2. 实施	步骤3.践行方案实施
				3. 检查	步骤4.践行成果分享
				4. 评价	步骤5.评价标准 步骤6.学生自评 步骤7.小组互评 步骤8.教师点评

参 考 文 献

［1］中华人民共和国教育部. 教师教育课程标准（试行）［S］. 2011.

［2］中华人民共和国教育部. 幼儿园教师专业标准（试行）［S］. 2012.

［3］天津市教育委员会. 天津市幼儿园教职工职业道德规范［S］. 2014.

［4］教育部基础教育司. 幼儿园教育指导纲要（试行）［M］. 南京：江苏教育出版社，2002.

［5］教育部教师工作司. 幼儿园教师专业标准（试行）解读［M］. 北京：北京师范大学出版社，2013.

［6］教育部师范教育司. 教师专业化的理论与实践（修订版）［M］. 北京：人民教育出版社，2003.

［7］陈向明. 在参与中学习与行动——参与式方法培训指南（上册）［M］. 北京：教育科学出版社，2003.

［8］陈泽铭，王先达. 优秀幼儿教师教育艺术 99 例［M］. 上海：华东师范大学出版社，2011.

［9］冯婉桢. 幼儿教师专业规范与行为礼仪［M］. 北京：高等教育出版社，2013.

［10］冯婉桢. 与诤友对话——幼儿园教师师德案例读本［M］. 上海：华东师范大学出版社，2016.

［11］霍福兰. 幼教名师成长案例解读［M］. 北京：中国轻工业出版社，2012.

［12］雷春国，曹力才，李重庚. 学前教育政策法规解读［M］. 长沙：湖南大学出版社，2013.

［13］李季湄，冯晓霞. 3—6 岁儿童学习与发展指南解读［M］. 北京：人民教育出版社，2013.

［14］李艳荣，杨彦. 幼儿保教知识与能力［M］. 北京：北京师范大学出版社，2015.

［15］林雪卿. 幼儿教育法规［M］. 北京：科学出版社，2010.

［16］刘济良. 幼儿教师职业道德［M］. 上海：复旦大学出版社，2013.

［17］刘建. 幼儿教师职业道德［M］. 上海：华东师范大学出版社，2015.

［18］龙景云，王晨. 学前教育法律法规［M］. 南昌：江西高校出版社，2017.

［19］钱焕琦，朱运致. 幼儿教师职业道德实践［M］. 上海：华东师范大学出版社，2013.

［20］唐凯麟，刘铁芳. 教师成长与师德修养［M］. 北京：教育科学出版社，2007.

［21］吴超伦. 幼儿园一日活动的探索与实践：保教结合操作手册［M］. 上海：科学技术出版社，2017.

［22］吴玉军，李晓东. 为了未来——教师职业道德读本（师范生分册）［M］. 北京：高等教育出版社，2013.

［23］晏红. 幼儿园家庭教育指导形式与方法［M］. 北京：中国轻工业出版社，2013.

［24］杨春茂. 师德典型案例评析——师德修养与师德建设典型案例评析［M］. 北京：首都师范大学出版社，2014.

［25］叶澜，白益民，王枬，等. 教师角色与教师发展新探［M］. 北京：教育科学出版社，2001.

［26］尹坚勤，管旅华. 幼儿园教师专业标准（试行）案例式解读［M］. 上海：华东师范大学出版社，2018.

［27］张海丽. 幼儿教师职业道德［M］. 北京：清华大学出版社，2017.

［28］赵学菊，梅养宝. 幼儿园教师专业标准知与行［M］. 芜湖：安徽师范大学出版社，2015.

［29］［美］加依，柯蕾. 建构主义学习设计——标准化教学的关键问题［M］. 宋玲，译. 北京：中国轻工业出版社，2008.

［30］［美］马修·桑格，理查德·奥斯古索普. 师德教育培训手册［M］. 刘玉琼，译. 北京：中国青年出版社，2015.

［31］［美］小彼得·C.穆雷尔，玛丽·迪茨，莎伦·费曼-纳姆塞，黛博拉·L.舒塞勒. 中小学教师职业道

德培训手册：师德的定义、养成与评估[M].麦丽斯,译.北京：中国青年出版社,2016.

[32] [苏]B. A. 苏霍姆林斯基. 给教师的建议[M]. 周蕖,王义高,刘启娴,等译. 北京：教育科学出版社,2001.

[33] [意]玛利亚·蒙台梭利. 蒙台梭利早期教育法[M]. 蒙台梭利丛书编委会,译. 北京：中国妇女出版社,2012.

[34] [德]雅斯贝尔斯. 什么是教育[M]. 邹进,译. 北京：生活·读书·新知三联书店,1991.

[35] 步社民,黄昌财. 师德要素与幼儿园教师专业成长[J]. 幼儿教育,2004(1).

[36] 陈英勇. 如何提高教师依法执教水平[J]. 胜利油田师范专科学校学报,2005(6).

[37] 陈永福. 论学前教育教师依法执教[J]. 陕西学前师范学院学报,2017(9).

[38] 洪振涛. 廉洁从教文化与教育诚信：内涵、特征及相互关系[J]. 黑龙江高教研究,2015(1).

[39] 李兴,耿悦. 从生存到可持续发展：终身学习理念嬗变研究——基于联合国教科文组织的报告[J]. 清华大学教育研究,2017(1).

[40] 李云辉,黄梅. 关于教师廉洁从教的理性思考[J]. 现代教育科学,2011(2).

[41] 刘峰. 体验式教育在终身德育观构建中的有效性研究[J]. 贵州师范学院学报,2015(4).

[42] 刘花. 刍议幼儿园教师与家长沟通的语言技巧[J]. 汉宇文化学科互动,2017(23).

[43] 马荣. 依法执教——教师的基本义务[J]. 黑龙江教育,2002(9).

[44] 邱晓雯. 依法执教是现代教育的重要特征[J]. 中国经济,2012(14).

[45] 王柏民. 论教师依法执教[J]. 河南师范大学学报,2001(3).

[46] 王茞. 幼儿教师职业道德规范初探[J]. 河南职业技术师范学院学报,2009(6).

[47] 王慧敏. 静水流深　闻喧享静——访上海市特级教师应彩云[J]. 幼教园地,2009(1).

[48] 吴江萍. 论师范生廉洁从教思想素质的培养[J]. 桂林师范高等专科学校学报,2015(3).

[49] 张典兵,孟祥萌. 终身德育理念的意蕴及实践策略[J]. 继续教育研究,2014(3).

[50] 张晓庆. 教师爱岗敬业的道德意蕴与伦理实现[J]. 赤峰学院学报(汉文哲学社会科学版),2015(10).

[51] 张亚妮. 幼儿教师专业发展个案研究："我的成长故事"[J]. 教育与教学研究,2006(6).

[52] 张祖民,张典兵. 论终身道德学习的意涵及其实现[J]. 教育导刊,2016(12).

[53] 郑勤华,马东明,陈丽. 成人"终身学习素养"理论模型和评价维度的建构[J]. 现代远距离教育,2013(2).

[54] 周芳. 略论教师为人师表及其社会意义[J]. 湖北大学成人教育学院学报,2008(12).

[55] 周媛媛. 尊重家长　共同育人[J]. 科技信息教学研究,2009(35).

[56] 朱美林. 廉洁从教是幼儿教师的幸福之源[J]. 内蒙古教育(职教版),2016(6).

[57] 董淑花. 新课程改革视野下的教师专业素质建构初探[D]. 四川师范大学,2006.

图书在版编目(CIP)数据

幼儿教师职业道德规范与践行指导/苏爱洁主编.—上海：复旦大学出版社,2021.10
ISBN 978-7-309-15805-2

Ⅰ.①幼…　Ⅱ.①苏…　Ⅲ.①幼教人员-师德-幼儿师范学校-教材　Ⅳ.①G615

中国版本图书馆 CIP 数据核字(2021)第 133114 号

幼儿教师职业道德规范与践行指导
苏爱洁　主编
责任编辑/夏梦雪

复旦大学出版社有限公司出版发行
上海市国权路 579 号　邮编：200433
网址：fupnet@ fudanpress.com　http://www.fudanpress.com
门市零售：86-21-65102580　　团体订购：86-21-65104505
出版部电话：86-21-65642845
上海四维数字图文有限公司

开本 890×1240　1/16　印张 11.5　字数 364 千
2021 年 10 月第 1 版第 1 次印刷

ISBN 978-7-309-15805-2/G·2270
定价：42.00 元